社 会 治 理 微 观 问 题 研 究

王杰秀 总主编

中国社区工作者队伍建设调查研究

王杰秀　付长良　主　编

许亚敏　刘丽娟　副主编

撰稿人：张树旺　雷绮芹　曹文浩　谢小兰
　　　　林辉煌　王　磊　郑方辉　高青莲
　　　　刘贵振　杨梦凡　许亚敏　刘丽娟
　　　　孙笑非　李　照

中国出版集团有限公司
研究出版社

图书在版编目（CIP）数据

中国社区工作者队伍建设调查研究／王杰秀主编. -- 北京：研究出版社，2023.12

ISBN 978－7－5199－1452－3

Ⅰ.①中… Ⅱ.①王… Ⅲ.①社区-工作-研究报告-中国 Ⅳ.①D669.

中国国家版本馆 CIP 数据核字（2024）第 016258 号

出 品 人：赵卜慧
出版统筹：丁　波
丛书策划：王杰秀　张立明
责任编辑：张立明

中国社区工作者队伍建设调查研究

ZOGUO SHEQU GONGZUOZHE DUIWU JIANSHE DIAOCHA YANJIU

研究出版社 出版发行

（100006　北京市东城区灯市口大街 100 号华腾商务楼）

北京中科印刷有限公司印刷　新华书店经销

2024 年 1 月第 1 版　2024 年 1 月第 1 次印刷

开本：710 毫米×1000 毫米　1/16　印张：22.25

字数：374 千字

ISBN 978－7－5199－1452－3　定价：88.00 元

电话：（010）64217619　64217612（发行部）

前　言

城乡社区是中国基层社会治理的基本单元，社区治理是一项关涉到中国国家治理和民生保障的系统性工程。不断完善、优化社区治理结构，补齐中国社区治理的短板，是中国特色社会主义制度的必然要求，也是推进国家治理体系和治理能力现代化的前进方向。党的十八大以来，中国社区治理改革取得重大进展，全面确立了以党建为引领的社区治理格局，多主体参与的治理共同体逐渐成形，社区服务能力得到不断提高，城乡社区公共服务实现基本覆盖，广大人民群众的获得感、幸福感、安全感明显提升。

应当看到，在中国社区治理取得瞩目成就的同时，伴随社会转型和制度转轨，社区居民诉求日益多元，社区治理的内涵变得更加丰富，社区治理的时代性议题愈加成为新时期社会治理创新的主要目标。在这种治理背景下，必须准确把握基层社区治理的脉搏，重点关注社区治理中的痛点难点问题，科学分析，准确研判，为社区治理打下坚实的基础。从社区治理的实践来看，人是一切治理行为的中心，社区治理的基本对象是人，依靠的也是人，因此，社区工作者人才队伍建设是构建科学化社区治理格局的必要环节，也是以居民为中心，满足社区居民多样化诉求的基础保障。

2020年7月，民政部政策研究中心联合北京大学中国社会调查研究中心，组织全国50余位高校、研究机构的专家学者，通过定性与定量相结合的方式，在全国3000多个社区开展社区工作者队伍建设情况调研，共回收有效调查问卷7238份，其中城市社区工作者调查问卷4154份，农村社区工作者调查问卷3084份，此外，还包括48份社区工作者队伍建设深入观察报告，总体上呈现了中国社区工作者队伍建设的现状，对优化我国社会治理政策，完善社区治理体系，构建科学的社区工作者队伍形成了重要的支撑作用。尽管"社区"的概念在我国出现较晚，但社区这种社会组织形式以及社会治理实践却由来已久。纵观中国历史上的社区治理和社区工作者队伍演变，我们会发现，社区工作者的形成与发展是随着传统国家治理结构的变化而不断变迁的，并在实践中逐渐形成了适宜中国基层社会的一套治理模式和治理队伍，是当代社区治理创新的重要基础。改革开放后，以我国城市居民委员会和乡村村民委员会组建为标志，我国的社区工作者队伍正式成为基层社会治理的主要力量。在党和国家的大力推动下，这支扎根基层、服务基层的工作队伍不断壮大，服务领域和服务深度显著扩大，在夯实我国基层社会治理，促进社会进步，维护社会治安，满足人民群众对美好生活的需要中扮演了关键性角色。

综合来看，当前中国社区工作者队伍建设已进入快速发展阶段，社区工作者的制度建设不断健全，以"头雁"效应选优配强社区书记的社区工作者队伍建设工程取得实效，针对社区工作者的教育培训力度全面强化，将非户籍人口纳入社区工作者队伍以及专职化改革进一步激发了社区工作者活力，并且在薪酬待遇、晋升空间、荣誉表彰等方面的激励力度越来越大，逐步构建起了体系健全、功效完备的社区工作者队伍。但不可忽视的是，以我国社会治理体系与治理能力现代化的长远目标来看，社区工作者队伍建设依然面临诸多困境，如社区工作者的身份与岗位责任尚不明确，人员配置与工作任务之间的矛盾比较突出，专业能力不能较好匹配工作要求，社区工作者队伍建设的政策支持不足，尤其是招录制度和福利制度不统一，基层服务活力未能全面激发。

基于 2020 年民政部政策研究中心社区工作者队伍抽样社会调查，本研究是我国第一部针对社区工作者队伍建设的研究成果。为充分了解中国基层社区工作者队伍建设的现状，提升公共政策制定过程中的科学性，研究设计采用大样本的统计调查与观察点深入研究相结合的方式，既注重对现状的分析，也具有较强的政策和实践关怀。研究报告一方面通过城乡结构现状呈现了我国基层社区工作者队伍的基本情况，并在选拔与任用、教育与培训、履职评价与绩效激励、薪资福利与组织保障、劳动关系状况等方面对社区工作者队伍建设进行综合分析；另一方面，深入研究总结了基层社区工作中的重点问题和成熟经验，形成对社区工作者队伍建设的实践指引与政策参照。

习近平总书记指出，社区是基层基础，只有基础坚固，国家大厦才能稳固。社区工作者是基层社区工作的骨干力量，是良好社区治理格局的根基，社区工作者队伍建设的质量一定程度上决定了国家治理的质量，对社区工作者队伍的调查研究是完善社区治理政策架构和实践路径的基础性工作。基于对中国社区工作者队伍建设情况的调研，本报告聚焦中国社区治理与社区工作者队伍建设之间的切实需要，提出党建引领下社区工作者队伍高素质化、规范化、专业化、专职化的"四化"建设方向，以多维度的队伍建设方案不断完善基层社区治理基础，推动中国社区治理高质量发展。

目　录

图表目录

导论 社区工作者队伍的发展分阶和现实挑战

在国家政权与社会之间构建人民自我治理的组织，从世界范围看并不是什么新生事物，存在着众多的实践。然而在基层政权组织与家庭组织之间建立起规章制度齐全、组织结构完整、治理功能完备的自我治理组织，并常设一支沟通政社、管理规范、绩效突出、人民认可的社区工作者队伍则是中国特色的社会主义治理创新实践，并在体制上上升为有宪法依据的中国特色社会主义基层群众自治制度。那么，立足新发展阶段，在中国特色社会主义基层群众自治制度发展改革进程中，研究社区工作者这支队伍的历史演进逻辑，管理制度改革，人员任用评价变化、教育培训情况、组织保障力度，从历史维度深入分析这支队伍的现状，是构建新阶段科学化、高质量队伍建设政策的必要前提。

第一节 社区工作者队伍的历史演进

中国乡村社会治理史与中华文明史等长，乡村社会治理群体的发展史非常久远。从可核史料看，新中国成立之前，中国乡村治理人员队伍建设演进可以分为三个阶段：邑里时期、村坞时期和里社时期。

一、邑里时期的社会治理者

《尔雅·释言》："里，邑也。"《周礼·地官·里宰》郑注："邑犹里也。"在秦一统之前，春秋战国时期的邑、里似乎可以互指，均是指国家政权在乡村社会的基层行政建制单元，并非指称农民自然聚落点。《尚书·毕命》记载："康王命作册毕，分居里，成周郊"，可以将这一历史事件视为国家政权在乡村社会进行行政建构的开端。其最初建构行政单元名称即"里"。"里，从田、土，本义居住之地"，同时，里也与外相对，是指休养生息之地，而不是战争前线。《史记》真实记载了里作为国家行政建制单元运作的内容："故牧人民，为之城郭，内经闾阎，外为仟佰。夫妻男女，赋之田宅，列其室屋。为之图籍，别其名族。立官置吏，劝以禄。"《汉书》则生动地再现了国家政权建立新里的过程："制里割宅，通田作之道，正仟佰之界、先为筑室家，……为置医巫，以救疾病，以修祭祀，男女有婚，生死相恤，坟墓相从，种树畜长，室屋完安。"需要指出的是，国家政权之所以在这一历史阶段全力控制农户农民，主要原因是政权的外部军事压力过大，需要举国动员全部人力力量保障国家政权的生存，因此，这一时期的乡村管理体制也被制度史家称为"编户齐民"时代。

从里的工作人员构成来看，因战争需要，这一时期里的管理人员全部是国家正式给职的工作人员。西周时一里之长——里君属于内服职官，由中央直接管理与供养，在里与中央机构之间并没有其他层级的地方行政机构存在。到了战国时期，随着国家行政组织的发展壮大，里已经成为县、乡地方行政机关之下的基层行政组织，其主要工作人员——里官、里尉等仍属于国家正式行政官员，由国家供养。但随着大一统时代的到来，编户齐民的乡村基层体制的重要性逐步消亡，里的行政机构重要性也被削弱。里的工作人员名称与管理方式多样化起来，有里典、里正（也有叫里魁、里宰的），相应人员同样承担着里的全部职能，但这时国家已经不能完全供养里的工作人员了，不再是朝廷命官，开始由"率敖"充任。为了生存，"率敖"们开始与国家合作，变相地牺牲里内民众的利益，在满足国家利益的同时，用强暴手段横征暴敛获取个人利益。国家虽然不再供养里吏，但里的上级机构工作人员——乡官——有秩、啬夫、乡佐等依然还是国家行政机构的正式吏员。大一统后，国家无力也无需再承担里一级吏员的供养，国家开始了从基层社会撤离，这标志着"编户齐民"制度和"全民耕战组织化"时代的结束。

二、村坞时期的社会治理者

东汉末年至隋，大一统体制被破坏，村坞制度逐渐代替邑里制度成为乡村主要体制。在长达三个世纪（公元220-618年）期间，战乱不断，百姓流离，人口无序流动导致户籍管理制度失效，出现大规模的户籍地与实际居住地的分离现象。当时比较正式地记录谱系籍贯，多用传统的里名，如《陈书·高祖纪》记陈高祖武皇帝为"吴兴长城下若里人";但在记述居住地时,则往往采用新的村名,如《南齐书·张敬儿传》记其弟恭儿,"不肯出官,常住上保村中"。村(邨)和在战乱中应运而生的坞、堡、壁、垒、屯等社会单元,都不是国家政权行政建制下产生的基层组织,而是地方军事割据力量保护下,流动人口在豪强的庄园、聚坞之间自然聚落而成的社会单元。这些村落与国家几乎没有关系,而是与地方有人身依附关系。在豪强的羽翼下,村坞在管理上设有坞主或坞帅,负责对依附其内的农民进行管理,主要是田地管理和地租管理,甚至有生杀予夺的大权,出现了专业的收租人。其内部社会结构与外部关系与邑里时代大相径庭。

村坞体制对后世乡村体制最大的影响就是实验了国家政权撤出乡村后的管理如何进行。其结果发现,国家不直接进入乡村,乡村自身也可以维持其社会秩序。故隋唐再度大一统后,国家力量全面撤出乡村,不再供养基层社会管理人员,成为国家乡村社会管理体制的流行模式。有学者计算过,北宋景德、庆历年间,天下供养的食禄官吏仅为西汉的十分之一。[①] 这背后是城乡分化的加深,国家权力机构及其工作人员逐步退出乡村,收缩到县治以上的府衙内。

三、里社时期的社区治理者

隋唐至民国时期,乡村体制被称为里社时期。里代表着国家力量(官治)向乡村的延伸,社代表村社会的自组织力量。里社并存,里制不断变更乃至逐渐萎缩,而乡村自我组织力量则逐渐增强,则是这一时期的乡村治理的时代特征。

这时期里主要功能无非就是为国家催办税捐和维持治安。而政府又不给里的工作人员以实际利益和名分,所以里的工作变成了里内居民苦不堪言的差事,没有人愿意担任。为了让里能运作下去,从宋开始,里内农户分为"主户"和"客户",主户以田和丁为标准分为五等,规定里正须由第一等户充任,一旦催钱粮不利时,以户有财产做质。明朝实行里甲制。《明史》载太祖"以徭役不均,命编造黄册。敕议百十户为里,丁多者十人为里长,鸠一里之事以供岁役,十年一周。"由于里长之役过于繁重,为防止富户不愿担当,因此规定了轮流充任的制度。明制清随,这一制度在清代得到了延续。总体而言,里正、甲长是乡村为应付官府所设,均是出力不讨好的差事,多由各户轮

---

① 《宋史》卷四十,理宗四。

流充当，并非国家吏员。

从宋开始，乡村自治真正进入历史视野。东汉末至唐，天下大乱时，农民多采用聚族避难的方式依附于豪强，在豪强经济压迫和安全压力下，过的是同姓同族的族居集体生活。这基本奠定了宋以后乡村的社会生活方式。据曹锦清的调查，浙江 H 县 23 个乡，3654 个自然村，几乎全是一姓为主的村庄。① 在这些姓氏结构单一的村庄，血缘关系主导的宗族组织成为管理乡村社会的主体组织，这是乡村治理的划时代性变革。

旧的豪强世家阶层在宋代基本瓦解，村屯与其依附关系也得以解除。而国家设立的里制度主要作用是国家对乡村的资源汲取通道，对乡村社会并没有建设功能，因此广大乡村社会的建设需要构建实施主体。宗族组织一方面按照儒家伦理，制订村规民约，甚至私自设刑立罚，惩处违规族人维护族内秩序；另一方面，它也筹办了村内福利，如置办族内共享的祭田、书田（学田）、义田、义仓等，"永为通族养老劝学存孤恤穷之用"。国家不再垄断宗教权力后，社成为同姓农民间的自由结合空间，其管理主体也是宗族组织。如张之洞曾在奏折中表示："约查：晋俗每一村为一社，若一村有二三公庙，则一村为二三社，社各有长，村民悉听指挥。"② 也就是说这一时期宗族组织全面接管了乡村的物质生活和精神生活，成为国家政权在乡村领域的合作对象。

与此同时，科举制度推动儒家士绅知识分子登上了乡村自治舞台。所谓"绅"，即缙坤或乡绅，是指现任或曾任的有国家官吏身份的人员；而士即士人，是指未能取得国家官吏身份但有科举功名的读书人，包括进士、举人、监生、质生、生员等。士绅既是中华传统文明的承传创造者和乡村社会生活的文化权威，又基本是乡村中富裕的土地所有者，他们作为国家政权的同盟者，依托乡村生活宗法化的现实，成为乡村社区治理和建设的主要人员，是有着深刻内在逻辑的。有关学者的统计表明，17 世纪中国士绅阶层总数约为 50 万，③ 19 世纪约为 110 万至 140 万之间，④ 是一支庞大的乡村社会治理队伍。有数量众多且忠诚的拥趸者，有国家政权力量的支持，有宗族组织作为组织基础，因而绅士阶层成为经学时代乡村社会的治理力量和建设力量是必然的，也说明儒

---

① 参见曹锦清等：《当代浙北乡村的社会文化变迁》，上海远东出版社 1995 年版，第 Ⅱ 页。

② 萧公权：《中国乡村：论 19 世纪的帝国控制》，张皓、张升译，联经出版事业股份有限公司 2014 年版，第 50 页。

③ 参见顾炎武：《亭林文集》卷一，生员论。

④ 参见张仲礼：《中国绅士》，上海社会科学出版社 1991 年版，第 109 页。

家化的乡绅自治制度长时间流行有着深刻的社会基础。

从总体上看，里社（村治）时代乡村社会管理者主要包括绅士阶层和没有功名的中小富裕地主、会社首领、主姓族长和牌头甲长，其中，乡保代表着国家政权力量在乡村社会的存在，其余则是民间势力的代表。从治理队伍建设的角度看，民间的社会管理是名誉职，无薪俸，无固定任期，不属于国家正式制度设立，但发挥着重要的社会治理功能。

四、社会治理体制近代化探索中的社会治理者

"皇权不下县，县下皆自治"是宋以后乡村体制的主要特征。在这种体制下，国家虽然不用供养大量基层社会治理人员，大大节约了行政成本，但县以下的社会状况，国家是不清楚的。1942 年日本人在冀东地区清查土地后，轻而易举地将可征税田亩数增加了一倍。① 可见传统的县辖政区难以掌握国家税基基础，不能适应社会治理的需要。甲午战争后，清政府开始向日本学习乡村治理制度，改造中国乡绅自治体制为清末至民国中国基层社会体制发展的新路向。

近代的中国乡村治理体制探索，首推河北省定县翟城村米鉴三、米迪刚父子。民初米迪刚从日本留学回来，开始依据日本地方自治经验改造家乡治理体制。在取得县政府的支持后，翟城村自治公所于 1915 年 10 月成立。自治公所设村长一名，总理本所一切事务，设村佐协助村长工作，设股员若干人，书记一人。庶务股管理教育、保卫、户籍、劝业、慈善、土木、卫生、征兵、记录，及其他不属于财务股的一切事务；财务股管理全村纳税、银钱簿籍、出入款项、预算决算等事。全村分为 8 个自治区，每区设区长一人，受村长管辖，掌管本区一切事务。另外，公举学务委员一人，负责督察本村义务教育的实施。另由村长、村佐及各股股员、各区区长组成村务会议，村长兼会长，凡有关自治重要事务，及村民的一切建议事项，均须由村务会议讨论议决。

近代乡村治理的另一代表性实践当属阎锡山推动的山西省村治改革，也是中国乡村治理体制改革近代化努力的一部分。在他的推动下，1917 年山西省署颁布《各县村治简章》，其内容有：凡是村内居民三百户者应设村长一人，村副一人，村民在三百户以下者，得查度情形，或一村设一村长，或指定主村

---

① ［美］杜赞奇：《文化、权力与国家——1900-1942 年的华北农村》，王福明译，南京人民出版社 1996 年版，第 39 页。

联合邻村合设一村长，但联合村其距离主村不可太远。①《各县村治简章》是近代以来行政组织第一次以制度供给的方式回归乡村。简章实行一年，发现三百户的村容量规模过大，山西农村超过三百户的很少，1918 年 10 月重新修订《各县村治简章》，把人口的限制从三百户降为一百户，即一百户以上的村落，可独立编成一村，设村长一人，村副一至四人。不满一百户的村落，可以联合起来编成一村，村内设村长，酌设村副。② 1922 年，山西公布了《改进村制条例》，在村级设置了村公所、村民会议、村监察委员会、息讼会、保卫团等机构，正式废除管理村财政的社首制。③

国民政府参照山西省的实践，于 1928 年 9 月 15 日公布了《县组织法》，规定县以下实行四级制：县下划区，区下设村和里，村里下编间，间下编邻。1930 年国民政府修正了《县组织法及其施行法》，公布了区自治和乡镇自治施行法。其基层社会体制规定县以下仍为四级制，只是把村里改称为乡镇。凡100 户以上的村庄称为乡，不满 100 户者联合数村庄编为一乡；100 户以上之街市称为镇，不满 100 户者编入乡（因地方习惯或受地势限制及其他特殊情形，有的地方，虽不满 100 户，亦称为乡镇）。乡为地方自治团体，设乡民大会、乡公所、乡长副乡长、调解委员，监察委员会等立法、执行、司法、监察机关。1934 年 3 月行政院通令全国遵照执行的《改进地方自治原则》对村与乡作出了区分："以聚居同一村庄，独自成立自治团体者称为村，至不能独立成立自治团体的小村落并入邻近的村或联合邻近之若干小村而成为自治团体者，称为乡。"④

五、民国保甲制度中的社会治理者

保甲制度的基础是静态化的农业生产方式和社会结构，政府的地税、丁税征收方式及户籍管理传统和集族而居的生活方式。其精神始于《周礼》，其制度原型始于商鞅变法，而脱胎于王安石变法。北宋熙宁三年（公元 1070 年）《畿县保甲条例颁行》规定，每十农户组成一保，五保为一大保，十大保为一都保，以乡里中最富有者担任保长、大保长、都保长。之后，明也曾实行类似

---

① 参见李茂盛等：《阎锡山全传》（上），当代中国出版社 1997 年版，第 248~249 页。
② 参见杨开道：《农村自治》，世界书局 1931 年版，第 11~13 页。
③ 参见李茂盛等：《阎锡山全传》（上），当代中国出版社 1997 年版，第 254~255 页。
④ 参见张厚安等：《中国农村基层建制的历史演变》，四川人民出版社 1992 年版，第 117~118 页。

的里甲制度。从理论上看，统治者利用儒家宗法观念和孝亲伦理，以"户"即家庭这一原生组织作为社会组织的基本单位，组成甲、保组织，将国家关系嵌入社会关系中，将儒家的家、家族观念融合成"家国同构"的政治观念中。这样，每个农民在承担家庭、家族责任时也必然承担起国家的责任，国家的地税、丁税以及徭役也就成了"无所逃于天地"的义务。

应该指出的是，乡绅自治制度与保甲制度存在内在的制度张力。乡村社会中，一般乡绅扮演着传统社会"善"与保护的力量，甲头保长则代理国家向社会汲取资源的任务，往往扮演"恶"的角色。故自明以来，保长的角色一般由乡村社会边缘人物，即所谓"地痞流氓"来充任。清王朝被推翻以后，北洋军阀混战时期，政局动荡不安，割据战争所需，各军阀直接经营地方，保甲制度也自然松弛下来。

1932年8月，国民政府以蒋介石名义发布了《施行保甲训令》。《训令》列举了地方自治的七大弊端，极力鼓吹推行保甲的必要性，"先谋自卫之完成，再作自治之推进"。① 到1934年春，南昌行营复通令苏浙闽鄂皖赣川陕甘10省，定保甲为地方四项要政之一。

1934年12月，国民政府行政院会议决定建设保甲与地方自治融合的乡村体制，为保甲由自卫组织升格为地方行政组织打下了基础。1939年9月19日，国民政府公布施行《县各级组织纲要》，正式确认县以下的行政组织为区、乡（镇）、保甲，其中乡（镇）为自治团体，保甲为自治团体内之编制。"保之编制以十甲为原则，不得少于6甲多于15甲。""在人口稠密地方，如一村或一街为自然单位不可分离时，得就二保或三保联合设立国民学校、合作社及仓库等机关，推举首席保长1人以总其成。"作为国家再一次"编户齐民"的尝试，保甲制度正式回归乡村社会，但保的范围设置具有弹性，而不是过去严格地以户口编制划分管理单元，为其向区域为单元的行政组织转变提供了可能。这也为新中国取消保甲制但在保的区域基础上建立行政村奠定了基础。从组织上看，"保设保办公处，置保长1人、副保长1人。……在未办理选举之前，保长、副保长由乡（镇）公所推定，呈请县政府委任。"从工作人员构成上看，"保办公处设干事2人至4人，分掌民政、警卫，经济、文化各事务，由副保长及国民学校校长分别担任之。在经费不充裕区域，得仅设干事1人。"

---

① 参见朱德新：《二十世纪三四十年代河南冀东保甲制度研究》，中国社会科学出版社1994年版，第21~22页。

1939 年国民政府配套出台《非常时期保甲长之待遇及奖惩办法》，保长在任期内免服工役，缓兵役；保长子女在当地公立小学肄业者，得免收学费；保长家庭酌量减免临时捐款；保长直系亲属可免费在当地公立医院治疗等。之后明确了保长由无给职变为有给职。① 但政府给政策不给钱，保内公务人员给职从本保居民中收取。②

第二节　新中国成立后社区工作者队伍演变历程

一、新中国成立初从保甲人员向社区治理人员的过渡

1934 年国民政府建立的保甲制度具体内容有：以户为单位，户设户主，十户设甲，任命一户主为甲长。十甲为保，设保长，保设办事处。三保以上为联保办事处，设联保主任。保长受区长之指挥监督，负维持保内安宁秩序之责，其职责包括："监督甲长执行职务事项；辅助区长执行职务事项；教诫保内居民，毋为非法事项，辅助军警搜捕人犯事项；检举违犯保甲规约事项；分配督率保内应办防御工事之设备或建设事项；执行规约上之赏恤事项；经费之收支；及预算之编制事项；其他依法令或保甲规约之规定，应由保长执行事项。"③ 甲长承保长之指挥监督，负维持甲内安宁秩序之责："辅助保长执行职务事项；清查甲内户口；编制门牌，取具联保连坐切结事项；检查甲内奸宄；稽查出境入境人民事项；辅助军警及保长搜捕人犯事项；教诫甲内住民毋为非法事项；其他依法令或保甲规约之规定，应由甲长执行事项。"④ 同时，将保甲制度实现城市全覆盖，10 保为 1 区，保长由区长呈报市政府加委；甲设甲长1 人，实行管、教、养、卫四大职能。"管"即户籍登记，清查户口，监视居民，制定规约，推行联保连坐；"教"即进行"党化"教育；"养"，即摊派经费，征收捐税，"卫"，治安守卫、征兵征丁、充实警务、搜查缉捕等。保甲

---

① 参见张厚安等：《中国农村基层建制的历史演变》，四川人民出版社 1992 年版，第 141~144 页。

② 参见胡必亮：《中国村落的制度变迁与权力分配——陕西省商州市王村调查》，山西经济出版社 1996 年版，第 46~47 页。

③ 参见《中华民国史档案资料汇编》，江苏古籍出版社 1986 年版，第 121 页。

④ 参见《中华民国史档案资料汇编》，江苏古籍出版社 1986 年版，第 122 页。

制度的推行加强了对城乡人民的控制和束缚。然而在国民党的强推下，保甲制不但没有收到应有的效果，反而迅速污名化，一般公正人士多不愿担任保甲长，倒是不肖之徒又多以保甲长职位有利可图，百般营取，"正人不出，自然只有坏人的世界，因此民众怨声载道"。① 在上海从编制保甲开始，就不断有保甲长利用职权虚报户籍以自肥，以不予申报户口勒索、刁难居民，与房东勾结敲诈房客以分赃，扣发居民购货证、购粮证、户口单，乱收征兵费，凭借保甲组织大发国难财以及挪用保甲经费入私囊者不在少数。②

1949 年，随着旧政权的覆灭和新中国的诞生，旧政权的保甲制度势必废除，但旧制度的废止与新社会管理制度的建立有一个过渡过程。研究这个过程，对于从源头上理解新中国社区工作者队伍的基本特征有重要意义。

1949 年新中国中央政权虽然成立了，但在有些地区尚呈敌我交错状态。新中国在基层社会管理有两大任务，一是全面建立新基层政权组织与人民的血肉联系，广泛吸纳人民参与新政权社会管理，防止阶级敌人和敌特的破坏；二是稳定后方，组织人民管理好自我生产和生活公共福利事业，恢复经济、社会秩序。这在组织制度和队伍建设上经历了如下两个阶段。

（一）利用旧保甲工作人员维持社会秩序阶段

解放战争初期，随着解放区的急剧扩大，社会管理事务也大量增加，但当时党的中心任务是解放全中国，还没有将中心工作转向社会建设上来，基层群众还没有完全发动起来。在这种情况下，中共中央指示：暂时正确地利用保甲人员推行基层工作。各地一般做法是，以区为单位召开保甲人员留任教育会议，开展党的理论与政策教育，并依据实际条件，举办短期培训，讲清楚保甲制度从本质就是旧政权对人民进行反动统治制度，教育其认识到新政权与旧政权的不同，认识到过往在工作中对人民犯下的罪行，树立为新政权立功赎罪思想。以政府领导群众监督的办法来留任他们开展一些新政府急需的工作，如暂管户籍工作，培训地方接收干部，参与户籍管理工作，协助人民政府查找隐蔽匪特和物资，检举散兵游勇，看管保区的机关、学校、工厂等一切公共房产及其他公共财产等。

① 参见徐矛：《中华民国政治制度史》，上海人民出版社 1992 年版，第 425 页。
② 陈辉、谢世诚：《建国初期城市居民委员会研究》，载《当代中国史研究》2002 年第 4 期，第 43~48 页。

但实践中也暴露一些问题，证明这个过渡阶段留任并改造旧保甲人员暂管社会事务存在诸多弊端。一些保甲长在基层公共事务的位置上贪污讹诈，乱摊派、乱收费，常常引起人民群众的反对与投诉，造成了一定的负面影响。这支在旧社会以盘剥人民、吃拿卡要为生的队伍，无法从个人素质上与旧政权划清界限，无法树立"为人民服务"的宗旨意识，废除保甲制度，清除旧保甲人员成为建立新中国基层体制的必然。

（二）新中国"警政合一""民主建政"阶段

为尽快清理保甲人员，建立新的基层体制，1949-1951 年期间，中国共产党先在城市地区建立了市、区、街三级人民政府。其中街政权主要由国民党时期的保甲制度演化而来，街下设闾，作为街的派出机构，闾由原先的甲演化而来。在街设正副街长，闾设正副闾长。街长、闾长均纳入干部编制，由党的干部充任，其职务由区人民政府任命，薪资待遇由财政统一给付。街闾制在组织功能上承担起全面变革国民党的保甲制，镇压收容顽伪流杂、改造游民、宣传党的政策、争取人民群众、扶贫救难、清查户口，促进工商业恢复等责任。

随着城市工作走向正轨，社会秩序逐渐稳定，也为了节约行政成本，1949年底，各大城市启动了改街闾制为街道派出所+治保委员会模式，即用街道派出所取代街政府，需要指出的是，虽然这一阶段街道派出所的工作人员主要是警务人员，但为了更好地承接原街道政府的全面工作，几乎每个派出所都内设了 2-3 个民政工作编制，安排专职干部，负责警政之外的民政事务，即所谓的"警政合一"时期。

取代闾的组织形式在各城市不同，有治安保卫委员会，居民小组，冬防队等等，居民委员会的创新实践萌芽于此时。但是这时居民组织的主要领导人还是由街道派出所委任有编制的专职国家干部担任，其余成员是发动群众的参与，在当地居民中聘任，一般为兼任。这一阶段居民委员会干部主要的工作内容有：传达人民政府的方针政策，沟通政府与居民，服务战争需求以及防空、防特、防火、防盗等治安保卫工作等等。到此，我国城市基层社会体制、社区工作者队伍的雏形已经形成。

在城市基层社会管理体制基本构架建立起来后，1952 年至 1954 年新中国在城市地区发动了一场民主建政运动。这场运动的主题就是广泛发动群众，肃清反动政权流毒，提高广大居民政治觉悟，保卫革命成果，建立具有自治性质的基层居民组织——居民委员会。在民主建政运动影响下，城市居民委员会比前期派出所指导下的居民委员会有了明显的民主自治探索特征：其组织成员，包括主任、副主任，均由居民选举产生，全部为义务职。居民委员会在组织方式上设主任、副主任、治保委员、调解委员、卫生委员等，形成了通行模式；在组织职能上也基本固定下来：宣传党和政府政策和法规，收集和反映居民的意见和要求，开展治安保卫、民事调解、公共卫生、公用事业、文化娱乐、优抚救济及消防等工作。从这些组织设立的目标、结构、功能和人员队伍来看，它们已具有了自治性质。

在新中国城市基层社会的管理体制基本奠定后，街道派出所+居民委员会体制也被国家不断植入或赋予新职能。1952 年 8 月 11 日经政务院批准，公安部公布了《治安保卫委员会暂行条例》①，依据此条例，各城市在街道政府和派出所下设治安保卫委员会。治保会在基层政府和公安机关领导下工作。在已经建立居委会的街道，治保会受派出所和居委会的双重领导，成为居委会内设委员会，在尚未建立居委会的街道，治保会直接受派出所领导，工作人员由派出所指定。各城市治保会一般由 3 至 11 人组成，设主任 1 人，副主任 1 至 2 人，根据地域情况设治安小组，由群众积极分子 3 至 5 人组成，内设组长一人，一般为兼职。

1954 年 3 月 22 日政务院颁布了《人民调解委员会暂行组织条例》，根据这一条例，城市在街道政府下设立人民调解委员会，受基层人民政府领导，在人民法院指导下工作。在已经设立居委会的街道，调解委员会受居委会的领导。调解委员会由 3 至 11 人组成，并由居民代表推选主任 1 人，副主任 1 至 2 人。调解委员的主要任务是调解一般民事纠纷和轻微刑事案件，并通过调解进行政策法令的宣传教育。

由此可见，基层体制这两次功能的赋予，使我国城市基层社会组织——居委会的组织结构更加完善，工作人员队伍逐步壮大。居委会对上受基层政府的领导，而且要接受公安部门和人民法院的领导或指导。同时，这一过程也表明，居委会是在治安保卫委员会和人民调解委员会的基础上拓展的。

二、新中国成立后社区工作者队伍的组建过程

20 世纪 50 年代末，全国各地纷纷成立人民公社。城市街道设人民公社，

---

① 载《人民日报》1980 年 1 月 19 日。

集工、农、商、学、兵为一体，全面取代街道办——居委员体制。人民公社内设党委及组织、宣传等部门，行政上则设正副社长，管理原街道事务。公社管理人员是名副其实的"社区工作者"。

城市街道设革命委员会，下设连、排、班三级组织，排、班两级组织替代了原来的居委会。社区待业青年、学生加入排、班，冲击了原居委会工作人员。1968年起，复设"革命居民委员会"，恢复原有的"主任制"，设革居会主任、综治调解主任、妇女主任、文卫主任等。"革居会"成员由革命组织和工人造反组织代表和红卫兵组成。"革居会"设青少年三结合教育小组、医疗卫生小组、计卫小组、拥军优抚小组、群众专政队、业余宣传队、民兵小分队等机构。

"文革"结束，居民委员会的名称、职能、组织迅速得到恢复。随着经济体制改革的推进和"单位制"的瓦解，全国各地开始探索社会福利事业从单位向社区转移，居委会承担起为经济发展和国企改革保驾护航的职责。由于居委会角色的变化，原以退休干部、退休职工等为主体的社区工作者队伍不再适应社区工作的要求。国企改革期间，社区吸纳了大量国企下岗职工，开始将居委会主要岗位列入事业编制，社区工作者的合法性地位得到了极大提升。

在农村，1958年12月10日中共八届六中全会《关于人民公社若干问题的决议》明确："人民公社应当实行统一领导、分级管理的制度。公社的管理机构，一般可以分为公社管理委员会、管理区（或生产大队）、生产队三级。管理区（或生产大队）一般是分片管理工农商学兵、进行经济核算的单位，盈亏由公社统一负责。生产队是组织劳动的基本单位。"这就是人民公社时期农村"队为基础，三级所有"社会体制的由来。从社区工作者队伍建设的角度看，相对于城市居委员而言，农村生产大队的组织地位是非正式。[①] 城市居委会工作者的工作补贴是国家供给的，而农村大队工作者国家只管不包：国家对生产大队下达行政指令，但始终没有对大队干部承担供养义务，没有给予农村干部福利制度和社会保险。城乡二元化格局也体现在干部队伍建设上。

人民公社结束后，农村基层体制走出了一条与城市社会基层体制不同的路子。1980年，广西宜山县合寨村的农户已经分散经营，农民的生产积极性大

---

① 路风：《中国单位体制的起源和形成》，载《中国社会科学季刊》1993年11月卷，第66~87页；李猛：《单位：制度化组织的内部机制》，载《中国社会科学季刊》1996年8月卷，第89~108页。

幅提升，但是人民公社时期所未有过的"灌溉水源纠纷""耕牛失窃""聚众赌博"等事件时有发生，已经影响到农户的生产生活。为了填补人民公社解体后的公权力真空问题，1981年在原生产队干部出面组织下，经全体村民集会，由户主投票的方式成立了村委会。① 这个划时代的新生组织有以下主要特征：其一，村委会是建立在家庭联产承包责任制上的上层建筑，以建立与维护村庄生产生活等公共秩序治理为主要目的。其二，村委会的建立以保障村民的民生为价值导向，衍生出治安、卫生、道路修护等功能，全体村委会成员均为义务职。1980年村委会组织原型成立后，因其卓越的治理效果和低廉的组织成本而迅速被附近村庄效仿，并得到了时任中央政法委领导彭真同志的高度认可。经1982年宪法、87版《村民委员会组织法（试行）》的法制化手段，村委会形式被固定下来。

依据村委会创设原型，《村民委员会组织法（试行）》第八条规定："村民委员会成员不脱离生产"。这一规定并不完全符合实际。在人民公社时期，生产队干部半脱产，生产大队干部实际上全脱产，一心一意从事管理工作。实行家庭联产承包责任制后，村干部家里也分了责任田，形成了"既种自家的田，又做公家的事"的状况。

第三节　社区工作者队伍建设的现状

社区是党和政府联系、服务人民群众，宣传贯彻党的方针政策的前沿阵地。建设一支高素质、规范化、专业化、专职化的社区工作者队伍，构建其科学的职业体系，对加强基层党建、创新基层社会治理至关重要。

党的十八大以来，党中央高度重视社区工作者队伍建设。习近平总书记视察上海期间指出，"把加强基层党的建设、巩固党的执政基础作为贯穿社会治理和基层建设的一条红线，建立一支素质优良的专业化社区工作者队伍，推动服务和管理力量向基层倾斜，实现从管理向治理转变"。习近平总书记两次视察广东期间，分别专程到深圳市龙华区民治街道北站社区和清远市英德市连樟村考察，对社区工作者表示亲切关怀。疫情发生后，习近平总书记多次就关心关爱社区工作者作出重要指示，还专门给武汉市东湖新村社区工作者回信，给予鼓励和肯

---

① 王维博：《中国第一个村民委员会诞生记》，载《村委主任》2010年第06期。

定。这充分说明加快建设素质优良的专业化社区工作队伍的极端重要性。

为深入贯彻落实习近平总书记关于建设高素质专业化社区工作者队伍的重要指示精神，加快推进我国社会工作者队伍专业化、专职化的职业体系建设，2020年7月以来，民政部政研中心组织北京大学中国社会科学调查中心，全国各高校50多位专家学者，采用问卷调查、典型案例深度观察及专家小团队补充调研的方式，对全国社区工作者队伍建设进行了全面深入的调查和数据收集，共回收3000多个社区中4154位城市社区工作者、3084位农村社区工作者的有效问卷，48份社区工作者队伍建设深入观察报告，比较全面地掌握了社区工作者队伍建设的现状及问题。

一、社区工作者制度建设现状

党中央历来高度重视社区工作者队伍建设，要求不断强化其制度建设，建立健全组织保障体系，切实减轻社区工作者的负担。

（一）"基层党建引领基层治理"的建设路线

2018年习近平总书记在全国组织工作会议上指出"基层党组织就要在贯彻落实中发挥领导作用。要强化政治引领，发挥党的群众工作优势和党员先锋模范作用，引领基层各类组织自觉贯彻党的主张，确保基层治理正确方向。要构建党组织统一领导、各类组织积极协同、广大群众广泛参与的基层治理体系。要把服务群众、造福群众作为基层治理的出发点和落脚点，通过不断增强人民群众的获得感、幸福感、安全感，赢得群众对党的信任和拥护。"此后在基层社会治理领域，全国上下全面贯彻党的统一领导的方针，将"基层党建引领基层治理"作为全国社区建设的基本路线，将加强社区工作者队伍建设列入加强党的基层组织建设计划，在全面加强党对社区队伍建设的领导中，加强了社区工作者队伍建设。

（二）社区工作者内涵和队伍建设方向

国家部委级文件中最早提出"社区工作者"概念的是2000年《关于在全国推进城市社区建设的意见》，文件指出"要逐步建立社区工作者队伍。社区建设需要大批专业的社区工作者。要采取向社会公开招聘、民主选举、竞争上岗等办法，选聘社区居委会干部"。2003年《中共中央组织部民政部关于表彰全国优秀社区工作者的决定》所表彰的社区工作者均为社区党组织书记、居委会主任，明确并坚持了中国特色的社区工作者的内涵。

在巩固社区工作者内涵的同时，新世纪以来，国家也对社区工作者的专职化发展问题进行研究部署。2006 年国务院《关于加强和改进社区服务工作的意见》，明确提出"切实解决社区居委会成员及其聘用的服务人员的生活补贴、工资、保险等福利待遇问题，并使待遇水平随经济发展而适当增长"。在党中央明确了社区工作者的工作待遇后，全国各地纷纷开始探索社区工作者队伍的选拔任用、教育培训、考核激励、组织保障等问题，其职业体系建设开始提速。发达地区如北京、上海、江苏、浙江等地率先建立社区工作者统一招聘录用、统一人员管理的职业化试行体系。2010 年中办、国办印发《关于加强和改进城市社区居民委员会建设工作的意见》，其中专门设立了加强改进社区工作者队伍建设的专项内容，从顶层设计上规划了社区工作者队伍职业体系建设的主攻方向，为优化和稳定社区工作者队伍提供了制度保障。2017 年《中共中央　国务院关于加强和完善城乡社区治理的意见》要求将社区工作者队伍建设纳入国家和地方人才发展规划，要求各地要结合实际制定社区工作者队伍发展的专项规划和社区工作者管理办法。2021 年 3 月全国人大通过的《中华人民共和国国民经济和社会发展第十四个五年规划和 2035 年远景目标纲要》明确提出："构建专职化、专业化的城乡社区工作者队伍。"

至此，"四化"（高素质化、专业化、专职化、规范化）成为新时代社区工作者队伍建设的总体要求。需要指出的是，国家对社区工作者队伍中的"四化"顶层设计，是党基于新时代中国特色社会主义基层社会治理发展改革实践的总结，是党的群众路线成果的总结，是中国特色社会主义基层群众自治制度发展的必然结果。这里的"专业化、专职化"，并非社会工作专业学者所提倡的"专业化""职业化"，即社会工作岗位应由获得社工专业学位人才充任，从业人员应该具有社会工作专业的职业素养和职业技能，应遵循社会工作的职业行为规范等。社会工作人才是社区工作者队伍的重要组成部分，并发挥着有力的支撑作用，但不是专业替代作用。

（三）社区赋能减负保障社区工作者聚焦社区工作

党中央确定 2019 年为首个"基层减负年"，出台强有力的举措解决困扰基层，特别是社区工作的形式主义问题，成效显著，社区工作者反响极其热烈。在此基础上，2020 年 4 月中办印发《关于持续解决困扰基层的形式主义问题　为决胜全面建成小康社会提供坚强作风保证的通知》，深化拓展了基层减负工作，加强了基层减负的源头治理和制度建设，让广大基层干部吃下减负定心丸，把更多精力投入到了社区工作中。

二、社区"头雁"作用与"雁群"效应

(一) 城乡社区"头雁"素质全面提升

近年来，全国各地大力实施"头雁"工程，选优配强社区书记所产生的带动效应十分明显。本次抽样调查显示，社区党组织书记平均年龄下降明显，49 岁及以下的社区党组织书记，城市占比提升到 70.6%，农村提升到 42.9%；大专及以上学历，城市提升到 78.2%，农村提升到 33.2%。可见，社区工作者中，有正规学历且年富力强的社区工作者正成为当下社区工作者队伍的主体力量。

(二) 社区工作者队伍结构全面优化

近年来，全国各地全面实施社区工作者选任前县级职能部门联审制度，严格选人用人标准，坚持优中选优。2021 年换届选举后书记、主任、经联社三个"一肩挑"比例近 100%，"两委"干部交叉任职成为社区工作者任职常态化举措。从队伍整体素质结构看上，社区工作者队伍中本科以上学历者，城市社区占比 41.4%，农村社区占比近 8%；从年龄结构看，城市社区 39 岁以下的社区工作者占 46.6%，农村社区占 21.5%；在社区工作者性别结构上，城市社区工作者男女性别比为 1∶2.09，女性工作者较多，而农村社区工作者中，男女性别比为 2.78∶1，女性工作者偏少。总体而言，我国社区工作者队伍在人员素质结构上总体朝着更优更专业方向发展。

(三) 社区工作者队伍监管更严

社区工作者规范性建设成为队伍建设的重要组成部分。党的十九大以来，民政部门在社区工作者的人选、资格审查、选举程序三个环节上建章立制，严把社区工作者队伍入口关。全国各地也出台了社区工作者人选资格条件审查办法，全面落实社区工作者人选县级联审制度。在管理上，各地加强制度供给，

对社区工作者采取居民评议与组织考核，日常考核与年度考核相结合方式，全面加强工作实绩、群众满意度的考评。结合扫黑除恶专项斗争，在政法部门的指导下，各地坚决将不符合任职条件的人员清除出社区工作者队伍，2018-2020年底共清除违反法律党纪的城乡社区工作者4.17万人。

（四）社区工作者来源多元化

据2020年社区工作者队伍调查显示，49岁以下的中青年已是社区工作者主体；城市48.1%、农村46.8%的社区工作者为2013年以来入职；多元化来源趋势显著，优秀复员军人、高校学生、企事业管理人员、专业技术人员、优秀志愿者等，成为继农民、工人之后的社区工作者主体来源，并且培养和储备后备人选充足。

三、社区工作者教育培训的全面强化

（一）全面落实社区工作者的培训要求

据2020年社区工作者队伍调查的抽样统计显示，即使在培训资源并不丰沛的农村地区，也有56.5%的农村社区工作者参加过岗前培训，81.8%农村社区工作者有在岗培训的机会。可喜的是，76.7%社区工作者认为当前培训对其履行职务、服务社区非常有用。进一步调查显示，在培训机制上，各省都将社区工作者队伍建设纳入了干部教育培训体系，建立了分级培训机制，定期举办基层党组织书记省级示范培训班；各地级市定期举办社区党组织书记示范培训班和社区"两委"干部轮训班。东部沿海不少地区从2017年"两委"社区工作者换届时就开始组织村（社区）"两委"干部参加学历教育，大力优化其学历结构。

（二）社区工作者教育培训形式多样

据2020年社区工作者队伍调查显示，社区工作者教育培训在形式上有线下学习和网络学习等，在线下的教育培训活动上，有课堂讲授、现场观摩、交流研讨、案例教学等多种的形式，同时，学习强国、干部网络学院、党员远程教育平台等网上教育资源也得到了充分利用，社区工作者的培训教育基本实现了常态化。

（三）社区工作者培训内容丰富

目前社区工作者培训内容包括宪法、党和国家法律法规规章、社区治理政策、联系群众方法等知识培训，在具体业务指导上，结合本地需求与实际培训资源，内容更加丰富多样，社区层面上的培训资源链接能力有了大幅改观。

四、增强社区工作者队伍的活力

（一）探索非户籍委员政策

如何将非户籍常住人口纳入社区治理，一直是东南沿海发达省份社区治理体制机制探索的热点问题。调研显示，东南部不少地方试点非户籍常住居民参选社区"两委"干部机制，大力推动外来常住人口代表参与本社区工作，与本地居民共融共建社区。如广东省 2017 设立了非户籍常住人口参与村（社区）"两委"换届选举试点 1484 个，选举产生非户籍村（社区）"两委"委员 1581 名，有力地推进了外来常住人口与户籍人口的整合。

（二）专职化社区工作者管理制度的供给

据不完全统计，目前全国已有 13 个省级单位出台了专职社区工作者管理办法。在一些较发达地区，专职社区工作者的管理办法已行之多年，积累了一定的经验。如广州 2018 年出台了《广州市社区专职工作人员管理办法（试行）》，制订了《广州市关于提升城市社区专职工作人员职业素质发展体系实施方案》，探索职务职级晋升制度和职业薪酬体系；深圳市建立 3 类 35 档社区工作者岗位管理体系；广西壮族自治区 2020 年印发了《关于加强专职化城市社区工作者队伍建设的若干措施》，明确了专职社区工作者队伍的规划、入口、上岗及晋升、出口、薪资福利、教育培训和日常管理等问题。

五、强化社区工作者待遇保障

（一）社区工作者薪酬待遇提升较快

党的十九大以来，随着治理重心下移和社区工作重要性的突显，社区工作者的薪资待遇和福利保障也得到了明显的提升。例如，相对于省人均可支配收入的 52400 元，浙江省发达地区村级党组织书记年薪资收入约 15 万，副书记约 13 万，"两委"成员约 12 万，超出省人均收入 2.5 倍以上；相比于广东省人均可支配年收入 41000 元，广东省珠三角地区部分社区党组织书记年薪资收入达 11.4 万，年收入约超过人均可支配收入 2.5 倍；在中部地区，相对于人均可支配年收入 27100 元的河北省，其农村社区党组织书记一肩挑者年薪资收入约 49200 元，非一肩挑的村党组织书记约 33000 元，也超过了全省平均水平。

2020 年社区工作者队伍调查数据显示，全国社区工作者收入满意度城市社区达 66.5%，农村社区达 77.4%，较好的社区工作者薪酬待遇确保了其较高的收入认同感。

（二）社区工作者晋升空间制度化拓展

近些年来各地注重从优秀社区专职工作者中招录（聘用）街道（镇）公务员或事业编工作人员。2016 年乡镇换届期间，全国面向优秀乡镇事业编制人员、村（社区）党组织书记、大学生村官选拔乡镇领导班子成员，形成了一个小高潮，拓展了社区工作者的职业发展通道，形成良好激励导向，基层干部干事创业激情进一步高涨。

（三）社区工作者荣誉表彰体系建设成效显著

2020 年社区工作者队伍调查数据显示，城市社区工作者中 12.9% 当选过各级人大代表、1.3% 的社区工作者当选过各级政协委员，7.9% 的社区工作者当选过劳动模范，51.9% 的社区工作者获评过各级优秀共产党员；农村社区工作者中也有 27.5% 获得了各类荣誉头衔。荣誉的基础性激励作用在社区工作中得到了强化。

第四节　社区工作者队伍建设面临的挑战

从社区工作者建设现状可以判断，新时代我国社区工作者队伍的建设正朝着素质更优、专业更强、管理规范、顺应专职方向迈进。但也应该看到，新时代以来，随着我国城乡社会发展突飞猛进，人民群众对美好生活提出更高的需求，夯实党在基层社会的执政基础及社会治理专业化、精准化、智能化的需要，对当前及今后一段时期我国社区工作者的队伍建设提出了新的目标期盼和更高的要求。迎接这一挑战，需要诊断当前我国社区工作者队伍建设存在的问题和短板。

一、社区工作者的身份范围界定不准

（一）社区工作者的身份模糊

按照中央《关于加强和完善城乡社区治理的意见》，城乡社区"两委"书记、主任及成员、基层职能部门或街道（乡、镇）设岗招聘人员，由街道（乡、镇）统筹管理；社区统筹使用的专职社区工作人员是社区工作者队伍的主干。但调研显示，通过聘用方式进入到社区工作的人员其渠道五花八门，除社区"两委"外，其他进入方式可能有街道（乡、镇）招聘的网格员（政法）、党建组织员或指导员（组织）、村务监督委员会主任（纪检）、安全生产监督检查员（应急）、文化管理员（文旅）、辅警（公安）、会计（农资、财政）及不少有财力的社区经自治决策程序自行招聘的社区内设机构、党群或公共服务窗口工作人员等。这些在社区的工作者，来源渠道不同、招聘上岗条件不同、薪酬待遇不一，考核激励不同。在这些工作人员中，哪些应当纳入国家标准的社区工作者范围，看似有标准实则不明晰，无法统一，操作上存在极大的困难。此外，近十年来，社会工作者从概念和实践也已经进入了社区，多数基层政府也在大力推动社区工作与社会工作的融合，导致不少群众和学术界将社区工作者和社会工作者概念混淆。

（二）社区工作者混岗混编混责混用现象普遍

在上述社区工作力量中，无论身份是选举产生的"两委"领导及成员，还是聘用人员，包括镇街招聘的和条线职能部门招聘的，在社区的实际工作中往往混岗混编混责混用。在工作上难以区分行业岗位特征，也无法为之匹配具有相应胜任能力素质的工作人员，社区工作人员也难以发挥自身已有专业技术能力，工作中随意调配分工是常态，无法专精成为社区工作者最无奈的事。在这种工作态度下，社区工作者能力危机与问责压力增大。值得注意的是，工作状态中的"四混"现象也造成了不必要的公共服务与自治事务的冲突。

二、社区工作力量配置不足

（一）社区人员配置不足的现状

统计数据表明，目前全国城市社区平均每个社区配备了 12 名社区工作者，每名社区工作者约平均服务 634 名居民。在重点地区如特大城市的北京、上海每名社区工作者平均服务 643 名居民，广州平均服务 886 名居民。调查显示，社区普遍感到人手紧张，加班成为常态化现象。以广东省数据为例，全省有 16 个市社区人员配置低于全国平均水平，即使是达标社区（300 户/人），每个社区专职工作者平均要服务居民 1000 人以上。治理资源与治理重心下移依然任重道远。

（二）工作负荷超载现象严重

调查显示，当前社区减负效果不佳，盼望工作减负依然是广大社区工作者最大的心声。社区工作者疲于应付街道（乡、镇）各部门交办的事务，会议多、材料多、数据多、APP 多。以广州市社区为例，社区工作中要协助政府工作的事项高达 76 项，上级要求社区使用填报的信息终端、APP 等有 61 个之多。并且社区工作者们普遍反映，由于在工作中缺乏容错机制，社区工作者经常处于被问责、承担连带责任的困境中，心理负担极重。

三、社区工作者职业晋升与发展渠道不畅

（一）社区工作者职业"天花板"现象

抽样显示，农村社区中任职 10 年以上的村党组织书记占比 52.09%，20 年以上占比 26.63%，社区领导的岗位流动性非常低，从侧面也反映了社区工作者发展通道不畅现象依然严峻。而目前在制度设计上，社区工作者最为看重的进入党政和事业单位的晋升通道，对于绝大多数社区工作者来说，处于"可望不可及"的状态。以广东省数据为例，2018 年 - 2020 年广东省从社区工作者录用的公务员或事业编工作者仅 722 人，占其全省社区工作者总数的 0.8%，百里挑一尚不到。

（二）社区工作缺乏精神荣誉表彰奖励工具

新时代以来，功勋荣誉表彰制度被纳入完善和发展中国特色社会主义制度中，从国家的高度充实了精神激励工具箱。然而在社区治理领域，除少数省份如浙江省 2015 年开展全省社区工作者领军人才遴选活动，山西省开展"山西最美社区（村）干部"评选活动等外，全国层面上社区工作者普遍缺少较高级别的职业荣誉激励工具。

（三）社区工作者人员流失率较高

调研显示，社区工作中岗位流动性较低，但工作人员的流失率却居高不下。抽样显示，城市社区工作者38%未签订劳动合同，将社区工作定位为暂时性工作特征明显，农村社区工作者上岗前有 4 次及以上工作更换经验的占比16.1%。在广东省补充的再调查显示，其社区工作者流失率为6%，并呈现两头翘的现象——经济发达城市和经济欠发达地区流失率均高于全省平均水平。

四、社区工作者政策体系有待全面建立

（一）出台专职化管理制度的省市不多

我国已经对社区工作者提出了全面专业化、专职化的要求。但调查显示，目前只有 13 个省级单位出台了专职化社区工作者管理办法，而出台的管理办法其政策规划、立法规划不足，政策的内容、侧重点和发展方向也有待统一。

（二）社区工作者招录制度不统一

虽然社区工作者在实践上已经实行专职化了，但队伍招录标准、招录主体的规范指引尚未建立起来。目前存在着由县、区委组织部，县、区民政局、街道（镇）、社区自行招聘等多种情况。聘用主体各不相同，招录条件也没有统一。招聘没有实施员额管理，受地方财力影响较大，应配未配现象较多，配置不及时现象严重。

（三）社区工作者工资福利制度落实不扎实

2010 年《中共中央办公厅国务院办公厅关于加强和改进城市社区居民委

员会建设工作的意见》规定，社区工作者薪酬标准不低于当地上一年度社会平均工资水平。在这一政策推动下，部分发达地区社区工作者收入增长较快。但也应看到，社区工作者薪资收入结构单一，在没有集体收入的社区中，政府补贴是社区工作者唯一的收入来源，而社区工作者的职级工资、绩效工资和各类补贴制度尚没有建立起来，收入激励性严重不足。更为重要的是，农村地区和部分不发达地区的城市社区收入过低现象还没有得到有效纠正，正常增长机制尚未建立起来。抽样显示，城市社区低于 3000 元/月的社区工作者占比 45.3%，农村社区低于 2 万/年收入的社区工作者占比 47.5%。在社会保险方面，城市未购买"五险"的社区尚有 11.6%，农村未购买的占比达到 59.5%。即使购买了的社区，也多是保障水平较低的城乡居民养老保险，而购买城镇职工养老保险的也多以最低基数水平购买，导致社区工作者退休后养老金偏低，后顾之忧难以解决。

第五节　本调查研究报告的逻辑结构

一、明晰社区工作者的定义

社区工作者队伍的建设与发展是基层治理体系和治理能力现代化的重要组成部分。长期以来，我国社区工作者队伍建设角色定位逐渐清晰，对基层治理成效的提升起到了促进作用。近年来，国家顶层设计明确了社区工作者的内涵与专业化、专职化、规范化建设的方向和目标，社区工作者队伍的优化也成为地方党委、政府加强基层治理体系建设的重要抓手。

在国外，社区工作是专业社会工作中的重要组成部分，是一个通过开展集体行动协助普通人改善其社区生活的过程[1]。从事社会工作的，是受过社会工作专业训练，专职从事社会工作的专业人员。部分学者从广义与狭义角度对我国社区工作者进行界定。广义的社区工作者是指所有参与社区工作的人员，包括社区党组织和自治组织成员、职业社区工作者、兼职社区工作者、社区中介人员以及高校的社区理论工作者；狭义的社区工作者仅指社区社会工作者，但

---

① ［英］艾伦·特韦尔威特里：《社区工作》，陈树强译，中国社会出版社 2002 年版，第1页。

也有从事社区服务、社区管理的工作人员，包括社区党组织、社区自治组织和专职的社区工作者。

国内学者对社区工作者的角色研究成果较丰富。随着国家与社会关系的转变，社区工作者的角色定位由以往的政府代理人向管理、服务角色转变①，因此有学者认为社区工作者应具备服务者、组织者、研究者、辅导行动者及社区权益者五大角色②，还有学者表示社区工作者体现了社区赋能者、社区工作合作者和参与者、社区教育者、社区资源中介者和提供者、社区利益倡导者、社区服务项目提供者和推动者这九种角色③。因此，有些研究认为，社区工作者角色定位众说纷纭，导致社区工作者职业身份不明、任务繁重等问题。

事实上，"社区工作者"概念在 2000 年民政部文件《民政部关于在全国推进城市社区建设的意见》中得到明确："要逐步建立社区工作者队伍。社区建设需要大批专业的社区工作者。要采取向社会公开招聘、民主选举、竞争上岗等办法，选聘社区居委会干部。"在这个文件中将社区工作者与社区干部互指，社区工作者专门指社区居委会干部队伍。这一内涵口径得到了坚持与延续。2003 年，《中共中央组织部、民政部关于表彰全国优秀社区工作者的决定》中，所表彰的优秀社区工作者均为各社区党支部书记、副书记、居委会主任、副主任。这说明社区工作者在实践中概念是清晰的。

二、明确社区工作者队伍建设的内涵

社区工作者队伍建设主要包括四大方面：选拔任用、教育培训、评价激励、组织保障。具体如下：

（一）建立健全社区工作者选拔任用机制

社区工作者作为社区工作专职队伍，其综合素质如何，直接关系到能否将党和政府的关怀送到千家万户，关系到居民群众的服务需求能否得到有效满足。要使社区工作者队伍成为一支强有力的队伍，必须要把好入口关，认真做好选举、考录、聘任等工作。一是实施"领头雁"工程。按照党性强、能力

---

① 赵凌云：《社会治理创新背景下青年社区工作者的培育》，载《青年学报》2016 年第 03 期，第 68~73 页。
② 贾敬、王庆林：《社区工作者角色辨析》，载《社会发展》2003 年第 07 期。
③ 薛新娅：《社区社会工作者的角色认知与思考》，载《中国社会导刊》2007 年第 18 期。

强、改革意识强、服务意识强、敢于担当的要求，对社区党组织书记坚持基层选拔一批、社会选优一批、组织下派一批，打破身份、行业、地域限制，选拔优秀人才担任社区党组织书记。由组织部门和民政部门分别负责社区"两委"换届选举工作，形成组织部门牵头抓总、有关部门各司其职、相互配合、协调联动的工作格局。通过干部挂职、岗位交流、广纳优秀高校毕业生等方式不断优化社区党组织负责人队伍结构。二是创新公开考录制度。严格按照公开考试、组织考核、群众评议等程序开展社区工作者录用工作，实现社区工作者岗位全部实行公开招考录用，为推进社区工作者队伍的规范化建设奠定良好基础。三是积极探索聘任新机制。探索引导机关、企事业单位处级退休干部、军队副团职以上退休干部、城市退休社区书记主任加入社区工作者队伍的创新机制，利用他们丰富的工作经验发挥传帮带作用，带动社区管理水平的提升。

（二）建立健全社区工作者教育培训制度

为了更好地服务社区居民，推行以党建工作培训和业务工作培训为主体内容的"双训"模式，建立全员培训、骨干培训、专业培训相结合的分层社区工作者综合培训体系。一是开展全员培训。采取分期培训、脱产学习、线上教育等多种方式，对社区工作者开展全员轮训。二是开展骨干培训。建立社区党组织书记主任的培训、带训基地，由组织部门、民政部门每年定期组织社区党组织书记、主任示范培训。三是开展专业培训。通过理论学习、经验分享、现场参观、实训点实习等环节，有效提高社区工作者服务群众的能力和水平。

（三）建立健全社区工作者队伍激励约束机制

以规范管理为途径，不断拓展社区工作者发展空间。为加速社区工作者专业化进程，规范了社区工作者的准入、退出、考核、管理等各项管理制度。坚持上级考核与群众评议相结合、平时考核与年终考核相结合、专项考核与综合考核相结合的考评办法，将考评结果作为定向考录公务员、选拔事业编制、评优选先的重要依据。进一步完善激励约束机制。采取差额竞争、差额选拔、差额考察、会议决定等操作流程，规范竞争选拔程序，坚持阳光透明，突出以实绩选人。同时构建精神激励体系，提高社区工作者的政治待遇，有效调动社区工作者的积极性，达到既留住人才也吸引更多优秀人才的目的。

（四）建立健全社区工作者组织保障机制

以科学分配为关键，不断提高社区工作者报酬待遇。社区工作者始终处于工作忙、负荷重的状态，为使社区岗位能够吸引人、留住人、发展人，积极构建了科学合理、公平公正、注重激励的分配机制。为解除广大社区工作者的后顾之忧，实现"五险一金"的全覆盖。建立优劳优得原则，建立基本生活补贴、绩效补贴和职业资格补贴职级制度。

三、本调研报告的逻辑结构

在新时代国家治理体系与治理能力现代化建设过程中，社区工作者发挥着衔接政府与社会，组织公共服务（物品）产出和模范执行党纪国法及各类制度的作用，是现代社会中和谐稳定的维护者，公共服务的组织者，法规制度执行的带头人。在农村，社区工作者还是产业兴旺、生态宜居与农民生活富裕的领头雁，乡风文明的推动者，"三治"结合的有效乡村治理体系的塑造者，其作用的发挥是社会治理的重要环节。

社区工作者工作状况总体上呈现出工作环境与工作内容繁复、能力素质短板显现和保障不足的情况。城市社区工作者主要面对生活共同体和空间工作，知识化、专业化、专职化、高技能化和社会认同是其面临的主要挑战；农村社区不仅有生活空间，还有生产空间。依发展程度不同，其生产空间（农、工、商、旅）类型多样，反映到农村社区工作者的工作上，他们不仅承担着治理、服务于村民生活的责任，还承担着组织与服务农村生产的功能，其运作的组织具有自治组织、公共服务组织和集体经济组织三合一的特性，对工作形成了新的挑战。

复杂的组织环境，衔接、组织与模范的工作定位，对社区工作者的上岗履职提出了极高的能力素质要求。一名合格的社区工作者除了具备社区专业知识、专业技能、人际关系管理技能和组织管理经验外，还需要熟悉政府运作、基层组织管理与建设，较深的政策素养，在农村，社区工作者还得熟知乡村熟人社会运作的规则。具备这样能力素质的人才，如果没有系统稳定的培训体系支撑，仅靠社会系统自然产生，是无法满足当前蓬勃的发展形势和工作需求的。

从基层政权建设角度看，社区工作者是最直接的最基层的"守土有责"

群体。为使其能守土负责、守土尽责，实现共建共治共享的治理格局和乡村治理体系的"有效性"，全面持续地观测社区工作者的工作状况，深入了解并细致刻画其工作制度、工作内容、履职行为、工作环境和素质结构等方面的内容，及时发现其工作中的问题，给予精准的制度、政策供给，是调动其工作积极性，激发其工作活力，为党和政府培养造就扎根基层、以人民为中心、直接服务人民的高水平专业化的城市社区工作者队伍和懂农业、爱农村、爱农民的"三农"工作队伍的必选动作。这也是本次调查研究的总目标。

基于调查总目标，本调查报告逻辑框架设计如下：（1）深入分析城市社区工作者和农村社区工作者调查问卷数据库和全国 48 个社会治理深入观察点质性研究报告，全面描述和理解社区工作者队伍建设现状，并对其进行诊断，为分专题论证建立经验基础；（2）调查社区工作者岗位的规划设计情况，预测社区工作者的人员需求数量及素质能力构成；（3）调查社区工作者的入职上岗渠道、方式及培训开发情况，扩大社区工作人才选配视野，提升人才配置效率，为解决社区工作者的配置及开发其能力素质提供一手数据；（4）在国家全面推行公共服务人员绩效管理的背景下，通过对社区工作者工作绩效状况的调查，形成措施，为基层组织如何用好基层社会治理人才提供政策支持；（5）调查社区工作者的现行薪酬福利结构及其需求，激励社区工作者安心本职工作干事创业，破解基层组织留住用好人才的问题；（6）通过社区工作者劳动关系的管理现状的调查分析，了解并帮助社区组织实现人力资源的合理有效循环。

第一章　城市社区工作者队伍建设现状分析

社区是城乡社会治理的基本单元，承担着处理基层事务、缓和利益冲突、解决社会矛盾等功能。城市社区工作者是基层社会治理成效的关键因素，加强城市社区工作者队伍建设是强化基层社会治理、促进社区和谐有序发展的组织保障。随着社会治理重心向基层下移，社区扮演着越来越重要的角色，城市社区工作者队伍不断调整，出现了一些新特征，队伍建设面临着新困境。

2000年，《民政部关于在全国推进城市社区建设的意见》首次提出"社区工作者"的概念，文件指出："要逐步建立社区工作者队伍。社区建设需要大批专业的社区工作者。要采取向社会公开招聘、民主选举、竞争上岗等办法，选聘社区居委会干部。"党的十九大报告对"加强和创新社会治理"作出了重要的战略部署，指出"加强社会治理制度建设，完善党委领导、政府负责、社会协同、公众参与、法治保障的社会治理体制，提高社会治理社会化、法治化、智能化、专业化水平"，"打造共建共治共享的社会治理格局"，"推动社会治理中心向基层下移"。2019年4月，中共中央办公厅印发《关于加强和改进城市基层党的建设工作的意见》，强调在编制、职数、待遇等方面加大对街道社区的政策倾斜力度、健全社区工作者职业体系、设立岗位等级序列、按规定落实报酬待遇，形成正常增长机制等内容，以建设一支数量充足、结构合理、管理规范、素质优良的社区工作者队伍。

为准确掌握社区工作者队伍建设的具体情况，建设一支高素质、规范化、专业化、专职化的社区工作者队伍，民政部政策研究中心着力开展"社区治理动态监测平台及深度观察点网络建设"项目。城市社区工作者队伍建设调查问卷主要包含社区工作者个人与家庭基本情况、工作状况与职业认同、与居民关系及其领导力、收入与福利、工作关系与职业倦怠、工作能力与职业绩效等六大方面。本课题面向全国29个省份，随机抽取部分社区作为观察点，对社区工作者进行问卷调查，获取了大量的一手资料。运用定性与定量研究方法，归纳社区工作者队伍的总体特征，在系统分析社区治理发展困境与深层原因的基础上，探讨社区工作者队伍建设的有效路径。

第一节　城市社区工作者的基本信息

一、城市社区工作者的个人基本统计特征

性别比例上，城市社区工作者男女性别比为 1 : 2.09，女性（67.6%）明显高于男性（32.4%）。年龄结构上，年龄最小的调查对象为 21 岁，年龄最大的调查对象为 75 岁。30 岁以下的受访社区工作者人数较少，仅占 9.6%；30~39 岁的占总数的 37%；其次是 40~49 岁的共 1450 人，占比 34.9%；50~59 岁的共 671 人，占比 16.2%；60~79 岁的共 97 人，占比 2.3%。文化程度上，仅有 0.7% 的受访城市社区工作者为硕士学历，40.6% 的为本科学历，37.6% 为大专学历，较少的为高中学历（17.1%）或高中以下学历（3.7%）。政治面貌上，城市社区工作者政治面貌以党员为主，75.3% 的社区工作者为中共党员（含预备党员），20% 的为群众，少数为共青团员（3.9%）和民主党派人士（0.2%）。民族上，96.8% 的城市社区工作者为汉族，仅有少数（3.2%）为其他民族。宗教信仰上，97.3% 的城市社区工作者无宗教信仰，仅 2.7% 的有宗教信仰（见表 1-1）。

表 1-1　2020 年城市社区工作者个人特征分析

类别	变量	频数（个）	有效百分比（%）
性别	男	1344	32.4
	女	2810	67.6
年龄	20~29 岁	396	9.6
	30~39 岁	1539	37.0
	40~49 岁	1450	34.9
	50~59 岁	671	16.2

续表

类别	变量	频数（个）	有效百分比（%）
年龄	60~69岁	86	2.0
	70~79岁	11	0.3
文化程度	小学	9	0.2
	初中	142	3.5
	高中（技校、职高、中专）	709	17.1
	大专	1561	37.6
	本科	1688	40.6
	硕士	31	0.7
	其他	13	0.3
政治面貌	共青团员	164	3.9
	共产党员	3126	75.3
	民主党派	7	0.2
	群众	857	20.6
民族	汉族	4019	96.8
	其他	135	3.2
宗教信仰	有	113	2.7
	无	4041	97.3

由此可见，城市社区工作者队伍性别结构失衡现象较为严重，性别结构失衡现象持续会加深对社区工作为女性职业的刻板印象，不利于社区工作者队伍的长远发展；城市社区工作者队伍的年龄构成、文化程度趋于合理，中青壮年群体占比超过八成，为社区工作者的主体。更年轻、更有文化的工作团队意味着更能接受新事物和新观念，在开展社区工作时也更能引入新理念来推动治理创新，达到提升社区治理工作整体水平的目的。

二、城市社区工作者的社会基本统计特征

在对社区工作者家庭情况的调查中，3548 名受访城市社区工作者处于已婚状态，占比 85.4%，353 名社区工作者未婚，占比 8.5%，离婚的占比

3.9%，离婚再婚的占比1.2%，丧偶的占比0.7%。

从家庭成员来看，6.5%的受访社区工作者家庭人数为2人，39.6%为3人，20.3%的为4人，16.9%的为5人，10.7%的为6人，5.5%的为7人及以上，即大部分城市社区工作者家庭人数为3~6人的小规模家庭。

从收入结构来看，受访城市社区工作者家中有固定收入人数为3人的最多，占比48.6%，其次是固定收入人数为4人的占比22.2%，按比例依次排序，家中有固定收入人数分别为2人（12.9%）、5人（12.7%）、6人（2.0%）和7人及以上（1.3%），最后是1人的占比0.2%。由此可知，基本家庭结构为核心家庭或主干家庭，由2~5个劳动力工作支持3~7人的小规模家庭。

成员构成上，13.5%的受访城市社区工作者没有子女，61.3%的育有1个子女，23.2%的育有2个子女，1.8%的育有3个子女，0.2%的育有4个子女。55.9%的社区工作者家中没有需要照料的成员，28.1%的有1名需要照料的成员，部分受访城市社区工作者家中需要照料成员人数为2人（11.7%）、3人（2.8%）、4人（1.3%）、5人（0.2%）。结合上述数据可知，城市社区工作者的家庭成员构成较为合理，"养老"、"抚小"的家庭负担基本处于合理范围内（见图1-1）。

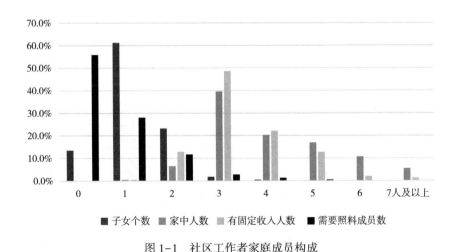

图1-1　社区工作者家庭成员构成

居住地址上，居住在其他社区的受访城市社区工作者（53.7%）略多于居住在本社区中的社区工作者（46.3%），城市社区工作者分散居住于本社区和其他社区，居住在本社区的城市社区工作者对所处社区邻里关系、矛盾纠纷、居民需求等内部情况较为熟悉，便于开展社区治理工作。

在城市社区工作者经济状况的调查中，37.8%的受访城市社区工作者上个月的家庭总收入在 5000 到 9999 元之间，其次是 25.7%的家庭总收入在 10000 元到 14999 元之间，24.4%的家庭总收入超过 15000 元（含 15000 元），10.4% 的家庭总收入低于 5000 元（见表 1-2）。在住房方面，58.4%的受访城市社区工作者拥有一套住房，25.4%的拥有两套住房，没有房子和拥有 3 套房子或以上的为少数人，分别占比 5.7%和 7.8%。统计可见，受访城市社区工作者所拥有住房套数基本集中在 1-3 套，房产市价差异较大。

表 1-2 城市社区工作者上个月家庭总收入

家庭总收入（元）	频数（个）	有效百分比（%）
拒绝回答	20	0.5
不知道	70	1.2
0-4999	413	10.4
5000-9999	1571	37.8
10000-14999	1066	25.7
15000-19999	433	10.4
20000-24999	354	8.5
25000-29999	63	1.6
30000-34999	91	2.1
35000 以上	73	1.8
合计	4154	100.0

总体来看，城市社区工作者队伍表现出以下特征：第一，性别结构失衡，女性多男性少；第二，年龄结构合理，以中青年为主；第三，受教育程度较高，以大专、本科为主；第四，多为汉族，党员为主，无宗教信仰；第五，大多已婚，所在家庭结构为核心家庭或主干家庭，家庭收入大多为中等水平，家庭负担中等；第六，基本拥有房产，近半数居住在本社区。城市社区工作者的家庭收入大多处于中等水平，能够基本保障家庭生活开支，免除后顾之忧，安心投入工作。

第二节　城市社区工作者的工作状况与职业认同

一、城市社区工作者的工作状况描述统计

（一）城市社区工作者职务结构

社区工作者是社区治理工作的直接参与者和主要推动者，社区工作者的职业体系和工作方式直接影响着社区内部治理主体的互动方式。调查显示，当前城市社区工作者职务构成体系主要包括如下三部分人员：一是社区书记、主任，二是社区"两委"成员（书记、主任除外），三是专职社区工作者，分别占比 32%，36% 和 36%。

（二）城市社区工作者上岗与入职统计

1. 城市社区工作者工作年限的统计

从事社区工作 6-10 年的社区工作者最多，占比 30.5%，共 1267 人；其次是从事社区工作 1-5 年的，占比 23.8%；从事社区工作 11-15 年的，占比 21.9%。新时代以来，城市社区工作者每届任期由 3 年改为 5 年，由年份交叉可知，至少有 45.7% 的受访城市社区工作者具有两届以上（含）任职经验，对社区事务的处理经验丰富。54.3% 受访社区工作者是在近十年内投身社区工作，拥有 10 年以上工作经验的受访社区工作者人数随着工作年限的增长而减少（见图 1-2）。经验丰富的社区工作者有利于社区治理工作的开展，一方面，他们对社区居民的了解程度较高，彼此建立了相对稳固的关系，能够为工作的顺利开展减少阻碍。另一方面，能够充分发挥"传帮带"的作用，为新进入的社区工作者提供实践指导，使他们快速进入角色，适应工作内容与节奏。

2. 城市社区工作者劳动合同签订的统计

2008 年，《中华人民共和国劳动合同法》施行，规定街道（乡/镇）办事处与社区工作者之间最终形成清晰明确的劳动关系。表 1-3 显示了社区工作者签订合同单位的情况，38.1% 的受访城市社区工作者没有签订书面合同，38.7% 的社区工作者签订合同的单位为街道办事处；331 名社区工作者

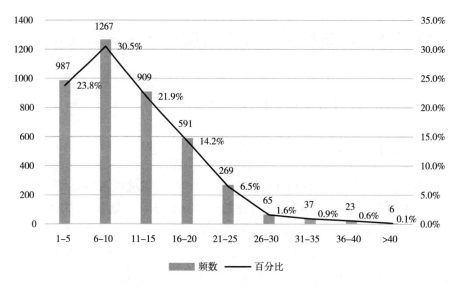

图 1-2　城市社区工作者工作年限结构

签订合同单位为社区组织，占比为 8.0%；234 名社区工作者签订合同单位为区职能部门，占比为 5.6%。由数据可得，城市社区工作者队伍管理制度化水平不高，存在种种用人乱象，如社区工作者将社区工作作为临时过渡而没有签订劳动合同，聘用部门和薪酬待遇各不相同，缺少通用规范和统一管理等。虽然社区工作者已经实行专职化了，但队伍统一的招录标准、招录主体的规范指引没有建立起来。目前存在着由县、区委组织部，县、区民政局、街道（镇）、社区自行招聘等多种情况。聘用主体各不相同，招录条件不统一，招聘也没有实施员额管理，受地方财力影响较大，应配未配现象较突出。

表 1-3　城市社区工作者劳动合同签订情况

劳动合同签订单位	频数（个）	有效百分比（%）
不适用	1581	38.1
不知道	11	0.3
街道办事处	1607	38.7
区职能部门	234	5.6

续表

劳动合同签订单位	频数（个）	有效百分比（%）
社区组织	331	8.0
其他	390	9.4
合计	4154	100.0

为探索不同地区的城市社区工作者劳动合同关系情况，我们将所调查的省、自治区、直辖市进行了东、中、西部、东北四大区域划分，将北京、天津、上海、山东、广东、江苏、河北、浙江、海南和福建10个省（市）划分为东部地区，将安徽、山西、江西、河南、湖北、湖南6个省级行政区划为中部地区，将云南、内蒙古、四川、宁夏、广西、甘肃、贵州、重庆、陕西和青海10个省级行政区划为西部地区，将吉林、辽宁和黑龙江3个省级行政区划为东北部地区，对城市社区工作者劳动合同关系情况和地域进行了相关分析。

如图1-3所示，西部、中部地区没有签订劳动合同的城市社区劳动者占所在地区样本总体比重较高，分别达到64.86%和51.47%，远高于东部（27.04%）和东北部地区（22.74%），可见在城市社区工作者队伍建设上，西

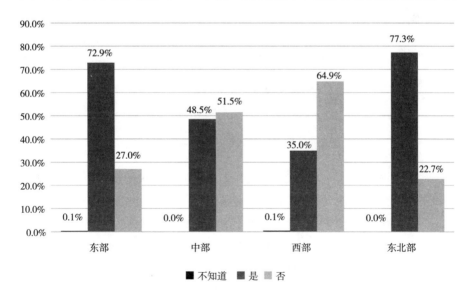

图1-3　区域之间城市社区工作者劳动合同关系差异分析

部、中部地区未签订劳动合同的人数比已签订劳动合同更多，经济发达地区的城市社区工作者队伍在劳动关系上的管理水平高于经济不发达地区。劳动关系不明，将直接影响到社区工作者的基本权益和福利待遇保障，降低其职业认同感，不利于社区工作者队伍的长远发展。

3. 城市社区工作者上岗条件的统计

（1）上岗要求。多数受访城市社区工作者所在单位会对社区工作者的学历（82.2%）、健康（88.7%）、年龄（67.0%）作要求。部分单位会对专业背景（42.9%）、以往工作经历（37.9%）和政治面貌（30%）有所要求，此外还有7.2%的单位对性别有所要求（见图1-4）。上述上岗要求有利于实现城市社区工作者队伍"三升一降"的要求，即学历层次、女性干部人数、党员比例升上去，平均年龄降下来，优化社区工作者队伍结构。

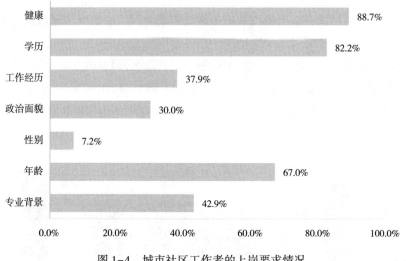

图1-4 城市社区工作者的上岗要求情况

（2）技能要求与行为要求。在入职后单位所提要求的调查中，大多数受访城市社区工作者所在单位提出过使用办公软件（93.3%）和面带笑容（92.5%）的要求，要求处理他人的投诉或抱怨的占比85.5%，要求处理问题需要具有创造力的占比82.6%，要求快节奏工作的占比58.6%，要求按规定着装的占比50.6%（见图1-5）。

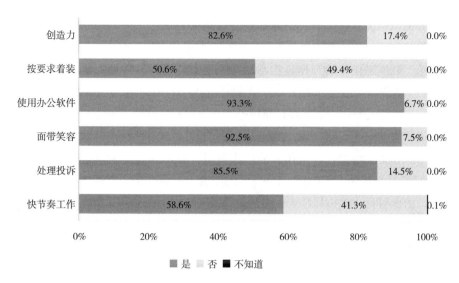

图1-5　城市社区工作者的技能要求和行为要求情况

(三) 城市社区工作者日常履职情况

1. 城市社区工作者工作时间结构

在上班制度方面，65.6%的受访城市社区工作者所在单位采取"周一至周五白天工作，周末、节假日轮流值班"的坐班制；19.1%的单位采取"无固定周末，保证社区一周 7 天有人"的倒班制；9.3%的单位采取"周一至周五白天工作"的坐班制；4.3%的单位上班制度正在向倒班制转变，1.7%的单位采取其他上班制度（见图1-6）。

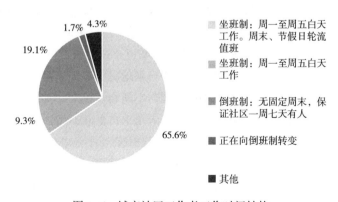

图1-6　城市社区工作者工作时间结构

在加班情况方面，如表 1-4 所示，只有 12.9% 的受访城市社区工作者上个月没有加班，表明加班的现象非常普遍且严重，也从侧面体现了社区工作任务繁重，社区工作者的工作负担与压力不小。其中，最常见的情况是周末加班，81% 的受访社区工作者上个月周末加班过；57.6% 的上个月工作日内加班过，54.5% 的上个月法定节假日加班过。长期加班及加班时间过长，造成城市社区工作者超职能、超权限、超负荷运转，给社区工作者的身体健康和心理健康都带来伤害，增加社区工作者的工作负担，使之难以实现家庭与工作的平衡，久而久之，容易对工作产生抵触情绪，而且长期加班也不利于工作效率的提升。由此可见，城市社区工作者队伍管理在压缩加班时间和落实带薪休假方面有待提升。另一方面，这也反映了社区工作者疲于应付各级各部门交办的事务，会议多、材料多、数据多、APP 多的现象突出。只有真正实现减压减负，加强社区工作者的劳动权益保障，才能有效提高基层治理能力。

表 1-4　城市社区工作者加班情况统计

项目	是（%）	否（%）	不知道（%）	不适用（%）	合计（%）
上个月是否加班	87	12.9	0.1	0.0	100.0
上个月是否工作日加班	57.6	29.3	0.1	13.0	100.0
上个月是否周末加班	81.0	6.0	0.0	13.0	100.0
上个月是否节假日加班	54.6	32.4	0.0	13.0	100.0

2. 城市社区工作者工作自主情况统计

在工作自主情况方面，如表 1-5 所示，50% 的受访城市社区工作者认为完全不能自主决定工作时间长短，59.5% 的认为完全不能自主决定工作地点；超过六成的认为在工作节奏（64%）、工作进度（64.4%）和工作优先级（60.1%）上具有部分自主性。总的来说，城市社区工作者难以自主决定工作地点和工作时长等硬性指标，但能够较为自主地决定工作节奏、工作进度和工作优先级等软性指标，实际工作中的可操作空间相对较大，能够根据个人情况调整工作情况。总体而言，城市社区工作者工作自主性不高，说明社区的非自治事务过多，大量行政事务直接压到社区，出现"什么事都要社区参与，什么人都可以指挥社区"的不良工作机制，社区成了"什么事都往里装"的"箩筐"，行政性派摊现象严重，特别是一些临时性的统计、调查、检查等任务都要求社区来执行。城市社区工作者的大部分时间都花在协助政府部门的工作上，走访、与社区居民沟通、提供公共服务等活动因没有时间而大幅减少，更谈不上勤于服务居民，由于工作自主性低造成了社区工作者"心有余而力不足"的局面。

表 1-5　城市社区工作者工作自主情况统计

能否自主决定	完全自主（%）	部分自主（%）	完全不自主（%）	合计（%）
工作时间长短	6.6	43.4	50.0	100.0
工作节奏快慢	14.5	64.0	21.5	100.0
工作地点	7.7	32.8	59.5	100.0
工作进度	14.3	64.4	21.3	100.0
工作优先级	26.3	60.1	13.6	100.0

3. 城市社区工作者日常工作占用时间情况统计

在日常工作占用时间方面，将办公事务排在第 1 位的人最多，占比 64.3%，16.2% 的受访城市社区工作者将办公事务排在了第 2 位；32.1% 的将入户访谈排在了第 2 位，24.7% 的人将入户访谈排在了第 3 位；27.7% 的将参加会议排在了第 4 位，30.3% 的将参加会议排在了第 5 位；28.6% 的将参加培训排在第 5 位，54.5% 的将参加培训排在第 6 位；17% 的将开展活动排在第 6 位。根据日常工作占用时间平均排序从高到低来看，为办公事务>入户访谈>社区走动>开展活动>参加会议>参加培训的顺序（见图 1-7）。

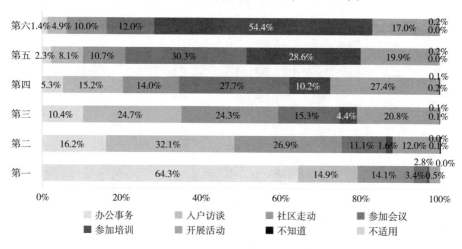

图 1-7　城市社区工作者日常工作占用时间情况统计

（四）城市社区工作者工作经历情况

在对城市社区工作者过往的工作经历调查中，26.8%的受访城市社区工作者曾从事商业、服务业，18.1%的社区工作者曾是国有企事业单位办事人员，22.8%的曾是三资企业、民营企业办事人员，13.3%的为专业技术人员（如教师、医生、科研人员等），过往职业为农民、工人、警察的社区工作者分别占比8.2%、14.1%和7.0%，未参加过工作的在校生占比9.3%，离退休人员占比0.7%，无业人员占比4.1%，除此之外，还有14%的受访社区工作者曾从事其他行业。在组织管理经历上，仅2.5%的受访城市社区工作者曾任国有企事业单位负责人，5.5%的曾任党政机关、党群组织干部，12.1%的曾任三资企业、民营企业管理人员，具有组织管理经历的城市社区工作者占总体比重较小（见表1-6）。

表1-6　城市社区工作者工作经历统计

类别	变量	是（%）	否（%）
	党政机关、党群组织干部	5.5	94.5
	国有企事业单位负责人	2.5	97.5
	国有企事业单位办事人员	18.7	81.3
	三资企业、民营企业管理人员	12.1	87.9
	三资企业、民营企业办事人员	22.8	77.2
	商业、服务业人员	26.8	73.2
工作类型	专业技术人员 （如教师、医生、科研人员等）	13.3	86.7
	农民	8.2	91.8
	工人	14.1	85.9
	军人、警察	7.0	93.0
	在校生，未参加工作	9.3	90.7
	离退休人员	0.7	99.3
	无业	4.1	95.9
	其他	14.0	86.0

续表

类别	变量	是（%）	否（%）
荣誉称号	人大代表	12.9	87.1
	政协委员	1.3	98.7
	劳动模范	7.9	92.1
	优秀党员/团员	51.9	48.1

城市社区工作者多元化来源趋势显著，高校学生、企事业管理人员、专业技术人员等，成为继企事业单位办事人员、工人之后的社区工作者主体来源，培养和储备后备人选充足，体现了城市社区工作者队伍建设包容性强，社区工作者专业领域多样互补，队伍知识结构趋于完善，提高了社区工作者队伍应对复杂局面和服务人民群众的能力，有利于后期社区工作的顺利开展。

在社区工作者所获荣誉称号的调查中，51.9%的社区工作者获得过优秀党员或团员的称号，12.9%的当选过人大代表，7.9%的获得过劳动模范的荣誉称号，1.3%的当选过政协委员。由此可见，对城市社区工作者缺乏针对性表彰奖励。新时代以来，功勋荣誉表彰制度被纳入完善和发展中国特色社会主义制度中，从国家的高度充实了精神激励工具箱，然而在社区治理领域，除少数省份如浙江省自2015年起开展全省社区工作领军人才遴选活动、山西省开展"山西最美社区（村）干部"评选活动等外，全国社区工作者几乎没有较高级别的职业荣誉激励工具。

（五）城市社区工作者职业培训情况

在岗培训方面，3572名社区工作者参加过在岗培训，占比86%；5.2%的社区工作者表示组织了在岗培训，但自己没有参加，共216人；8.7%的社区工作者表示没有组织过在岗培训，共362人。由此可见，社区工作者的培训制度较为完善，有组织、有意识地对社区工作者进行培训，既有利于提高社区工作者队伍的整体素质和专业技能，还有利于提高社区工作专业化水平（见图1-8）。

在培训方式上，受访城市社区工作者对培训方式的喜爱程度占比从高到低可以依次划分为：现场观摩、案例教学、交流研讨、课堂讲授，分别占比

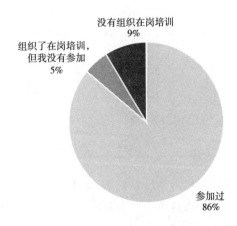

图 1-8　城市社区工作者参加在岗培训情况

94.7%，90.7%，87.6%和82.6%（见图1-9）。19.7%的社区工作者提出了其他培训方式，如比赛、拓展训练、实地走访、线上培训等。根据此数据，受访城市社区工作者希望能对培训方式进行调整，采取更偏向实践性质的培训方式，从实际案例出发给予社区工作者指导，辅以交流研讨和课堂讲授。通过现场观摩和案例教学的方式，能够使社区工作者更直观地从真实情境中了解到先进社区的工作环境、工作流程、工作制度等长处，从中汲取可借鉴的经验，也可以通过剖析其他社区的治理过程，复制、改进其成功经验推进自身所在社区治理工作，因而这些培训方式受到社区工作者的喜爱。

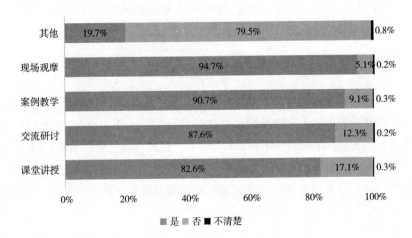

图 1-9　城市社区工作者培训方式偏好统计

在专题培训上，如表1-7所示，超过九成受访社区工作者表示希望参加法律法规专题培训学习（95%）和社区治理创新专题培训学习（93%）；对其余专题培训的希望程度占比排序从高到低可以划分为：社情民意及政策培训>文化建设培训>人居环境整治培训>公共管理培训>党风廉政建设培训>党务管理培训>领导力开发培训>违法用地违法建设培训>征地拆迁培训，分别占比91.2%、90.2%、87%、84.8%、84.8%、75%、72.6%、66.4%、53.3%；此外，还有20.7%的受访社区工作者提出了希望接受其他专题培训。

表1-7　城市社区工作者专题培训偏好情况

专题培训	是（%）	否（%）	不清楚（%）
党务管理	75.0	24.7	0.3
公共管理	84.8	15.0	0.2
社情民意及政策	91.2	8.8	0.0
社区治理创新	93.0	6.9	0.1
人居环境整治	87.0	13.0	0.0
党风廉政建设	84.8	15.0	0.2
征地拆迁	53.3	46.5	0.2
领导力开发	72.6	27.2	0.2
违法用地违法建设	66.4	33.5	0.1
文化建设	90.2	9.7	0.1
法律法规	95.0	5.0	0.0
其他	20.7	78.3	1.0

总体来看，社区工作者希望参与的专题培训主要是与社区治理工作密切相关的专业知识。首先是法律法规专题培训学习，社区工作对社区工作者掌握党对基层的方针政策、法律法规等知识水平要求较高。有些社区工作者对政策法规知识了解不多、掌握不全、理解不透，在宣传政策、落实工作的过程中凭感觉、靠经验，急需学习法律法规知识。其次是社区治理创新专题培训学习，社区工作者往往拘泥于过往惯例与制度框架，所采取的治理手段与方式没有新意，在面对新问题新困境时，缺少创新意识和敢闯敢干的精神，开展专题培训

能够与工作需要形成良好的契合。再次是社情民意及政策培训，社区工作者扎根基层，奋斗在为人民服务的第一线，坚持的是"民有所呼、我有所应，民有所求、我有所为"的工作理念，通过社情民意专题培训，紧扣时代脉搏，将实际工作中的问题从深度、力度、角度上进行提炼，进一步提出具有时效性、针对性和可操作性的高质量工作信息，有利于促进社区工作提质增效。最后是文化建设、人居环境整治等实用知识的培训和公共管理、党风廉政建设、党务管理等理论知识的培训。专题培训学习与工作内容的相关性、适用性较强，以城市社区工作者的工作实际需要为出发点，体现了理论与实践两手抓的重要性，对于以先进理论知识武装社区工作者的头脑，提高社区工作者的实际治理技能，更好地完成社区治理工作具有重要意义。

二、城市社区工作者的职业认同情况统计

职业认同感是指从业人员在工作过程中，经过个人与社会互动逐渐形成的对自身工作的认知与情感态度，职业认同感直接体现在社区工作者是否有换工作的想法上。55.7%的受访城市社区工作者表示从来没有过换工作想法；1578名社区工作者表示偶尔有换工作想法，占比37.9%；263名社区工作者表示经常有换工作想法，占比6.3%（见图1-10）。有换工作的想法的受访社区工作者不在少数，说明现有的社区工作者对自身工作的职业认同感较低，流失率较高。究其深层原因，一是当前社区工作专业度不高，二是缺乏职业凝聚力。

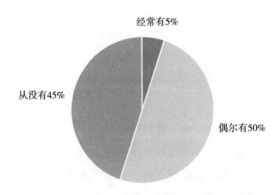

图1-10　城市社区工作者离职想法统计

随着社区工作不再局限于家长里短，工作内容和工作流程逐渐规范化，对

城市社区工作者掌握理论知识和职业技能的要求逐步提高。在社区工作者目前持有的与本工作相关的职业资格证书的调查中，64.1%的受访城市社区工作者未持有相关资格证书，共2664人；在持证社区工作者中，持有证书最多的是国家助理社工师资格证（17%），其次是当地社工员资格证（9.2%），再次是国家中级社工师资格证（9.1%），仅24人持有高级社工师证，占比为0.6%。对于证书的作用，95%的持证社区工作者认为证书有作用，仅5%的持证社区工作者认为证书没有用。虽然社区工作者大都接受过岗位培训，工作中通过日常服务居民、解决居民问题、处理社区矛盾等实务积累了一定的实践经验，但没有接受过系统的职业知识和技能培训，普遍缺乏专业的工作理论和科学的工作方法。

由此可见，目前持有专业资格证上岗的城市社区工作者比例较低，水平较高的专业人才极少，社区工作者队伍在专业技能方面有所欠缺，整体专业水平有待提升（见图1-11）。该问题的产生有多方面的原因，一是城市社区工作者工作任务繁重，压缩了学习、考证时间与精力；二是部分社区工作者习惯沿用传统的社区治理方式，抱着安于现状的心态，提高自身专业化水平的意愿较低；三是部分社区工作者对证书重视程度不够，没有意识到专业化理论知识和工作方法的重要性，自身的观念与意识有待提高。

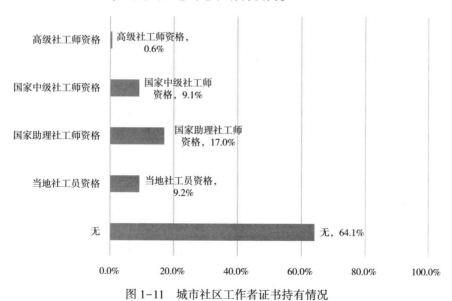

图1-11　城市社区工作者证书持有情况

从社区工作者对自身工作认识来看，大部分的城市社区工作者认为社区工作离家近（81.7%）、能广交朋友（81.7%）、能开眼界（84.7%）、稳定（81.2%），认为工作环境好、工作有新鲜感的社区工作者分别占比68.2%和68.4%，39%的社区工作者认为该工作没有面子，仅4.9%的社区工作者认为自身工作清闲。在社区工作的价值认知方面，94.6%的城市社区工作者认为社区工作能干事，72.8%的社区工作者认为社区工作有前途，83.6%的社区工作者将社区工作作为临时过渡（见图1-12）。进一步来看，虽然大多数受访城市社区工作者对该工作持肯定态度，认为社区工作能够为社区干事、为群众服务，有前途，但是仍有83.6%的社区工作者将社区工作作为临时过渡。究其原因，一方面是社区工作者的薪资水平和福利待遇不高、发展前景不明朗，年轻人很难将这个职业作为理想事业来做，工作能力强、文化程度高的社区工作者往往会通过其他途径另谋职业；另一方面是社会大众对社区工作认知程度不高，将社区工作看作是一种非正规的职业，社区工作者得不到应有的尊重与支持，社会地位不高，职业认同感较低使得社区工作者倾向于将这份工作作为临时过渡工作。

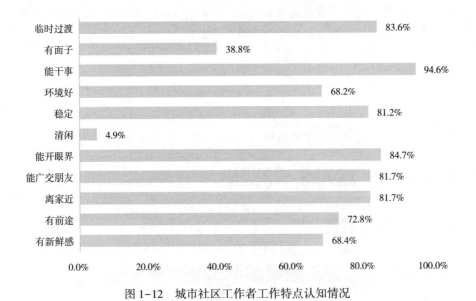

图1-12 城市社区工作者工作特点认知情况

在政策优先方面，73.1%的受访城市社区工作者所在社区实行"干部选拔优先"政策。虽然这为社区工作者拓宽了职业发展空间，但也间接导致个别社区工作者并没有全身心地投入工作，而是将当前的工作作为"跳板"，这给社区工作带来了被动的局面。由于部分地区对社区工作者队伍的管理缺乏制度规范，缺少完善的"进入"与"退出"机制，社区工作者队伍人员流动大。从侧面也说明了该岗位对社区工作者的吸引力、职业凝聚力需进一步提高，职业社会认可度有待提高，需要采取拓宽晋升渠道、提高薪资待遇等措施，留住优秀人才，吸引更多高质量人才进入社区工作队伍。

第三节　城市社区工作者的社区关系及其领导力

一、城市社区工作者的社区关系情况统计

（一）城市社区规模及居民配合工作情况

社区治理的重要主体是社区居民，社区事务与居民个人利益息息相关，只有将居民与社区紧密联系在一起，引导居民表达需求、参与活动，促使居民积极配合社区工作者的工作，将社区治理的行动权交到社区居民手中，才能提升居民整体参与社区治理的水平，实现政府治理、社会调节和居民参与的良性互动的局面。

在社区居民人数上，4154名受访城市社区工作者所在社区总居民数平均为7686人，居民数最多的社区达165000人。77.92%的受访城市社区工作者工作所在社区居民数为0～9999人，按照每户3人的标准，基本为0～3500户，即中小型社区居多。社区居民数在10000～19999，20000～29999，30000～39999，40000～49999，50000以上的社区所占的比例分别为18.8%，3.0%，0.9%，0.5%和0.5%，其中，居民数超过50000人的社区共19个（见图1-13）。

在与居民关系方面，积极配合工作的居民占总居民比例较高，大部分处于60%以上；其中，积极配合工作的居民占总居民比重为80%～100%的占比38.2%，比例为60%～80%的占比36.8%，比例为40%～60%的占比11.5%，比例为20%～40%的占比6.2%，比例为0～20%的占比7%（见表1-8），说明大部分受访社区工作者所在社区居民都比较积极配合工作，支持力度较大，社区治理阻力相对较小。

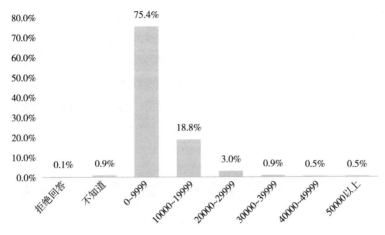

图 1-13　城市社区工作者所在社区总居民数

表 1-8　城市社区居民配合工作情况

积极配合工作的居民比例	有效百分比（%）	累计百分比（%）
不知道	0.3	0.3
0-20	7.0	7.3
20-40	6.2	13.5
40-60	11.5	25.0
60-80	36.8	61.8
80-100	38.2	100.0

（二）城市社区治理体系构建情况

社区工作不能仅仅依靠社区工作者队伍一个群体的力量，而是应该转变治理观念，形成以社区基层党组织为核心，基层群众自治组织社区居民、社会组织、物业公司、驻社区单位、社区志愿者等多元主体共同参与社区治理的"一核多元"治理格局。社区工作不仅要服务居民，还要积极联系其他社区多元主体参与社区的公共事务治理，通过联合举办公益活动等方式加强社区凝聚力，打通多元主体之间的壁垒，发挥多元协同的优势，达成全方位的合作，实现"1+1>2"的社区治理效果。

从表 1-9 调查数据来看，受访城市社区工作者所联系的配合社区工作的志愿者人数平均为 117 人。具体来看，100 名受访社区工作者表示没有志愿者配合工作，占比 2.4%；积极配合社区工作的志愿者数量为 1-20 的有 1214 个，占比 29.4%；志愿者数量为 21-40 的有 771 个，占比 18.6%；志愿者数量为 41-60 的有 546 个，占比 13%；志愿者数量为 61-80 的有 202 个，占比 4.6%；志愿者数量为 81-100 的有 279 个，占比 6.4%；志愿者数量为 100 以上的有 1012 个，占比 20.5%。在志愿者人数上，不同的社区工作者面临的情况差异较大，志愿者在社区服务中的影响力有待提高，需要整合社区志愿服务团队资源、健全志愿服务机制和运行体系，将志愿服务融入社区治理，嵌入社区网格化管理，丰富社区治理内涵，切实满足居民日益增长的多样化服务需求，提升社区治理能力。

表 1-9　积极配合城市社区工作志愿者人数统计

志愿者人数	频数（个）	有效百分比（%）	累计百分比（%）
拒绝回答	1	0.0	0
不知道	29	0.7	0.7
0	100	2.4	3.1
1-20	1214	29.4	32.4
21-40	771	18.6	50.9
41-60	546	13	64.1
61-80	202	4.6	68.9
81-100	279	6.4	75.6
100 以上	1012	20.5	100.0

从单位来看，大部分受访社区工作者经常联系的社会组织数、物业数、驻社区单位数基本为 1-5 个，近两成社区没有经常联系的其他社区治理主体，仍存在社会力量不参与社区治理的情况，部分社区的发展仍处于管理和服务阶段。

社会组织是社区治理的重要主体之一。如表 1-10 所示，在经常联系社会组织数的调查中，93.5% 的受访社区工作者所在单位经常联系社会组织数为 10 个以下（含 10 个）。具体来看，749 名受访社区工作者没有经常联系的社会组织，占比 18%；2566 名社区工作者经常联系的社会组织为 1-5 个，占比 61.8%；546 名社区工作者经常联系的社会组织为 6-10 个，占比 13.2%；135

名社区工作者经常联系的社会组织为 11-15 个，占比 3.3%；133 名社区工作者经常联系的社会组织为 15 个以上，占比 3.1%。这表明，不同社区与社会组织的合作情况差异较大，且合作与发展仍处于初级阶段，仍需采取措施促进多元协同的创新模式有效运转。

表 1-10　城市社区工作者与社会组织联系情况统计

经常联系社会组织数	频数（个）	有效百分比（%）	累计百分比（%）
不知道	25	0.6	0.6
0	749	18.0	18.6
1-5	2566	61.8	80.4
6-10	546	13.2	93.5
11-15	135	3.3	96.8
15 以上	133	3.1	100.0

　　城市社区物业服务管理是城市社区治理的重要组成部分，物业服务机构依据物业服务合同约定，以服务业主为主要原则，为社区居民提供保安管理、小区公共秩序管理、环境卫生和绿化管理、房屋设备与设施维护等基本服务及家政服务等个性化服务管理项目。物业服务机构通过提供服务与管理，与业委会、居委会互动协作，参与并承担部分社区治理工作，提升社区治理水平。在经常联系物业数的调查中，如表 1-11 所示，大部分社区工作者日常所需要经常联系的物业数量基本为 10 个以下。具体来看，847 名受访城市社区工作者表示没有经常联系的物业，占比 20.4%；2883 名受访社区工作者有 1-5 个经常联系的物业，占比 69.4%；323 名社区工作者有 6-10 个经常联系的物业，占比 7.8%；96 名社区工作者有 10 个以上经常联系的物业，占比 2.3%。这意味着社区工作者与物业服务机构的互动合作程度仍然有待进一步提高，常规化、制度化的协作机制有待健全。

表 1-11　城市社区工作者与物业联系情况统计

经常联系物业数	频数（个）	有效百分比（%）	累计百分比（%）
不知道	5	0.1	0.1
0	847	20.4	20.5

经常联系物业数	频数（个）	有效百分比（%）	累计百分比（%）
1-5	2883	69.4	89.9
6-10	323	7.8	97.7
10 以上	96	2.3	100.0

作为社区成员单位，驻社区单位发挥资源优势，积极参与社区建设，能为社区治理带来新的动力，实现"共驻共建"的双赢局面。在经常联系驻社区单位数的调查中，54.3%的受访城市社区工作者日常所需要经常联系的驻社区单位数量为 3 个及以下，480 位受访社区工作者表示有 1 个经常联系的驻社区单位，占比 11.6%，771 名受访社区工作者表示没有经常联系的驻社区单位，占比 18.6%（见表 1-12）。

表 1-12　城市社区工作者与驻社区单位联系情况统计

驻社区单位数	频数（个）	有效百分比（%）	累计百分比（%）
拒绝回答	1	0	0
不知道	24	0.6	0.6
0	771	18.6	19.2
1	480	11.6	30.7
2	537	12.9	43.6
3	464	11.2	54.8
4	313	7.5	62.3
5	329	7.9	70.3
6	205	4.9	75.2
7	124	3.0	78.2
8	132	3.2	81.4
9	44	1.1	82.4
10	158	3.8	86.2
11-20	343	8.2	94.5
21-30	87	2.0	96.6
30 以上	142	3.5	100.0
合计	4154	100.0	—

社区社会组织、物业管理公司、驻社区单位等社区多元主体在凝聚社区力量、拓展社区服务、推进社区自治中发挥着不可或缺的作用。随着社区治理工作的推进，多元主体合作的治理的社区治理体系逐渐完善，社区发展将会由管理、服务阶段走向治理阶段，新型的社区治理需要形成社区和社区组织、物业公司、社区成员单位之间的联动效应。

(三) 城市社区内部沟通渠道情况

社区工作者作为政务信息的传达者与社区居民的服务者，需要完成政府各职能部门分配的各项工作，了解、反映居民的诉求，发挥沟通桥梁的作用。随着互联网技术的发展，居民间、居民与社区工作者间不仅可以利用社交媒体建立联系，增进彼此的情感联结，培育居民的共同体意识，还可以通过搭建新的网络参与平台，创新多元主体参与社区治理的方式。除了传统的公示栏、宣传栏等互动方式，社区沟通渠道现在通常设有社区议事会（恳谈会等）、居民微信群、居民 QQ 群等。如图 1-14 所示，最普遍应用的是居民微信群，占比 95.3%，其次是社区议事会（86%），最后是居民 QQ 群（34.3%）。91.8% 的社区工作者都参与过居民微信群沟通活动，80.7% 的社区工作者参与过社区议事会沟通活动，31.7% 的社区工作者参与过居民 QQ 群沟通活动。总的来看，社区沟通渠道多元，大多数社区工作者都通过不止一种渠道参与到社区沟通活动中，与居民联系较为密切。信息化的沟通手段降低了社区工作者与社区居民

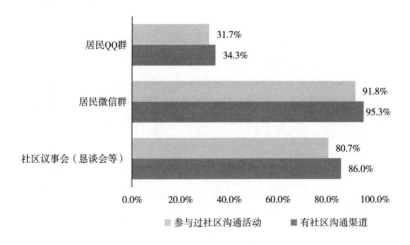

图 1-14 城市社区内部沟通渠道情况

的联系成本，使得交流不再局限于一定的时间、空间，社区居民可以随时随地向社区工作者反映问题，也可以提前了解办事流程和所需材料，提高联系效率，使社区工作者了解居民的需求、掌握社区的动态，提高社区的办事效率，为智慧社区的建立打下良好基础。

二、城市社区工作者的自我评价情况

通过统计社区工作者对自我的评价得到图 1-15，图中数据对比可以清晰看出，93.5%的社区工作者认为自己能够很好地处理上级和下级的关系，表明纵向治理体系中基层治理主体关系和谐。其次是分配工作能力，社区工作者负责日常事务种类繁多，通过组织和协调合理地分配工作，是完成社区治理必不可少的技能。再次，善于让大家积极响应的能力能够提升所在社区居民的参与度，激发基层治理的活力和积极性，这项能力在社区治理工作中应用最为广泛。作为基层管理者，社区工作者所面临的工作情境较为复杂，往往具有利益主体多元、问题突发、事态紧急的特点，为了应对社区中的种种矛盾，社区工作者还需要具有平衡处理能力和紧急决策能力。社区工作者通过价值理念、专业能力为社区居民提供服务，解决社区居民的问题，有利于为社区创造价值，社区工作者也能从中获得价值感。社区工作者对自身"持续贡献新想法"、"为他人树立个人榜样"、"有远见"这三项工作能力的自我认同度较低，对组织未来发展的想法见解较少。

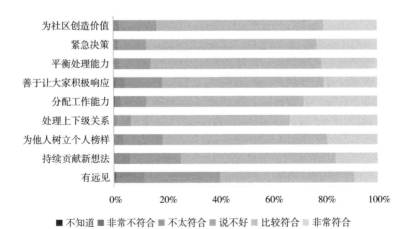

图 1-15　城市社区工作者的自我评价情况

有效的社会治理是通过合理范围内的国家权力运作和社会自治的有效展开以及二者的相互配合和持续合作来实现的。由调查结果可知，城市社区工作者对国家、社会持信任态度，体现了城市社区工作者对上级党组织及政府参与社会、服务社会、关怀社会行动的认可，也反映了当前城市社区工作者对社区民主和社区居民自治的重视。对于自身的工作，城市社区工作者总体上较为满意，能够处理好上下级关系，承担起上下对接的桥梁纽带作用，以自身工作推动社区多元主体横向联合、互动互助、资源整合，为社区创造价值。

第四节　城市社区工作者的职业收入与福利待遇

一、城市社区工作者的职业收入情况统计

社区工作者的收入情况分析主要可以分为两部分：一是客观上的收入构成和工资水平，二是主观上的收入满意度。社区工作者的收入包括基本岗位工资、按薪级评定的技能工资、绩效工资、津贴（比如降温费、取暖费等）、加班费、奖金以及其他收入福利，主要以基本岗位工资（91.1%）为主。除了基本岗位工资之外，约五成受访社区工作者表示其工资收入一般还包含绩效（52.3%）和奖金（48.4%），还有39.4%的受访社区工作者表示其收入中包括了技能的薪资收入，即由职业资格证书或职业技能等级的评级所得，36.6%的社区工作者收入构成包含津贴。可见，基本岗位工资、奖金和绩效是当前城市社区工作者收入的主要构成，薪酬结构总体上比较合理。

值得关注的是，加班费的设置率仅为12.5%。从区域差异分析来看，东部地区受访城市社区工作者目前月收入中含有加班费的占比17.31%，西部地区的占比4.58%，中部地区的占比11.3%，东北部地区的占比0.78%，区域间差异较大，但总体处于较低水平（见图1-16）。反映了当前社区工作者的工作任务沉重且繁琐，加班已经成为常态，但是加班费却普遍得不到保障的现象。这意味着社区工作者在工资水平处于相对较低水平的情况下承担大量的工作任务，当所承担的实际工作量使社区工作者付出的时间、精力与实际收入之间差距过大时，将会影响社区工作者的工作积极性和队伍稳定性。

近年来，各地逐渐重视社区工作者的待遇问题，采取多种手段加以保障和

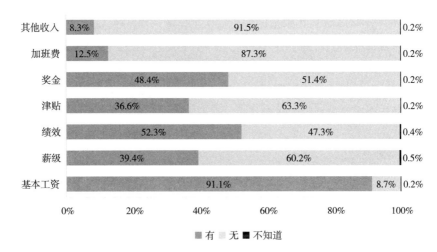

图 1-16　城市社区工作者收入构成情况

提升，但是目前社区工作者队伍的收入水平仍然处于中下游水平，与其所承担的繁重工作任务与工作压力并不相称。由调查数据可知，绝大多数受访社区工作者的工资水平处于 6000 元以下，占比 92.1%，其中月收入低于 3000 元的占比 45.3%，6% 的社区工作者的工资处于 6001-9000 元区间，超过 9000 元的少之又少，仅占 1.9%（见表 1-13）。由此可见，城市社区工作者整体收入水平相对较低。

表 1-13　城市社区工作者工作月收入

工作月收入（元）	有效百分比（%）	累计百分比（%）
0-3000	45.3	45.3
3001-6000	46.8	92.1
6001-9000	6.0	98.1
9001-12000	1.4	99.5
12001-15000	0.4	99.9
15001-18000	0.1	100.0

在对东部、中部、西部、东北部四大地区的城市社区工作者平均月收入进行调查统计时，数据显示：全国受访城市社区工作者平均月收入为 3731.9 元，

东部地区城市社区工作者平均月收入 4638.7 元,西部地区城市社区工作者平均月收入为 2655.5 元,中部地区城市社区工作者平均月收入为 2707.9 元,东北部地区城市社区工作者平均月收入为 3002.9 元。图 1-17 数据表明,城市社区工作者收入水平与经济发展水平息息相关,东部地区明显高于东北部、中部、西部地区;除东部地区外,东北部、中部、西部地区城市社区工作者平均月收入低于全国城市社区工作者月收入平均水平。

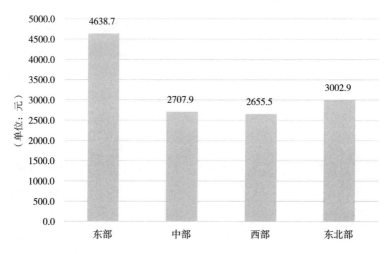

图 1-17 区域之间城市社区工作者平均月收入差异分析

当被问及过去三年的收入水平变化情况,4.3% 的受访城市社区工作者表示收入"增加很多",50.9% 的社区工作者表示收入"略有增加",38% 的社区工作者表示收入"基本未变",甚至还出现"略有下降"(4.7%)和"下降很多"(2.0%)的情况。在加薪方面,34.3% 的受访社区工作者在过去三年没有加过薪,32.1% 的社区工作者加薪一次,17.5% 和 14% 的受访社区工作者加薪次数为三到四次(见图 1-18)。总体来看,社区工作者的收入和涨幅较低,加薪次数少。

2020 年全国居民人均可支配收入增长 4.7%,扣除价格因素,实际增长 2.1%,城镇居民人均可支配收入 43834 元,比上年增长 3.5%,扣除价格因素,实际增长 1.2%。将城市社区工作者过去三年收入水平和加薪次数与之对比,不难发现,多数城市社区工作者的收入水平与城镇居民人均可支配收入基本持平,仅维持在平均线附近水平,且收入下降的现象值得关注。随着经济发

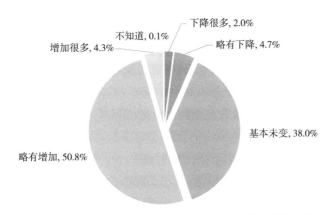

图1-18　城市社区工作者近三年收入变化情况

展，物价上涨，合理的加薪对于维持城市社区工作者的生活至关重要，可以通过建立工资正常增长机制，对岗位基本工资、岗位津贴和绩效工资等进行优化调整，增强对社区工作者的激励效果，提高社区工作者的获得感，为人才的使用和发展提供有力保障。

对收入的满意度，一方面取决于工作的工作条件、工作强度、工作方式及其所带来的工作压力，另一方面受同业者和同居住地他人横向对比的影响。图1-19调查数据显示，与同居住地他人相比，42.9%的受访城市社区工作者

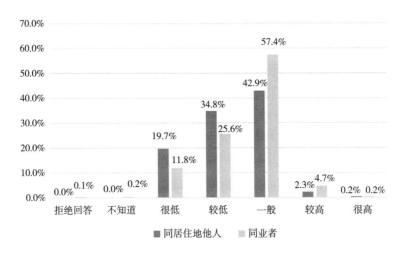

图1-19　城市社区工作者与同居住地他人、同业者收入水平对比情况

认为自己的收入一般,34.8%的社区工作者认为自己的收入相对较低,19.7%的社区工作者则认为相比起来自身收入很低。仅2.3%的社区工作者认为自身收入与同居住地他人相比较高,0.2%的社区工作者认为自身收入很高。与同业者相比,57.4%的社区工作者认为自身收入一般,认为自身收入较低或很低的占比25.6%和11.8%,认为自身收入较高或很高的仅占4.7%和0.2%。通过与同居住地他人和同业者的收入对比,社区工作者的收入明显偏低,较低的收入水平不利于发挥社区工作者的工作积极性。

就能力与工作付出而言,50.8%的受访城市社区工作者认为当前的收入不合理,14.9%的社区工作者认为收入合理性一般,31.5%的社区工作者认为当前收入较为合理,只有2.7%的社区工作者表示当前收入很合理。同时,对自身收入很满意的受访城市社区工作者占比6.5%,较为满意的社区工作者仅占20%,满意度一般的占比40%,较不满意的占比17.7%,很不满意的占比15.8%(见图1-20)。由此可见,受访城市社区工作者的整体收入满意度较低,收入合理性有待提升。

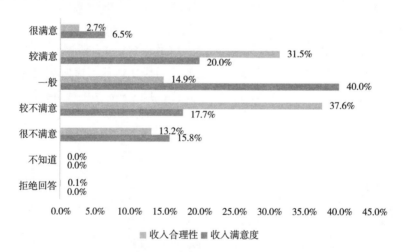

图1-20 城市社区工作者收入合理性与满意度情况

进一步对东部、中部、西部、东北部四大地区的城市社区工作者收入合理性意见和满意度进行调查统计,数据显示:收入满意度上,东部地区25.3%的受访城市社区工作者对收入感到不满意,西部、中部、东北部地区对收入感到不满意的社区工作者分别占该地区城市社区工作者总体的40.1%,46.5%和34.6%,即中部地区的社区工作者收入满意度最低。收入合理性上,东部地区

44.1%的受访城市社区工作者认为自身收入不合理，西部地区53.4%的受访城市社区工作者认为自身收入不合理，中部地区61.7%的受访城市社区工作者认为自身收入不合理，东北部地区55.1%的受访城市社区工作者认为自身收入不合理，即中部地区的城市社区工作者自身收入合理性的认可程度最低（见表1-14）。

表1-14　区域间城市社区工作者收入满意度和合理性差异分析

	项目	东部（%）	中部（%）	西部（%）	东北部（%）
	拒绝回答	0.0	0.0	0.0	0.0
	不知道	0.0	0.0	0.2	0.0
	很不满意	10.8	22.5	21.4	17.0
收入满意度	较不满意	14.5	24.0	18.7	17.6
	一般	43.8	35.0	35.8	38.5
	较满意	24.5	12.8	17.0	18.4
	很满意	6.4	5.7	6.9	8.5
	拒绝回答	0.2	0.0	0.2	0.0
	很不合理	9.0	18.6	17.3	16.3
收入合理性	较不合理	35.1	43.1	36.1	38.8
	无所谓	17.5	12.3	12.9	10.1
	比较合理	35.5	23.5	29.9	32.5
	非常合理	2.7	2.5	3.6	2.3

上述数据表明，西部地区城市社区工作者收入水平最低，中部地区次之，二者平均月收入差距为52.37元，但中部地区的城市社区工作者在收入满意度和收入合理性认知上评价最低，西部地区次之。由于地域因素，中部地区物价水平相对较高，城市社区工作者收入却相对较低，不平衡的收入-支出比例导致中部地区社区工作者普遍满意度较低。

由此可知，全国城市社区工作者收入水平和薪资结构仍有较大调整空间，收入水平较低也是社区工作者队伍流动性大、稳定性低的原因之一，应加大对西部、中部地区城市社区工作者队伍建设的财力支持，通过建立社区工作者待遇与物价指数挂钩联动等措施，逐步提高社区工作者的薪酬待遇。随着社区治理工作的重要性不断增加，如何通过提高社区工作者的薪资待遇，建立一支稳定的、高素质的基层治理队伍，巩固城市基层治理基础，是社区治理面临的重要任务。

二、城市社区工作者的福利待遇情况统计

如图1-21所示，超过八成的受访社区工作者所在社区设有法定节假日
（90.0%）、养老保险（88.3%）、医疗保险（84.8%）、女职工哺乳假
（82.2%）、病假（90.8%）等福利，约七成受访社区工作者所在社区设有工伤
保险（70.2%）、失业保险（69.5%）探亲假及婚假（74.6%）的福利，只有
不到一成的受访社区工作者所在单位设有住房补贴（5.5%）和购买商业保险
（7.1%）的福利。此外，住房公积金（61.5%）、大病统筹保险（49.5%）、工
作餐（21.8%）、带薪年假（60.3%）、定期体检（66.3%）和职业年金

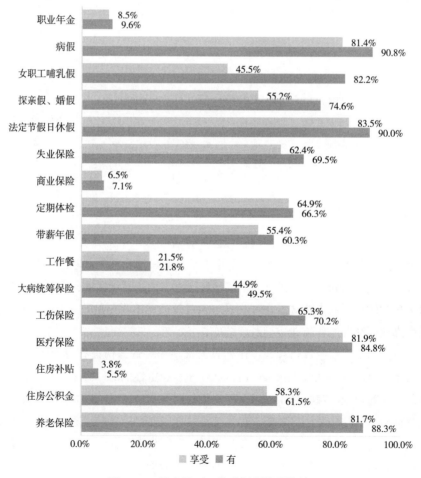

图1-21　城市社区工作者福利情况统计

（9.6%）等社会保险和福利待遇的社区供给率明显偏低，实际享受率自然更低。这说明大部分城市社区工作者的合法权益得到很好的保障，但社会保险和福利待遇的相关制度设计有待进一步完善。应建立起社区建设经费保障机制，加快完善社区工作者在住房补贴、工作餐、商业保险和职业年金上的政策设计，推进社区工作者福利制度的建设，为社区工作者买齐保险、落实福利。

统计显示，超过八成受访社区工作者享有养老保险（81.7%）、医疗保险（81.9%）、病假（81.4%）和法定节假日休假（83.5%），其他保险和福利的享受率略低于设置率，但设置率为82.2%的女职工哺乳假享受率仅为45.5%，说明该项福利在一些地方没有得到有效落实。要保障社区工作者的福利水平，必须加大对社区工作者福利享受的保障力度，落实社区工作者薪资福利待遇，各地方必须定期督查并进行公开通报，切实提高社会保险和福利待遇的供给率，确保各项薪资福利待遇政策落到实处。

第五节　城市社区工作者的工作关系与职业倦怠

职业倦怠对员工、机构和行业都有一定的负面影响，职业倦怠会使社区工作者表现出消极的情绪和行为，影响其服务工作的积极性，且容易产生离职的想法或消极怠工的行为，从而对社区治理的成效产生消极影响。马斯兰（Christina Maslach）和莱特（Michael Leiter）提出了职业倦怠的工作匹配理论，认为员工与工作中六个方面的匹配程度越低，职业倦怠感越高，这六个方面包括：工作负荷、控制感、报酬、团队、公平和价值观。根据工作匹配理论与调查结果，职业倦怠产生的原因主要有以下三个方面：

首先，职业倦怠来自城市社区工作者对工作的整体利弊权衡，即对薪资待遇、身体状况、工作感受三者的权衡。由具体数据可知，薪资待遇上，当前社区工作者的收入与福利水平尚不高，社区工作者属于高投入、低回报的职业。身体状况上，36.4%的受访城市社区工作者认为自己身体健康处于很好的状态，34%的社区工作者认为自己身体状况较好，26.1%的社区工作者认为自己身体状况一般，少数社区工作者给自己的身体状况评定为较差（2.9%）和很差（0.6%）。总体来看，超过半数的人认为自己身体状况良好，低于三成受访社区工作者认为自己身体状况在一般及以下等级，社区工作者队伍整体身体健康状况的自我认知较为良好，但同时仍要关注部分社区工作者的身体健康状况。工作感受上，近半数受访社区工作者表示自己每天都能够有效解决问题，并在为单位做有用的贡献，分别占比42%和48.2%；37.6%的人认为每天都完成了很多有价值的工作；68.2%的人表示从来没有出现对工作提不起兴趣的情况。社区工作者对工作的控制感较强，每天的意义感较高。21.8%的人每年会有几次感觉对工作提不起兴趣；约三成受访社区工作者每年会有几次感到身心俱疲（见图1-22）。

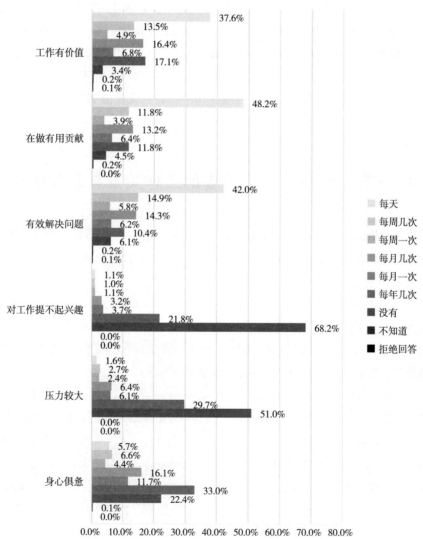

图1-22　城市社区工作者工作感受统计

　　总体来看，社区工作者普遍对自身工作持肯定态度，但社区工作压力大，处理高负荷的工作需要社区工作者持续投入高度的热情。当前城市社区工作者的薪资待遇处于较低水平，一旦身体健康出现危机或消极的工作感受占上风，社区工作者的职业倦怠水平就会随之上升，导致离职率的上升，影响社区工作者队伍的稳定性。

　　其次，职业倦怠与社区工作者的工作关系密切相关，主要包括：与同事的关系，单位的支持以及工作过程中的交往情形。在同事关系方面，绝大多数受访社区工作者都表示与同事之间的关系比较融洽（19.1%）或者很融洽（78.2%），只有少数社区工作者与同事关系处于一般（1.7%）、较为生分（0.9%），甚至很生分（0.1%）的状态。在单位对个人工作支持情况调查中，51.5%的单位都会帮助受访社区工作者尽自己最大能力完成工作，也会在社区工作者遇到问题时给予帮助（52.5%），关心个人的生活状况（60.4%）。47.8%的社区工作者对"单位认为把我留在单位将起到不小的作用"表示非常同意，18.6%的社区工作者则表示比较同意，能感觉到单位的重视和对自身价值的肯定和认可。88.4%的受访社区工作者表示在他们工作出色时能引起单位的注意，85.3%的社区工作者表示单位能同意其改变工作条件的合理要求，81.8%的社区工作者同意单位会提供晋升机会的说法。从受访社区工作者的认可程度来看，城市社区工作者所在单位对本职外付出的奖赏情况差异较大，给予奖赏的单位（54.6%）与未给予奖赏的单位（44.9%）占比相当。33.4%的社区工作者认为单位并未考虑员工的应得薪资水平，30%的社区工作者认为单位并未考虑其最大利益（见图1-23）。总的来说，单位对社区工作者的工作支持力度较大，对奖赏、薪资、员工个人利益等方面的考虑不够，容易造成社区工作者的获得感不足的不利情况，影响社区工作者队伍的职业凝聚力。

　　在工作过程中的交往情形方面，大多数人未遭遇过性骚扰（如性暗示、黄色笑话等）、肢体冲突（如打架）和"穿小鞋"（如打击报复），分别占比98.3%，92.1%和87.8%；言语冲突（如吵嘴）发生的频率最高，48.4%的受访社区工作者表示偶尔遭遇过言语冲突，37.7%的受访社区工作者偶尔遭遇过驳面子（如当众拒绝），35.2%的受访社区工作者偶尔遭遇过烦躁（如发脾气、拍桌子）；近三成受访社区工作者偶尔遭遇过口头威胁（如警告）和羞辱（如当面呵斥等），分别占比27.35%与25.5%（见表1-15）。目前社区工作者所面临的外部环境较为严峻，在处理复杂的社会问题的过程中，时常会面临口

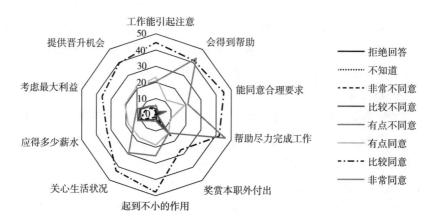

图 1-23　城市社区工作者单位支持情况统计

头威胁、肢体冲突、烦躁等情况，会接收到来自居民、事件利益相关者等的外部消极情绪反馈，该工作环境对社区工作者的专业知识、身体素质、心理素质、治理经验、为人处事等各方面要求很高，工作压力较大。

表 1-15　城市社区工作者工作过程中遭遇情形统计

交往情形	从不（%）	偶尔（%）	经常（%）
言语冲突	47.1	48.4	4.5
肢体冲突	92.1	7.6	0.3
口头威胁	70.65	27.35	2.0
性骚扰	98.3	1.7	0.0
羞辱	72.7	25.5	1.8
驳面子	59.4	37.7	2.9
"穿小鞋"	87.8	11.6	0.6
烦躁	62.3	35.2	2.5

最后，在价值感上，虽然大部分受访社区工作者对自身工作持肯定态度，意义感较高，但是由于社区工作者相关的法律规范和人力资源管理体系尚待进一步明确，资格认定、职能范围、晋升空间等重要内容需实现统一化、制度化，社区工作者所属的街道办事处、区职能部门、社区组织之间的规定也存在

较大差异，大众对社区工作者的角色定位与职能边界普遍缺乏了解，社区工作者的角色被社会认知度尚不高，社区工作者社会地位有待提高。在实际工作过程中，社区居民遇到或大或小的问题，都要找社区工作者协商与解决，但是社区工作者所承担的工作任务与所需的行政权力并不完全匹配，出现因社区工作者权力受限与渠道不畅而无法解决部分社区居民问题的情况，进一步阻碍了居民对社区工作者的理解、接纳和认可，使其对社区工作者及工作内容的认同感走低。同时，部分社区居民对社区工作者的职业认知不清楚，将社区工作者提供的服务看作无偿的志愿性服务，容易表现出"烦躁"、"呵斥"等，对服务工作不够尊重，甚至将社区工作者作为怨气的转嫁者。这些现象容易滋生社区工作者的职业倦怠，部分社区工作者表示自身在工作中的认同感、安全感、价值感不高，开展社区治理工作的热情与投入度有所降低，长期持续的职业倦怠无疑会对社区治理工作的开展与成效产生一定消极影响。总体来看，城市社区工作者的职业倦怠主要来源于高工作负荷、低报酬、低公平感、低团队凝聚力以及低职业认同。

第六节　城市社区工作者的工作能力与职业绩效

社区工作者所负责的业务范围很广，包括社会救助、妇女及儿童工作、老年人服务、残疾人工作、社区党建、慈善与志愿服务、协商议事、治安和调解、社会组织、社区工会、社区共青团等。从具体的数据来看，近七成受访社区工作者表示自己不需要负责社区工会、社区共青团的业务，分别占比70.1%和70.3%；约五成受访社区工作者需要负责其余多种业务（见图1-24）。社区在一定程度上成为政府的延伸，社区工作者承担着多个职能部门布置的任务，负责的业务多为综合性业务，繁多琐碎，多而不专。为了解决社区居民面临的难题，实现与对口职能部门的协调与高效合作，社区工作者日常工作中需要熟悉不同部门的业务流程和内容，工作量大，行政负担重。

在自我技能评价方面，如图1-25所示，过半数以上的社区工作者对自己的沟通能力（88.0%）、组织能力（81.9%）、学习能力（78.9%）、办会能力（75.7%）、活动策划能力（69.7%）、调研能力（64.7%）和创新能力（63.1%）表示认可，其中对自己的沟通能力认可度最高。由于社区工作者位

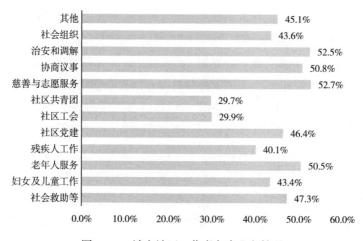

图 1-24　城市社区工作者负责业务情况

于服务群众最前沿，最重要的工作是聆听群众诉求、与群众沟通交流、解决群众面临的问题与困难，从而为社区创造价值。社区工作者每天所接触到的群众人数众多，只有具备优秀的沟通、表达能力才能与群众有效的沟通。此外，72.6%的社区工作者不具备文艺才能，这使他们在搭建社区文艺活动平台、以文艺形式开展公益宣传等工作中受到不少限制，可以通过吸纳具有文艺特长的社区志愿者，加强社区与文艺组织的联系等方式，弥补社区工作者队伍此方面的不足。

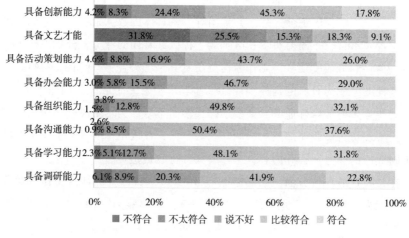

图 1-25　城市社区工作者专业技能结构

在专业知识方面，如图1-26所示，社区工作者对本地民俗的熟悉程度最高，可能是因为受访社区工作者大部分为土生土长的本地人或是长期居住在本地，在与社区居民日常接触中耳濡目染逐渐加深了对当地民俗民风等情况的了解，能够很好地以群众喜欢的形式组织各种特色鲜明的活动，加强社区凝聚力。其次是社会工作知识，社会工作知识对于开展社区治理具有较强的专业支撑作用。再次，社区工作者对相关对口部门情况、各级政府的政策法规、熟悉度较高，对社会学知识、心理学知识的熟悉程度较低，对人类学知识的熟悉程度最低。大部分社区工作者的专业素养较高，思想觉悟较高，对社会工作知识、国家基本政策、基本政治理论知识等与工作相关的知识较为熟悉，能够及时向社区居民宣传国家新政策，推动形成社会良好风尚。在理论知识方面，社区工作者仍需要积极主动地学习更多相关知识，优化自己的知识结构，融会贯通不同学科的知识，提升思想深度，丰富自己解决实际问题的科学方法，使自己成为专业水平更高的社区工作者。

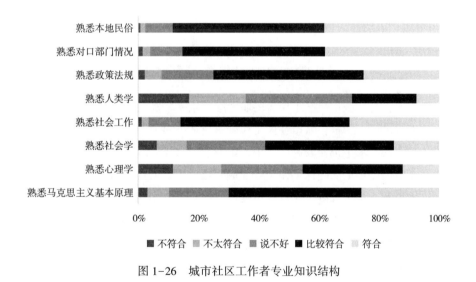

图1-26 城市社区工作者专业知识结构

在职业绩效上，如图1-27所示，受访社区工作者对自己正确完成工作的认可程度最高，也能按标准程序、采取举措、学习新技能、采用更好的工作方法完成任务，适应工作任务的变化。受访社区工作者基本对自身表现表示认可，其中对于改进完成方式和提出改进想法的认可程度最低，一方面是社区工作者所承担的工作任务繁重，内容复杂繁琐，"上面千条线，下面一根针"的治理模式使社区工作者疲于应付，少有时间探索创新治理，且工作任务和完成方式较为固定，改进的空间较小；另一方面是因为这两项能力对社区工作者个人专业能力的要求较高，当前社区工作者专业化水平整体上并不能满足创新性工作能力的要求。

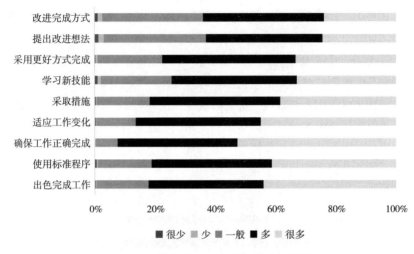

图 1-27　城市社区工作者工作表现情况

　　整体上，受访城市社区工作者的职业绩效水平较高，在工作能力与职业绩效方面表现出以下特征：城市社区工作者负责业务多而不专，界限不清；专业技能和专业知识水平都比较高，其中，沟通能力最强，对本地民俗知识熟悉程度最高；治理过程中能确保工作正确完成并适应工作变化，出色完成工作。

　　总体来看，城市社区工作者队伍建设所面临的突出问题主要有：

　　（1）身份界定不准。一是社区工作者身份尚不完全明确，实践中社区工作者来源渠道不同、招聘条件不同、薪酬待遇不一，哪些应当纳入社区工作者范围，各地标准无法统一。二是管理上混岗混编混责混用现象普遍。工作上难以区分行业岗位特征，工作人员难以发挥专业特长，工作中不专不精成为常态，能力危机与问责压力较大，混用造成了不必要的公共服务与自治事务冲突。

　　（2）工作力量配置不足。一是人员配置不足，重点地区社区普遍感到人手紧张，非重点地区更甚。二是工作负荷重，社区工作者疲于应付各级各部门交办的事务，会议多、材料多、数据多、APP多。社区工作者经常处于被问责、承担连带责任的困境中，心理负担重。

（3）人才发展渠道不宽。一是职位"天花板"未突破。社区工作者最看重的进入党政机关和事业单位晋升通道，对于绝大多数社区工作者来说，处于"可望不可及"状态。二是表彰奖励不充分。在社区治理领域，全国社区工作者尚没有较高级别的职业荣誉专门激励工具。三是人员流失性较高。岗位流动性较低，但人员流失率却居高不下，职业认同感不高，职业凝聚力有待加强，职业倦怠现象较多，工作暂时性特征明显。

（4）队伍专业素养不高。一是培训内容缺乏针对性。各职能部门开展的培训偏向理论和政策，缺乏操作性、针对性。二是部分地区社区工作者年龄偏大、性别结构失衡。

（5）专业化、专职化政策有待全面建立。招聘录用工作亟待规范，工资福利制度落实不到位，工资正常增长机制尚未建立起来，"五险一金"保障水平偏低。

第二章　农村社区工作者队伍建设现状分析

　　农村社区工作者队伍是现代乡村社会公共服务的组织者、和谐稳定秩序的维护者、乡村振兴的引领者、乡风文明的推动者和乡村治理体系的塑造者，其发挥的作用深刻地影响着基层党建和基层社会治理的质量和成效。农村社区工作者队伍的建设问题是我国新时代乡村治理的主体力量构建问题，打造一支高素质、规范化、专业化和专职化的农村社区工作者队伍是实现农村社区善治、产业兴旺、乡风文明的基本前提。

　　党的十八大以来，我国农村社区工作者队伍建设工作取得了长足发展。党的十九大进一步提出加强农村基层治理工作，健全自治、法治、德治相结合的乡村治理体系，培养造就一支懂农业、爱农村、爱农民的"三农"工作队伍。同时，国家层面上提出了将社区工作者队伍建设纳入国家和地方人才发展规划，制定地方社区工作者队伍发展专项规划和社区工作者管理办法，拓宽社区工作者人才来源和坚持高素质、规范化、专业化和专职化的培养和选拔机制，这一系列配套政策的提出为素质优良的社区工作者队伍建设提供了强大的支撑。尤其在这场前所未有的抗击新冠肺炎疫情中，广大农村社区工作者冲锋在前、不惧风险，同参与社区防控的各方人员一道团结奋战，形成了联防联控、群防群治的强大合力，为打赢疫情防控的人民战争贡献了重要力量。这些充分说明了加快建设素质优良的农村专业化社区工作队伍的极端必要性和重要性。

　　为精准把握我国农村社区工作者队伍建设的现实状况，2020年7月民政部政策研究中心开展"社区治理动态监测平台及深度观察点网络建设"项目对其进行跟踪调查和分析研究，从而能够准确客观地评估我国农村社区工作者队伍建设的现状。农村社区工作者队伍建设调查问卷主要包含社区组织结构与岗位体系情况、社区工作者个人与家庭基本情况、上岗履职与能力结构、薪资与福利、工作环境与劳动关系等五大方面。调查面向全国 29 个省份，根据随机抽样规则，抽取农村社区单位后再抽取农村社区工作者进行问卷调查，获得的样本具有一定代表性，能够有效展现我国农村社区工作者队伍的工作环境、福利待遇和工作满意度等情况。调查共回收有效问卷 3084 份，运用 Stata 软件对调查数据进行描述统计分析，将农村社区工作者队伍建设指标的频数和频率分布结构可视化，以期为促进农村社区工作者队伍建设、提升新时代基层乡村社会治理能力、增强农村居民生活幸福感和获得感提供现实依据。

第一节　农村社区工作者队伍的基本信息

一、基本信息结构化分布特征

本次调查对象为全国 29 省份的农村社区工作者，主要由 81.8% 的村"两委"成员、9.3% 的非"两委"专职会计或文书和 8.9% 的监委会成员构成。如表 2-1 所示，在性别分布上，被调查农村社区男性工作者共 2269 人，占比 73.6%，女性工作者共 815 人，占比 26.4%，男女性别比例大约为 2.79∶1，这表明我国农村社区的男性社区工作者数量显著多于女性；在年龄上，被调查农村社区工作者 49 岁及以下 1481 人，占比 48%，39 岁及以下共 662 人，占比 21.5%，50 岁及以上共 1603 人，占比超过半数达到 52.0%，这表明我国农村社区工作者主要以年纪偏大的中老年人为主，青年工作者偏少。

表 2-1　农村社区工作者队伍基本信息的结构化分布

类别	变量	频数（个）	频率（%）
职务构成	村"两委"成员	2525	81.8
	非"两委"专职会计或文书	286	9.3
	监委会成员	273	8.9
	合计	3084	100
性别比例	男性	2269	73.6
	女性	815	26.4
	合计	3084	100

续表

类别	变量	频数（个）	频率（%）
年龄结构	39 岁及以下	662	21.5
	39 岁-49 岁	819	26.5
	50 岁及以上	1603	52.0
	合计	3084	100

如表 2-2 所示，在最高受教育程度上，被调查的农村社区工作者共有 1247 人接受了高中或技校、职高、中专教育，占比 40.4%，885 人接受了初中及以下教育，占比 28.7%，701 人接受了大专教育，占比 22.7%，但仅有 247 人接受过本科及以上的高等教育，占比 8.0%左右，这表明我国农村社区工作者整体的最高受教育水平偏低，专业的高素质人才相对缺乏。在政治面貌上，80.6%的农村社区工作者是共产党员，占据了农村社区工作者队伍的绝大多数，同时还有 0.2%的民主党派成员也参与其中，这表明我国农村的基层治理在充分发挥党员的先锋模范作用的同时也注重吸纳多方智慧。在居住上，91.0%的被调查农村社区工作者居住在村内，住房类型以自建房为主，9.0%的少数被调查农村社区工作者居住在村外，住房类型多为租赁住房或商品房。在婚姻状况上，超过九成（94.9%）的被调查农村社区工作者处于已婚状态，未婚仅占 3.0%，已婚社区工作者大多育有 1-3 个子女（90.6%），由 1-4 个劳动力工作支持 3-7 人的小规模家庭。

表 2-2　农村社区工作者队伍基本信息的结构化情况

类别	变量	频数（个）	频率（%）
最高教育程度	高中（职高、技校、中专）	1247	40.4
	初中及以下	885	28.7
	大专	701	22.7
	本科及以上	247	8.0
	其他	4	0.2
	合计	3084	100
政治面貌	共产党员	2486	80.6
	非共产党员	598	19.4
	合计	3084	100

类别	变量	频数（个）	频率（%）
	本村	2805	91.0
居住地	村外其他地方	279	9.0
	合计	3084	100
	已婚	2928	94.9
婚姻状况	未婚	92	3.0
	其他	64	2.1
	合计	3084	100

二、收入与劳动合同签订情况

如表2-3所示，在家庭年收入方面，被调查农村社区工作者年收入10万以下的人数最多，占比达76.3%，表明我国农村社区工作者的家庭年收入水平整体不高，农村社区工作者队伍内部也存在一定家庭年收入差距。在家庭年收入来源方面，调查结果显示，农村社区工作者的家庭收入来源构成较为多元，包括工资性收入、经营性收入、财产性收入等多种来源类别，其中村干部收入是大多数被调查农村社区工作者的家庭收入的最主要支撑，占比达58.7%，其次是农业生产收入和个体经营收入，分别占比43%和30.8%，财产性收入的水平整体较低。

表2-3　农村社区工作者家庭年收入及来源结构分布情况

类别	变量	频数（个）	频率（%）
	0-100000	2352	76.3
	100001-200000	531	17.2
2020年家庭年收入结构	200001-300000	117	3.8
	300000以上	84	2.7
	合计	3084	100
	有农业生产收入	1326	43.0
2020年家庭年收入来源构成	有个体经营收入	951	30.8
	有企事业单位收入	966	31.3

类别	变量	频数（个）	频率（%）
2020 年家庭年收入来源构成	有政府机构收入	647	21.0
	有村干部收入	1811	58.7
	有股权股息收入	79	2.6
	有房地林塘租收入	275	8.9
	有其他收入	798	25.9

表2-4 的调查结果显示，被调查的农村社区工作者来源较为丰富，包含了政府退休、经济能人、复员军人和技术能人等各领域优秀人才，近四成的农村大姓氏成员和有名望人士的来源构成，一定程度上也是农村熟人社会治理的缩影。在工作任职方面，有55.3%的被调查农村社区工作者是近十年内投身社区工作的；从农村社区工作者行业整体来看，仅有19.2%签订了正式的书面劳动合同，绝大多数的农村社区工作者仍缺乏比较稳定的职业保障，职业体系建设整体欠规范。

表 2-4 农村社区工作者的来源构成及劳动合同签订情况

类别	变量	频数（个）	频率（%）
社区工作者来源构成	复员军人	391	12.7
	经济能人	821	26.6
	专业技术能人	581	18.8
	普通村民	2872	93.1
	大姓氏成员	1162	37.7
	有名望人士	1205	39.1
	政府企事退休回村人员	65	2.1
	其他	365	11.8
是否签订劳动合同	是	591	19.2
	否	2478	80.3
	不知道	15	0.5
	合计	3084	100

综上，目前我国农村社区工作者队伍呈现出以下几个特征：第一，队伍成员以村"两委"成员为主，性别结构严重失衡，男性多而女性少；第二，年龄结构失衡，中老年社区工作者为主，青年人才偏少，整体呈现高龄特征；第三，整体文化程度不高，大多是初高中及大专学历，本科及以上学历的高素质社区工作者人才较为匮乏；第四，乡村熟人社会特征明显，社区工作者以居住在本村的能人和乡贤为主；第五，家庭年收入大多处于中等水平，收入来源结构多样化；第六，人才来源渠道多元，但劳动合同签订率偏低。

第二节　农村社区的组织结构与岗位体系规划

农村社区是聚居在农村一定地域范围内的人们组成的社会生活共同体，是农村社会的基本单位、农民工作和生活的聚集地和基层社会治理和民生保障的重要载体，其高效运作的重要支撑之一是设计科学的组织内部结构。农村社区组织结构是农村社区为有效实现组织管理目标，针对社区组织各部门纵向正式报告关系、职权层级排列和横向跨部门工作任务沟通协作关系的一系列安排。农村社区的岗位体系规划与农村社区组织结构密不可分，是农村社区组织根据工作任务特点对组织结构内各岗位进行岗位设置及管理的预期安排。随着全面深化改革和社会治理创新的推进，农村社区在基层社会治理方面的重要作用愈发显现出来，其组织结构设置的科学性和岗位体系规划的合理性深刻地影响着社区工作者队伍的职业表现。因此了解我国农村社区组织结构设置和岗位体系规划现状，能够全面、准确、客观地为我国农村社区的基层社会治理把脉，为加快推进我国社区专职工作者职业体系和素质优良的专业化社区工作者队伍建设提供现实依据。

一、农村社区的组织结构情况

农村社区的组织结构是农村社区组织的功能单元分化的结果，各功能单元相对独立地与外部环境产生相互作用，同时又彼此关联构成一个完整的组织生态系统。综观农村社区组织结构设置的关联主体，大致包含乡镇政府、农村社区组织和服务对象三大主体，由此围绕着农村社区组织便形成了层级关系、内部权责关系和服务关系三大组织结构关系。

（一）乡镇与村社区组织间的层级关系

调查显示，对农村社区工作者工作开展阻碍较大的若干因素中，乡镇政府与村组织间的关系排位第三，占比8.6%的农村社区工作者对乡镇与村的关系会较大地阻碍社区工作者工作开展持肯定态度（见图2-1）。这表明乡镇政府与农村社区组织间的层级关系状况对农村社区组织结构体系作用较为显著，究其原因，根本在于基层乡镇政府与农村社区组织间是业务指导与协助关系，农村社区组织依赖乡镇政府提供政策支持、资金扶持及业务指导。因此，基层社会治理体系中自上而下的功能单元下沉，深刻地影响着农村社区组织结构体系和社区工作者队伍的业绩表现。

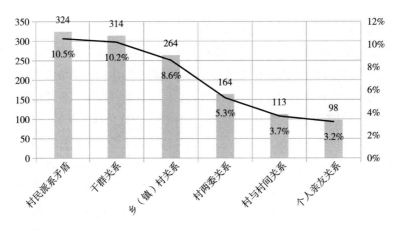

图2-1　农村社区工作者工作阻碍影响因素分布图

其次，在层级关系的组织结构方面，治理下沉背景下的农村社区组织功能单元往往对应了乡镇政府各职能部门，因而农村社区工作者队伍是否清楚乡镇政府各部门的职能或主要工作内容，极大程度反映了两大主体在组织结构层级关系中工作内容职责传递的科学性水平。如图2-2所示，超过七成（74.0%）的农村社区工作者对乡镇政府的各部门的职能或主要工作内容是比较清楚的，或者至少能清楚知道自己所联系的部分，仅有极少数（3.9%）的农村社区工作者不能清楚掌握层级关系下的组织职能结构分布情况。这表明我国农村社区的组织结构在工作内容职责层级传递方面的清晰度水平是比较高的，社区工作者队伍能够在清楚组织结构和工作内容职责的基础上开展社区工作。

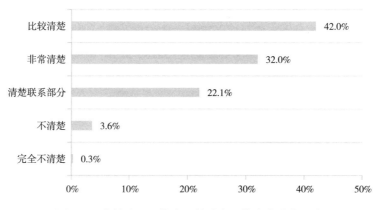

图2-2　农村社区工作者乡镇政府工作内容清楚程度

再次，层级关系对农村社区组织结构的影响还表现在工作配合方面，农村社区工作的有序开展离不开乡镇政府相关人员或部门的协助。如图2-3调查数据显示，近七成农村社区工作者认为上级各相关部门和人员很配合，达98.5%的被调查者在社区工作开展过程中感觉工作配合度比较高，不配合仅为极少数。这表明我国农村社区基层社会治理纵向层级沟通关系比较顺畅，乡镇政府各职能部门及其工作人员与农村社区工作者队伍能够有效地团结合作、共同做好工作。

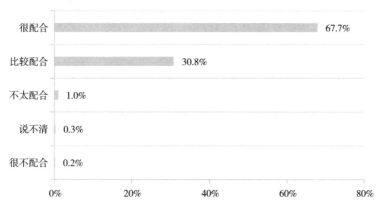

图2-3　农村社区工作者上级部门或人员工作配合情况

最后，调查农村社区工作者队伍多领导分派任务情况发现，44.0%的农村社区工作者认为偶尔出现多领导管理现象，逾两成农村社区工作者经常受到多头领导指挥，仅有 34.2% 的农村社区工作者未曾经历多领导分配任务（见图2-4）。多领导分配任务在农村社区工作者队伍中一定程度上是普遍存在的现象，超 2/3 多数偶尔出现，近 1/3 是工作常态。

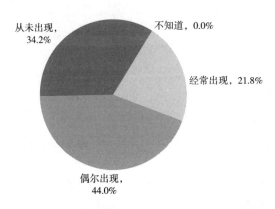

图 2-4　农村社区工作者多领导分派任务情况

（二）农村社区组织内部的职权责关系

农村社区组织结构除乡（镇）村之间的层级关系外的另一重要表现形式，即组织内部的职责内容划分及权力关系处理。如图 2-5 所示，绝大部分（75.3%）农村社区工作者普遍认为所在社区内部的人员职责划分是明确的，整体也有超过九成半的农村社区工作者认同内部人员的职责关系划分达到了基本明确及以上水平，但同时仍然存在近 4.0% 的少数群体期许社区工作者队伍

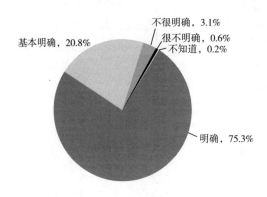

图 2-5　村组织内部人员职责划分情况

内部更加明确而清晰的职责关系划分。这表明我国农村社区组织内部的职责关系划分整体是清晰明确的，但仍有小部分农村社区的职责关系有待进一步明确。

同时，关于农村社区组织内部权力关系的处理也是内部权责关系的重要内容之一。如图2-1所示，约5.3%的农村社区工作者认为"村'两委'关系"是影响农村社区工作能否顺利开展的第四大关键因素，仅次于与乡镇政府的层级关系因素。因此，理顺农村社区组织内部的权责关系有必要关注村"两委"内部权力关系的处理，营造和谐的村"两委"关系更有利于社区工作者工作的有序开展。

（三）村社区组织与村民间的服务关系

村民是农村社区组织的主要服务对象，二者间是公共服务供需双方关系。如图2-1所示，村民间的派系矛盾及干群关系是影响农村社区工作者队伍工作开展的两个关键因素，所占比例均超过10.0%。这表明农村社区工作的有效开展主要依赖于村民的内部和谐结构及农村社区工作者与村民的融洽关系，农村社区工作者在理顺上级层级关系及内部的权责关系的同时，也要关注其与服务对象的关系和服务对象的内部关系状况。

二、农村社区的岗位体系规划

农村社区岗位体系规划是针对农村社区工作者队伍职业体系设置作出的一系列制度安排，包含岗位设置的科学性、工作内容岗位相关性、晋升渠道合理性和整体人才工作评价四大方面。

（一）农村社区组织岗位设置的科学性状况

调查结果显示，农村社区工作者关于农村社区岗位设置的整体评价态度多元，持增加、精简和保持现有岗位设置态度的农村社区工作者均占据了一定比例。大多数（63.1%）农村社区工作者对当前农村社区的岗位设置科学性比较满意，认为当前的岗位设置刚刚好，没有必要进行调整；同时也有近三成（27.6%）的农村社区工作者主张当前社区岗位设置偏少，需要增加；还有近一成（8.7%）的农村社区工作者认为当前社区岗位设置过于冗杂，需要进行精简（见图2-6）。这表明，我国农村社区组织整体的岗位设置比较科学合理，但农村基层社区的治理千头万绪,所需的社区工作者队伍数量庞大,正式岗位设置偏少和临时聘用岗位冗杂的现象仍普遍存在。

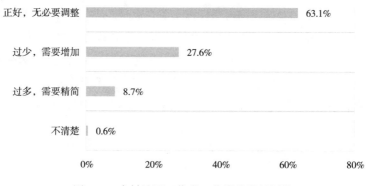

图 2-6　农村社区工作者工作岗位设置评价

（二）社区工作者的工作内容与岗位相关水平

岗位工作内容与岗位职责的相关性程度是衡量岗位规划体系科学水平的重要指标。据调查,仅有不到三成（28.4%）的农村社区工作者一直从事与岗位职责相关的工作,超过七成（71.6%）的农村社区工作者都做过与岗位职责不相关的工作,其中近三分之一（32.5%）农村社区工作者甚至需要经常做与所在岗位不相关的工作;关于负责职责范围内的工作,60.7%的农村社区工作者能够很好地负责属于自己职责范围之内的工作,一部分（31.3%）农村社区工作者偶尔会遇到职责范围内不能负责的工作,但同时仍有8%左右的农村社区工作者经常遇到工作超出自身的职责范围（见图2-7）。这表明我国农村社区工作者队伍工作内容与岗位职责总体比较相关,但职责外的工作压力仍不容忽视,仍有部分农村社区工作者承担着与岗位不相关及超出职责边界的工作任务。

（三）社区工作者的岗位晋升渠道合理程度

在农村社区岗位体系中,最受广大农村社区工作者关注的莫过于岗位晋升渠道的合理性。如图2-8统计显示,45.1%的农村社区工作者认为当前的岗位晋升渠道合理,契合所在岗位的职业期待;同时持晋升渠道非常合理及基本合理态度的农村社区工作者占两成左右,比例大致相当;此外,对当前社区岗位晋升渠道合理性持质疑态度的比例超过8.0%。这表明我国农村社区的岗位体

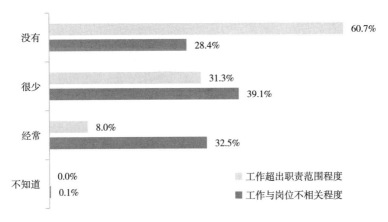

图 2-7　农村社区工作者工作内容岗位相关情况

系设置整体较好，能够满足大多数农村社区工作者的职业成长需求，但当前的农村社区工作者岗位体系规划晋升渠道完善方面仍有一定的拓展空间。

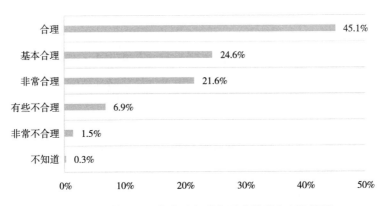

图 2-8　农村社区工作者队伍岗位晋升渠道合理性情况

（四）农村社区组织人才吸纳工作评价情况

社区工作者是农村社区治理重要主体之一，在社区各项事业推进和基层党建中发挥重要作用。因而，村组织社区治理人才吸纳工作的科学性和公正性直接影响着社区工作者队伍的整体质量和农村社区的善治水平。如图 2-9 所示，近九成的农村社区工作者认为村组织在社区工作者人才遴选方面充分秉承了科学和公正的精神，少数村组织（9.4%）在科学性或公正性方面有所欠缺，一小部分（1.9%）村组织在社区人才吸纳方面科学性和公正性表现欠佳，有待

81

进一步完善。这表明，我国基本的农村社区组织能够站在社区善治的角度上科学公正地遴选优秀社区治理人才，打造专业和职业社区工作者队伍，但同时也存在部分村组织有待进一步完善人才吸纳工作方案。

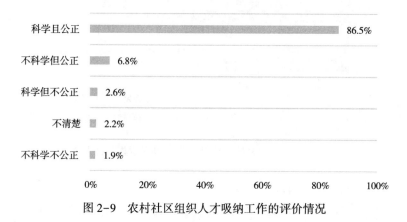

图 2-9　农村社区组织人才吸纳工作的评价情况

第三节　农村社区工作者的上岗履职与能力素质结构

一、农村社区工作者的上岗任职情况

（一）农村社区工作者的上岗途径

针对农村社区工作者上岗途径的情况，图 2-10 调查结果显示，在 3084 个有效样本中，41.4% 的农村社区工作者是由全体村民选举，县级民政部门签发当选证明后上岗，21.4% 是由全体党员选举，上级党组织批复后上岗，17.2% 由全体村民大会或村民代表大会选举上岗，其余少部分是通过"两委"联席会议同意、上级派驻或临时聘用等方式上岗。这表明我国农村社区工作者的上岗途径与岗位角色密切相关，呈现了上岗方式的多元化，同时在众多的上岗途径中，全体村民、全村党员等民主主体及会议选举的民主方式较为亮眼，充分彰显了我国农村社区基层自治组织自我管理、自我服务和民主集中决策的基层自治制度。

图 2-10 农村社区工作者上岗途径分布

（二）农村社区工作者的任职动机

在对农村社区工作者任职社区工作岗位的动机调查中，农村社区工作者的任职动机较为多元。如图 2-11 所示，97.2%绝对多数的农村社区工作者选择从事社区工作者职业主要是想为广大村民办点实事，其次 85.6%的农村社区工作者任职社区工作者是由于村民的信任，但同时也存在小部分农村社区工作者是出于挣面子和享有权力的考量选择任职社区工作者。这表明大多数的农村社

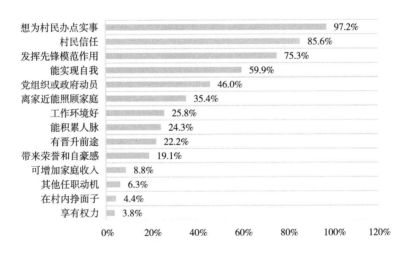

图 2-11 农村社区工作者任职动机分布情况

区工作者政治思想觉悟较高，想要发挥自己所长、实现自我价值和为人民服务；但同时因为农村部分地区因偏远闭塞、信息不通等原因，少部分农村社区工作人员政治思想觉悟不高，仍然保留了传统的"官本位"思想。

（三）农村社区工作者的任职条件

关于农村社区工作者的任职条件要求，调查结果如图2-12所示。高达81.7%的农村社区工作者所在的社区对担任村干部的人选提出了健康的相关要求。其次，农村社区的村干部任职条件对政治面貌、从业经验、户籍、学历和年龄等的要求大致相当，占比普遍在50.0%上下。这表明农村社区对这几项指标的重视程度大致相当，或多为几项指标组合使用，并且对学历和年龄的要求较政治面貌、从业经验及户籍的要求稍宽松些。在农村社区工作者众多的任职条件指标中，对专业背景及性别的整体要求偏低，分别只有23.6%和10.8%，表明具备专业背景的农村社区工作人才稀缺，选拔仅针对少部分特殊岗位提出了性别要求，这与我国农村人才的整体受教育程度偏低和职业男女平等化趋势是分不开的。

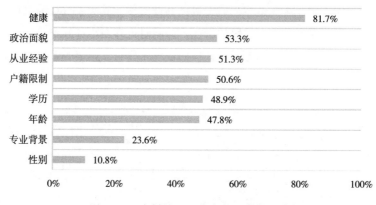

图2-12 农村社区工作者任职条件要求

二、农村社区工作者的工作履职情况

（一）农村社区工作者的主抓事项与业务分管

根据当前农村社区工作者认为本村最需要村干部主抓的事项调查结果显

示，最需村干部主抓的事项大致可按紧迫程度划分为发展民主、基本公共服务、人地管理三大类（见图2-13）。与当前新时代人民群众对美好生活的向往相适应，农村人民群众对更高质量的经济发展、依法治国、生态乡村、民主公开和安全感提出了更高和更迫切的要求，九成以上的农村社区工作者也认同村干部当前最需主抓的事项即经济发展和民主治理。其次，基本公共服务的供给是关乎基层乡村治理稳定的关键因素，与农村地区人民的生活幸福感密切相关，所以也有普遍高达85.0%以上的农村社区工作者认为当前村干部最需要主抓基本公共服务的供给。最后，当前需要村干部主抓紧急度偏低的是与人地管理相关的外来人口管理、人口计划安排及征地拆迁工作。这表明我国的农村地区大多为人口流出地，人口管理工作压力稍轻，以及随着征地拆迁逐渐制度化、规范化，农村的集体性冲突事件也在逐步减少。

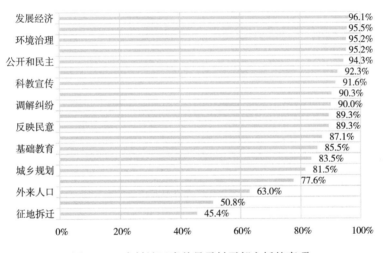

图2-13　农村社区当前最需村干部主抓的事项

与农村社区工作者履职情况相关的另一重要方面是主要分管的业务情况。如图2-14调查结果显示，农村社区工作者目前主要分管业务的前五位分别是应急（53.5%）、宣传/创文（51.6%）、调解（50.5%）、保密（49.1%）和安全生产（48.9%），综合以上主要分管业务，可以看出当前农村社区工作者的重点工作与同期乡村治理的重点工作相适应，如疫情防控、美丽乡村建设、维护稳定秩序等。其次，与村干部最需主抓的事项相结合，农村社区工作者分管了各方面的基本公共服务供给业务，为村民提供安全、稳定、便捷、有保障的生产和生活环境。最后，计生业务随着时代方位的变迁，业务的范围有所调整，分管范围缩小；妇联等权益保障性质的职能也作为日常组织业务由小部分社区工作者分管。

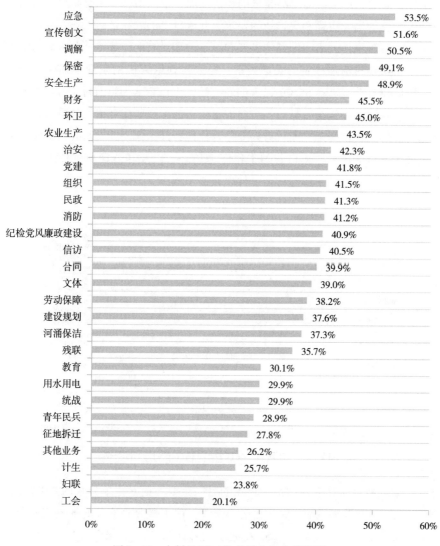

图 2-14　农村社区工作者的业务分管情况

（二）农村社区工作者的履职依靠与行为要求

农村社区工作者为更加有效地开展社区工作往往会借助周围的有效力量。

如图 2-15 所示，农村社区工作者开展工作最主要依靠的力量就是村民群体或村民代表（90.0%），这深刻地反映了我国农村社区的基层自治是人民的自治，人民就是自己当家作主的主人，是社区工作者履行职责的首要依靠力量。其次，农村社区工作者自身（75.8%）、为人民服务的"两委"班子成员（76.2%）及上级乡镇政府（53.7%）也是顺利开展社区工作的重要依靠力量。此外，活跃在乡村事务中的乡贤能人（35.2%）和具有权威影响的家族（6.8%）等力量在特定的社区事务及场景中也能发挥重要作用，为社区工作者开展社区工作提供有效助益。

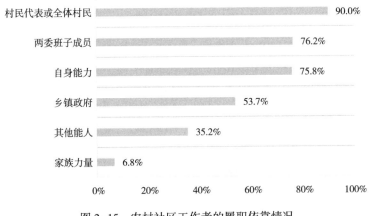

图 2-15　农村社区工作者的履职依靠情况

　　农村社区工作者是一个要面对包罗万象基层农村社会、处理千头万绪事物的岗位，其特殊的岗位性质对履职者提出了能力和情绪方面的双重要求（见图 2-16）。针对农村社区工作者当前工作开展中履职要求的调查发现，社区工作者岗位首先要求履职者面带笑容（92.9%），这一要求深刻彰显了社区工作者岗位服务性特质和情绪劳动期待。其次是在工作能力方面提出了创造力要求（85.6%）、快节奏工作要求（76.4%）和使用办公软件要求（75.8%），硬件和软件能力综合要求加持使得农村社区工作者在工作岗位上更加游刃有余。最后，在工作内容及工作仪态上分别提出了处理投诉或抱怨（63.7%）、按要求着装（41.8%）的要求，这显著地展现了服务性岗位的劳动行为要求。综上，农村社区工作者岗位对履职者的能力要求整体高于情绪劳动行为要求，但面带笑容仍然是首要要求。

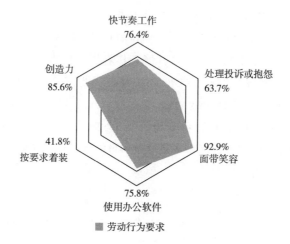

图 2-16　农村社区工作者劳动行为要求分布

（三）农村社区工作者的工作满意度评价情况

针对农村社区工作者履职满意度的调查发现，超一半（54.6%）的农村社区工作者很满意当前在村里承担的这份工作，超过三成（34.2%）对当前的工作岗位比较满意，持不满意态度的仅占 1.4%（见图 2-17）。这表明我国农村社区工作者队伍的工作满意度整体较高，普遍认为自身的能力能够满足岗位需求，岗位履职也基本能够实现自身成就需要。

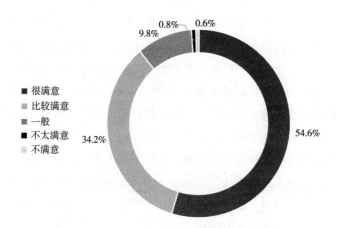

图 2-17　农村社区工作者履职满意度分布

另一项关于农村社区工作者"有没有不想参与村里工作的想法"的调查结果显示，63.6%的农村社区工作者从没有不想参与村里工作的想法，逾三成（30.8%）偶尔会产生此想法，还有5.6%会经常产生想脱离工作岗位的想法（见图2-18）。该项调查结果大致与农村社区工作者当前岗位工作满意度的调查结果吻合，表明大部分社区工作者对岗位整体履职体验是满意的，但小部分社区工作者仍然存在履职障碍待排解。

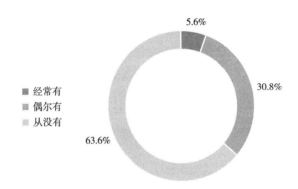

图2-18　农村社区工作者不想参加村里工作情况

三、农村社区工作者的能力素质结构

（一）农村社区工作者的关键三项能力

在社区工作者岗位上顺利履职需要多元的综合能力，不仅需要善于沟通、组织、协调、宣传，还要有知识技术、能带领致富、作风优良和值得信任。在农村社区工作者能力素质结构中最关键三项能力的调查中，54.8%的农村社区工作者认为能够带领群众致富是当好村干部最重要的能力，其次有24.6%的农村社区工作者认为做事民主是当好村干部第二重要能力，再而有17.7%的农村社区工作者认为善于获得村民的信任是当好村干部第三重要能力（见图2-19）。由此说明，当好村干部最主要的任务就是通过获取村民的信任将其组织起来共同致富，过上更好的生活，同时在发展成果分配上做到民主、公平、公开。

（二）农村社区工作者的工作培训情况

社区工作者的能力素质结构在一定程度上是通过岗前及在职的培训得到提

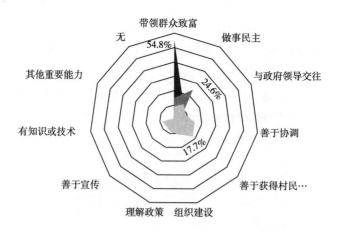

图 2-19 农村社区工作者的关键三项能力分布情况

升和优化的。如表 2-5 所示，56.5%的农村社区工作者正式入职前参加过岗前培训，81.8%的农村社区工作者过去一年参加过在职培训，并且绝大多数（76.7%）的农村社区工作者认为培训对于更加顺利地开展社区工作是非常有用的。这表明，岗前及在职的培训对农村社区工作者更快更好地适应工作岗位及顺利开展社区工作是颇有助益的；培训是优化农村社区工作者能力素质结构的有力抓手。

表 2-5 农村社区工作者的工作培训情况

类别	变量	频数（个）	频率（%）
是否参加过岗前培训	是	1744	56.5
	否	1340	43.5
	合计	3084	100
过去一年，是否参加过在岗培训	参加过	2523	81.8
	未组织	367	11.9
	组织了但未参加	193	6.3
	不知道	1	0.0
	合计	3084	100

类别	变量	频数（个）	频率（%）
培训对开展工作是否有用	非常有用	2364	76.7
	有点作用	501	16.2
	作用不大	41	1.3
	没有作用	5	0.2
	有负面作用	1	0.0
	未参加过培训	172	5.6
	合计	3084	100

（三）社区工作者喜欢的培训方式内容

如上所述，岗位培训是优化农村社区工作者能力素质结构的有力抓手，调查受农村社区工作者欢迎的培训方式和内容对提升培训效果将起到极大的催化作用。受欢迎的培训方式调查结果如表2-6所示，较为受农村社区工作者欢迎的培训方式为交流研讨和现场观摩，占比高达94.4%和93.0%，其次是案例教学和课堂理论讲授，占比均在85%左右。这表明我国农村社区工作者更加偏向于线下实体性质的交流和互动式培训方式，因为它们相较于单向度的案例教学和课堂理论讲授更加具有视觉上的直观感官印象和亲身参与的互动感，更容易激发起培训参与者的积极性。

表 2-6　农村社区工作者喜欢的培训方式分布情况

类别	变量	频数（个）	频率（%）
喜欢的培训方式	交流研讨	2911	94.4
	现场观摩	2869	93.0
	案例教学	2623	85.1
	课堂理论讲授	2603	84.4
	其他培训方式	386	12.5

其次，受欢迎的培训内容调查结果如图2-20所示，最受农村社区工作者欢迎的前若干项培训内容分别为法律法规、乡村振兴、乡风文明、党风廉政、社情民意和环境整治，受欢迎程度均达到九成以上。这与党的十八大以来党和

政府实施推进依法治国方略、乡村振兴战略和全面从严治党方针，践行以人民为中心的发展思想和绿色高质量发展的原则是息息相关的，也从侧面直观地反映出农村基层社区工作者与时俱进，与党中央要求保持一致。另一方面也表明，农村社区日常事务方面的管理方法和技术的培训需求也相对旺盛，此类培训对提升农村社区组织的运作效率和管理规范性大有助益。

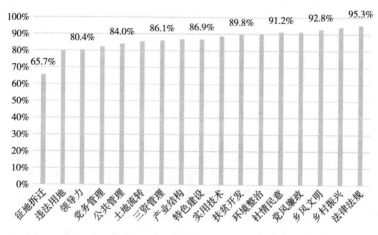

图 2-20　农村社区工作者喜欢的培训内容分布情况

第四节　农村社区工作者的薪资收入与职业福利

一、农村社区工作者的薪资收入情况

（一）农村社区工作者的有形收入

农村社区工作者的有形收入情况主要包括其担任村干部的年收入水平、收入结构及近三年的收入变化情况。如图 2-21 所示，超半数的农村社区工作者年收入水平分布在 12000 元至 36000 元的区间内，其中月平均收入在 1000（不含）-2000 元之间的村干部占比 30.3%，月平均收入在 2000（不含）-3000元之间的村干部占比 26.4%。此外还有 23.2% 的农村社区工作者月平均收入在1000 元及以下，仅有不到 18.0% 的农村社区工作者月平均收入超过 3000 元。

这表明我国农村社区工作者的收入水平整体偏低，同时存在一定的年龄结构分化：年长社区工作者主要以岗位工资收入为主，收入水平稍低；中青年社区工作者除岗位工资外还有农业、个体、租金等收入补充，整体水平稍高些；另外少数乡贤能人善于致富，收入水平较高。

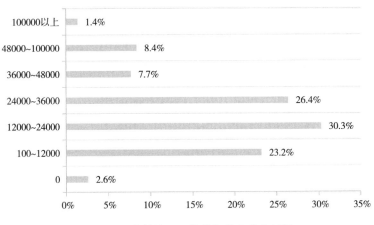

图 2-21 农村社区工作者年收入分布情况

其次，农村社区工作者的收入结构构成情况也是有形收入的重要衡量指标。如图 2-22 调查结果显示，农村社区工作者的收入构成最主要部分是职务基本补贴，占比达到 45.4%，紧接着的是绩效奖收入和专项补贴收入，占比分别为 26.3% 和 9.1%。这三项收入作为农村社区工作者收入的最主要三项组成

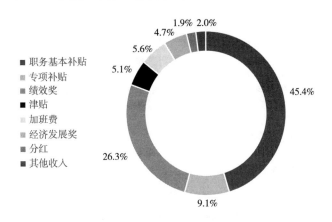

图 2-22 农村社区工作者的收入构成情况

部分，所占比重高达 80.8%，成为了农村社区工作者收入的主体部分。其余额外的一些津贴收入、加班费、经济发展奖金和分红收入在整体收入中占比 1%-6%，作为激励性和补贴性的收入构成奖励农村社区工作者坚守岗位、积极工作的主要方式。

最后，农村社区工作者近三年的收入变化情况也是农村社区工作者有形收入变化的一个缩影。如图 2-23 所示，我国农村社区工作者表示近三年的收入基本未变的比例最高，占比 46.2%；其次是收入略有增加占比 44.6%，与收入基本未变比例大致相近。这表明，我国农村社区工作者近三年来的收入水平整体相对稳定，部分工作绩效表现优秀的社区工作者略微向上浮动。同时，有 5.1% 的农村村干部近三年的收入增加了很多，约 3.0% 左右的农村村干部近三年的收入有所下降。

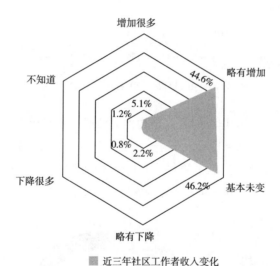

图 2-23　农村社区工作者近三年的收入变化情况

（二）农村社区工作者的无形收益

农村社区工作者的薪资构成除了有形收入外，还有很大一部分是无形的收益。根据马斯洛（Abraham Maslow）需求层次理论，人们需要的满足基本符合生理需求、安全需求、社交需求、尊重需求和自我实现需求层次的依次递进。大多数农村社区工作者在基本的生存和社交、尊重需求得到满足以后，便会萌发出自我实现的高层次需求，这与上文所提及农村社区工作者的任职动机相符合。关于农村社区工作者的无形收益调查结果显示，农村社区工作者的无形收益大致可分为三大类：自我成就实现、人脉拓展和面子地位。如图2-24所示，超过六成的农村社区工作者能够在岗位上践行理想信念（65.0%）和实现自我的效能感（63.8%），这即意味着超过六成的农村社区工作者能够满足高层次的自我成就需要。此外，也有将近六成的农村社区工作者能够增加人脉资源（62.4%）和与上级领导建立关系（54.9%），这对农村社区工作者社交圈子的拓展是极大的隐形收益。与此同时，不乏有少部分的农村社区工作者通过担任的岗位获得了一定的等级头衔和家族荣耀。

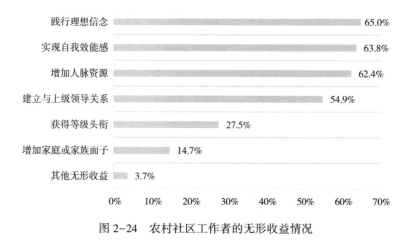

图2-24 农村社区工作者的无形收益情况

（三）农村社区工作者的薪酬评价

农村社区工作者的薪酬评价主要包含两大方面：农村社区工作者对当前担任村干部收入的满意度；就农村社区工作者能力、工作付出与担任的村干部薪酬是否合理，后者包含了显性和隐性收益。首先是村干部的收入满意度。如图2-25所示，近八成（78.4%）对当前担任的村干部收入持一般至满意态度，其中比较满意及以上态度的比例仅40.1%，未达到半数；逾两成（21.6%）的农村社区工作者持不满意态度。其次是村干部薪酬的合理性评价，其整体的评价结果与村干部收入满意度相似，不同之处在于农村社区工作者薪酬合理性评价的满意度超过半数，达到52.3%；同时不满意度也接近三成，达到27.8%，呈现出了更加严重的两极分化。这表明我国农村社区工作者队伍的整体收入水平和薪酬合理性水平与农村社区工作者的岗位付出匹配度仍有一定的提升完善空间。

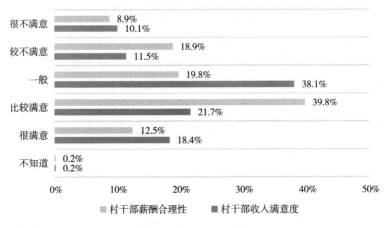

图 2-25　农村社区工作者的薪酬评价情况

二、农村社区工作者的职业福利现状

农村社区工作者的职业福利是农村社区岗位从业者全部报酬中的重要组成部分，是具有普惠性质的间接报酬。如图 2-26 所示，农村社区工作者的职业福利主要包含假期休假类、保险类和住房类相关补贴及公积金三大类。首先，

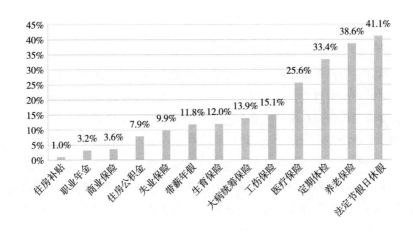

图 2-26　农村社区工作者享有的职业福利

农村社区工作者当前享有的职业福利中保障程度最高的项目为假期休假类，有41.1%的社区工作者能够在法定节假日按期休假，11.8%能够享受到带薪年假福利。其次是基本的健康养老福利待遇，38.8%的农村社区工作者享有单位缴纳的基本养老保险，33.4%享有定期体检福利，25.6%享有单位缴纳的基本医疗保险福利。最后，还有一到两成的农村社区工作者能够享有工伤、生育、失业及大病保险等福利待遇，但仅有7.9%的农村社区工作者享有住房公积金福利，1.0%能够享有住房补贴福利。这表明，我国农村社区的整体福利水平不高，全成员保障覆盖范围有限，在福利供给方面优先于法定的节假日保障及基本的健康和养老保障，其他类别的保险、商业保险和住房类的公积金及住房补贴福利供给水平偏低。

第五节 农村社区工作者的工作环境与劳动关系

一、农村社区工作者的工作环境状况

农村社区工作者的工作环境往往与农村社区工作者工作的开展息息相关，主要包含了农村社区工作者个人与农村社区组织、村干部班子和村民群众三大主体相互间的互动关系情况。

（一）农村社区工作者与社区组织

村组织是农村社区工作者开展社区工作的基础平台，根据与村组织相关的工作环境调查结果，农村社区工作者与村组织相关的工作环境主要体现在农村社区工作者眼中的村民对村"两委"信任度、村民对村组织决策拥护度、其对村组织工作氛围满意度三大方面。如图2-27所示，农村社区工作者认为其所在社区的村民绝大多数对村"两委"班子持信任态度，其中近一半（49.0%）的村民非常信任所在社区的村"两委"，整体仅有1.6%的村民对村"两委"信任度不高。这表明，在我国农村社区工作者眼中，村民与村"两委"整体互动顺畅、相互信任，村组织在村民群体中的权威性和代表性较高，社区工作者开展工作的外部信任环境良好。

其次，村民对村组织决策的拥护程度也是农村社区工作者的工作环境的重

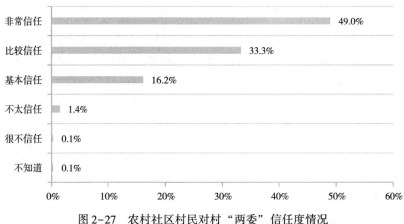

图2-27 农村社区村民对村"两委"信任度情况

要衡量指标。如图2-28所示，有23.9%村民对村组织的决策持完全拥护态度，是村组织工作开展的全力支持者，绝大多数（61.5%）村民拥护村组织的大部分决策，14.1%基本认可村组织决策。总体而言，我国农村社区的村民群体对村组织决策的拥护程度较高，包含了两成余的完全拥护者、逾六成的理性拥护者和一成余的基本认可者。另外值得注意的是，在所有的被调查者中仅有0.3%对村组织的决策持不拥护态度，这表明在农村社区工作者看来，普遍的村民认为村组织决策的科学性和民主性水平较高，值得加以拥护。如此也能从另一个侧面看出，我国农村社区工作者社区工作开展的阻力较小，能够得到绝大多数村民的有效拥护和支持，在村组织的工作支持环境良好。

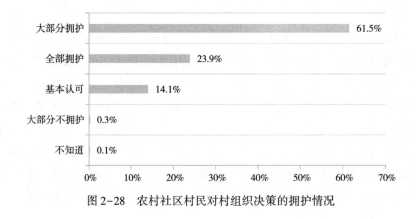

图2-28 农村社区村民对村组织决策的拥护情况

最后，图2-29关于农村社区工作者对村组织工作氛围满意度调查结果显示，近九成（88.6%）的农村社区工作者对村组织的工作氛围持满意及以上态度，还有10.3%的农村社区工作者认为当前村组织的工作氛围基本可以接受，仅有1.1%的农村社区工作者对当前的村组织工作氛围表示不满意。这表明，我国农村社区组织的工作氛围建设整体效果较好，受到了广大农村社区工作者的好评。同时，良好的村组织工作氛围是农村社区实现基层善治的基本前提，只有农村社区工作者与农村社区组织间关系融洽、配合无间，才能提供高质量的基本公共服务。

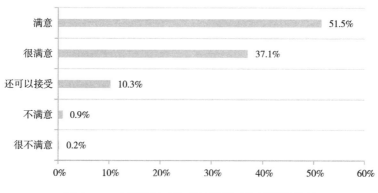

图2-29　农村社区工作者村组织工作氛围满意度

（二）农村社区工作者与干部班子

除社区组织机构平台之外，村干部是广大农村社区工作者开展社区工作接触最密切的群体，几乎所有的社区事务均与村干部挂钩，两者构成了一个荣辱相关的命运共同体。调查结果显示，94.3%的农村社区工作者认为村干部在村里受到村民的尊敬，这表明村干部在我国各地农村社区的权威性普遍较强，村干部能够有效地与村民群众打成一片，干群关系和谐融洽。同时，良好的干群关系有效减少了农村社区工作者与村干部间的工作矛盾，为农村社区工作者营造了良好的工作氛围和环境。其次，关于农村社区工作者与其他村干部之间关系融洽度的调查结果如图2-30所示，15.7%的农村社区工作者认为自己与其他村干部的关系较融洽，79.7%认为关系很融洽。总体而言，农村社区工作者与其他村干部关系融洽的比例达95.4%，关系不融洽占比仅0.3%，这表明我国农村社区工作者与村干部的内部工作关系处理得当，整体能够打造一个内部和谐友爱的社区事务工作班子。

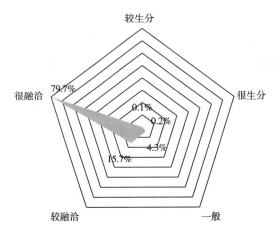

图 2-30　农村社区工作者与其他村干部关系融洽度

（三）农村社区工作者与村民群众

广大村民群体是农村社区工作者的主要服务对象，两者间的关系好坏直接作用于农村社区工作者的工作环境性质。如图 2-31 农村社区工作者履职遭遇的调查结果显示，存在相当一部分的农村社区工作者在开展社区工作时遭遇过与服务对象间的言语冲突（42.1%）和驳面子（28.8%）行为；其次，分别有一至两成的农村社区工作者因为工作遭遇到村民的言语羞辱（19.2%）和口头威胁（17.3%）；更有甚者，部分冲动、具有暴力倾向的村民会因社区事务安

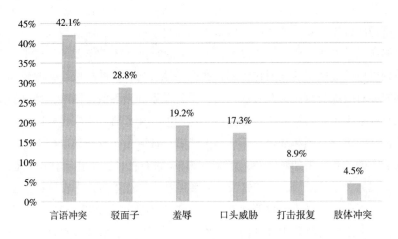

图 2-31　农村社区工作者的工作遭遇情况

排不合心意而对农村社区工作者进行打击报复（8.9%）或爆发肢体冲突（4.5%）。这表明虽然农村社区工作者整体能够在与村组织及其他村干部成员和谐融洽相处的基础上为村民群体提供社区服务，但也不乏因信息不对称及村民间利益冲突等因素引致的农村社区工作者工作环境欠佳，使其在工作中遭遇各种不利情况。

二、农村社区工作者的劳动关系现状

农村社区工作者的劳动关系状况与整体社区工作者队伍的履职安全感和幸福感密切相关，其本质是农村基层社区单位组织与社区工作者之间确立的劳动过程权利义务关系。农村社区工作者的劳动关系服务由所在的农村社区组织负责提供和管理，目的在于保护社区工作者的合法劳动权益，主要包含农村社区工作者的离任与退休待遇情况、劳动沟通与纠纷救助和工作劳动关系评价三大方面。

（一）农村社区工作者的离任与退休待遇情况

2019年1月10日中共中央印发的《中国共产党农村基层组织工作条例》第四十四条明确规定"落实村干部基本报酬，发放人数和标准应当依据有关规定、从实际出发合理确定，保障正常离任村干部生活补贴"。离任与退休待遇是农村社区工作者职业福利的重要组成部分和职业保障体系的重要支撑内容，其覆盖范围大小和待遇供给水平与农村社区工作者的职业安全感和幸福感直接相关。根据农村社区工作者离任与退休待遇情况相关调查结果显示，我国农村社区仅23.3%农村社区工作者将有离任或退休待遇，而大多数的农村社区工作履职者被排除在这项福利待遇之外。这表明我国农村社区工作者队伍的职业福利保障体系是极为欠缺的，其覆盖面、福利待遇种类和福利待遇水平都有待于进一步完善提升，要建设好农村社区工作者队伍完善的职业保障体系仍有很长的路要走。从另一个侧面也说明，我国农村社区工作者队伍大多数人坚定地坚守在工作岗位上并非由于职业的福利待遇完善，而更多是出于为人民服务的高尚情怀。

另一项关于将有离任待遇农村社区工作者的调查结果如图2-32所示，不适用离任待遇的农村社区工作者人数为2365人，占比76.7%，在剩余将享受离任待遇23.3%农村社区工作者中，主要的离任待遇来源于人社部门发放的退休金（12.5%），其次是民政局发放的离任津贴（6.8%）、党组织发放的离任补贴（5.6%）和村组织发放的退休补贴（5.2%），还有少数的农村社区工作者在离任时会由党组织安排其他工作，占比2.3%。这表明我国农村社区工作者的离任待遇是由多组织和多部门共同支持供给的，包含了退休金、退休补贴、离任津贴、离任补贴和安排工作等多种形式；当前我国农村社区工作者队伍劳动关系中离任与退休待遇最关键的问题是将该福利待遇惠及更多的农村社区工作履职者。

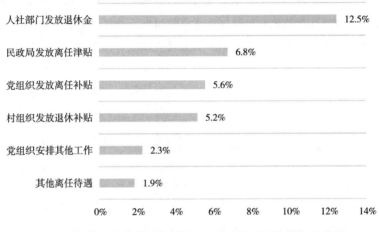

图2-32　将有离任待遇农村社区工作者的离任待遇分布情况

（二）农村社区工作者的劳动沟通与纠纷救助

与农村社区工作者劳动关系的另一重要内容是劳动沟通与纠纷救助。关于农村社区工作者所在村与村民沟通渠道及其参与情况的调查结果如图2-33所示，随着信息技术的发展，当前我国农村社区工作者与村民主要通过村民微信群、村民议事会和村民QQ群等渠道进行沟通。在三大沟通渠道中，农村社区组织以微信为主要沟通平台，超过九成（90.4%）的农村社区组织均设立了该平台；然后是村民议事会平台，仅次于村民微信群，占比达76.0%；最后是村民QQ群，设立的农村社区组织占比也超两成，为21.2%。此外，农村社区工作者的平台沟通参与度大致与农村社区组织设立沟通平台的比例相仿，总体参与度比平台设立度低2至6个百分点，依次为村民微信群84.7%、村民议事会71.8%和村民QQ群18.6%。这表明我国农村社区组织普遍具有与村民沟通的良好平台，农村社区工作者也广泛参与其中，这为农村社区工作者减少劳动纠纷、创造和谐融洽的劳动关系创造了有利条件。

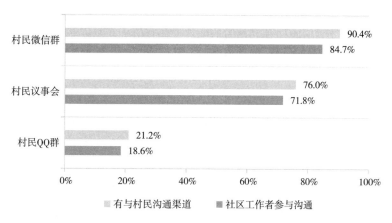

图 2-33　农村社区组织的劳动沟通渠道与社区工作者参与情况

虽然劳动沟通一定程度上能帮助农村社区工作者减少与农村社区组织间的劳动纠纷与矛盾，但劳动纠纷往往难以完全避免。关于农村社区工作者与村组织劳动纠纷主体求助情况调查结果如图 2-34 所示，发生了劳动纠纷以后，农村社区工作者首先想到的是寻找村调解组织（73.2%）和当地政府（72.3%）进行调解或解决，然后是寻求村内组织及有威望人员（41.3%）的帮助，继而是更进一步寻求劳动争议仲裁机构（37.4%）、法院（33.2%）和信访部门

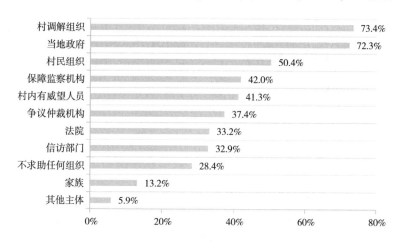

图 2-34　农村社区工作者劳动纠纷救助主体分布

（32.9%）等专业化、制度化劳动纠纷处理机构的援助，但同时也存在28.4%的农村社区工作者遇到劳动纠纷选择独自承担，不寻求任何组织的帮助。这表明我国农村社区组织已经建立起一套程序相对完善的劳动纠纷处理机制，大多数的农村社区工作者也对劳动纠纷的处理比较有信心，愿意寻求相关主体的帮助，但也有近三成的农村社区工作者对劳动纠纷救助信心不足。

（三）农村社区工作者的劳动关系感知与评价

最后一项劳动关系的内容是关于农村社区工作者的劳动关系评价情况。根据农村社区工作者劳动关系情况适用程度或同意程度调查结果显示，27.2%的农村社区工作者完全不同意在村里工作身心疲惫的说法，45.3%完全不同意时常快要有崩溃的感觉，57.2%完全不同意对村里的工作越来越不感兴趣；40.3%的农村社区工作者觉得自己能够有效地解决工作中的问题，43.1%认为自己在为组织作有效的贡献，还有46.8%认为自己完成了很多有价值的工作（见图2-35）。由此可以看出，我国农村社区工作者的工作关系整体情况良好，大多数农村社区工作者的正面情绪战胜了负面情绪。虽然偶尔会有疲惫情绪和低落时候，但仍然认为自己能够胜任岗位职责要求并对组织有所贡献。

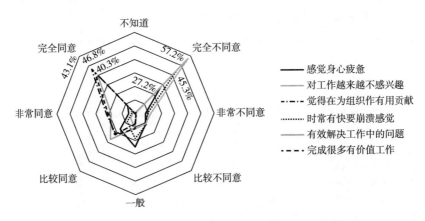

图2-35　农村社区工作者劳动关系适用情况评价

表2-7关于农村社区工作者符合情况的调查结果显示，我国农村社区工作者的十三项符合情况峰值评价呈现出较为明显的两极分化。普遍有两成余的农村社区工作者认为总要管理和监督别人的工作（24.0%）和总要出席会议（24.8%）比较符合自己的情况。此外，农村社区工作者大多数认为工作中上

级指导支持不够、缺乏同事及家人支持、总感到被孤立，培训不足、时间过长、存在不受控因素、总要冒风险，把工作及情绪带回家、影响私人生活、总扮演吃力不讨好角色等情况完全不符合自身情况。这表明总体而言，我国农村社区工作者队伍的劳动关系情况良好，虽工作中会议频繁，但大多数社区工作者能处理好自己与上级领导、同事及家人间的关系并调节好工作与私人生活间的关系。

表 2-7　农村社区工作者符合情况的峰值分布

类别	变量	峰值评价项	频率（%）
	管理监督别人工作	比较符合	24.0
	把工作、情绪带回家	完全不符合	52.0
	上级指导支持不够	完全不符合	38.7
	工作培训不足	完全不符合	28.0
	总出席会议	比较符合	24.8
	缺乏同事支持	完全不符合	47.7
符合情况	缺乏家人支持	完全不符合	57.9
	工作时间过长	完全不符合	23.8
	总感到被孤立	完全不符合	63.3
	总要冒风险	完全不符合	48.3
	工作影响私人及社交生活	完全不符合	39.3
	工作存在不受自己控制因素	完全不符合	32.7
	总扮演吃力不讨好的角色	完全不符合	33.9

第六节　城乡社区工作者队伍建设的差异

城乡二元结构仍然长期横亘在城市与乡村的发展中间。基于以现代社会化大生产为主要生产方式的城市经济形态和以传统小规模生产为主要生产方式的农村经济形态，孕育出了截然不同的经济基础和治理环境，如此，从根源上便决定了城乡社区工作者队伍建设在基本条件、工作情况与职业认同和收入与福利间存在着客观的差异。

一、城乡社区工作者队伍的基本条件差异

（一）城乡社区工作者队伍的性别比例差异

2020 年城乡社区工作者性别结构整体调查结果如表 2-8 所示，被调查的 4154 名城市社区工作者中男性 1344 人，女性 2810 人，男女性别比例约为 1：2.09；另外，被调查的 3084 名农村社区工作者中男性 2269 人，女性 815 人，男女性别比例约为 2.78：1。对比城乡社区工作者的性别比例状况，城市社区工作者是典型的"巾帼不让须眉"，妇女同志撑起了社区治理 2/3 的大摊子；农村社区的妇女工作者却只能退居幕后，男性社区工作者在农村社区治理中主要扮演重要角色。同时，进一步观察城乡社区党委书记和社区主任群体的性别比例情况，发现城市社区书记、主任的男女比例为 1：1.26，农村社区书记、主任的男女比例达到 10.27：1，其间的差异程度更为显著。究其原因，根本还是在于城市和乡村的现代化水平差异巨大，城市经济的生产力水平显著高于农村，较早地实现了从熟人社会到陌生人社会和人情关系到制度规则的转型，使得女性凭借自身的能力和耐心细致的先天优势能够在社区工作岗位上发光出彩。

（二）城乡队伍的年轻化和专业化水平差异

城乡问卷数据如表 2-8 所示，城市社区工作者 49 岁及以下共 3385 人，占比 81.5%，39 岁及以下共 1935 人，占比 46.6%；农村社区工作者 49 岁及以下 1481 人，占比 48.0%，39 岁及以下共 662 人，占比 21.5%。对比城乡社区工作者两组年龄数据可以发现，两大年龄段农村社区工作者所占的比例仅有城市社区工作者的一半左右，由此得出城市社区工作者队伍的年轻化水平远远高于农村社区工作者队伍。

表 2-8　城乡社区工作者队伍基本条件差异情况

类别	变量	人数（人）	统计量
男女 性别比例	城市社区工作者队伍	1344：2810	1：2.09
	农村社区工作者队伍	2269：815	2.78：1

类别	变量	人数（人）	统计量
男女 性别比例	城市社区党委书记、主任	589：742	1：1.26
	农村社区党委书记、主任	852：83	10.27：1
社区工作者 年轻化水平	城市社区工作者队伍49岁及以下	3385	81.5%
	农村社区工作者队伍49岁及以下	1481	48.0%
	城市社区工作者队伍39岁及以下	1935	46.6%
	农村社区工作者队伍39岁及以下	662	21.5%
社区工作者 专业化水平	城市社区工作者队伍大专及以上学历	3280	79.0%
	农村社区工作者队伍大专及以上学历	948	30.7%
	城市社区工作者队伍本科及以上学历	1719	41.4%
	农村社区工作者队伍本科及以上学历	247	8.0%

在度量城乡社区工作者队伍专业化水平的受教育程度方面，城市社区工作者队伍大专及以上学历者共3280人，占比79.0%，本科及以上学历者共1719人，占比41.4%；农村社区工作者队伍大专及以上学历者共948人，占比30.7%，本科及以上学历者共247人，占比8.0%。对比城乡社区工作者两组受教育水平数据可以发现，城乡社区工作者的受教育水平差异悬殊。这一方面是因为城市的教育资源更为丰富完善和集中，城市就业者的整体受教育程度较高，培养了大批专业的社区管理专业人才。城市社区工作者队伍调查数据显示，有35.8%的城市社区工作者具有社会工作的职业资格等级证书，其中包含了9.2%的当地社工员、17.0%的国家助理社工师、9.1%的中级社工师和0.6%的高级社工师，并且绝大多数拥有职业资格证书的城市社区工作者认为证书对工作有用。加之城市较农村更为优渥便捷的基础设施和生活条件，使城市社区工作者队伍自然吸引了诸多的专业型人才加入。另一方面，从城市社区工作者46.3%居住在本社区，农村社区工作者80.6%居住在村内的居住地类型可以发现，城市社区工作者大多为外来的高素质专业人才，而农村社区却留不住高学历的专业人才，导致农村社区工作者队伍专业化水平远低于城市。

二、城乡社区工作者队伍的工作认同差异

(一) 城乡社区工作者队伍的工作情况差异

首先，城乡社区工作者的任职动机均呈现出多元化分布态势，但主要影响因素却差异巨大。从主要任职动机上看，城市社区工作者主要考虑的前三位因素分别为工作能干事 (94.8%)、工作能开眼界 (84.7%) 和工作离家近能广交朋友 (81.7%)；农村社区工作者的主要影响因素分别为想为村民办点实事 (97.2%)、村民信任 (85.7%) 和发挥先锋模范作用 (75.3%)。对比城乡社区工作者队伍两大群体的主要任职动机可以发现其中的巨大差异：城市社区工作者选择从事社区工作岗位主要是出于自身便利和工作能够满足自身需求的考虑，因岗位服务性本质和服务对象等情怀因素选择社区工作岗位的成员较少；农村社区工作者选择担任社区工作岗位职责主要受到自身情怀内生动力和服务对象信任激励的影响。

其次，城乡社区工作者在任职和开展工作要求方面也存在若干差异点。关于入职和工作开展要求的调查结果如表 2-9 显示，城市社区工作者队伍 42.9% 的成员入职要求具备专业背景、82.1% 的成员入职包含了学历要求，同时在开展城市社区工作过程中，58.6% 的成员需要快节奏工作，93.3% 要求能够熟练使用办公软件；农村社区工作者队伍则仅有 23.6% 的成员入职要求具备专业背景、48.9% 的成员入职提出了相关学历要求，同时在农村社区工作开展过程中，有 76.4% 的成员需要快节奏工作，75.8% 要求能够熟练使用办公软件。这表明城市社区工作者队伍在人才入口关的专业背景、学历、使用办公软件等方面就已经提出了远高于农村社区工作者队伍的要求，由此显现城市社区工作者队伍的整体素质和工作能力水平远高于农村社区工作者队伍。此外城市社区工作者队伍在掌握工作节奏上具备天然的优势，达到 43.4% 的社区工作者能部分自主决定工作时间长短。

表 2-9　城乡社区工作者工作和职业认同差异情况

类型	城市社区工作者队伍		农村社区工作者队伍	
	工作能干事	94.8%	想为村民办点实事	97.2%
任职动机	工作能开眼界	84.7%	村民信任	85.7%
	离家近 & 广交朋友	81.7%	发挥先锋模范作用	75.3%

类型	城市社区工作者队伍		农村社区工作者队伍	
工作要求	具备专业背景	42.9%	具备专业背景	23.6%
	要求学历	82.1%	要求学历	48.9%
	快节奏工作	58.6%	快节奏工作	76.4%
	使用办公软件	93.3%	使用办公软件	75.8%
入职规范性	签订书面劳动合同	61.9%	签订书面劳动合同	19.2%
	参加岗前培训	83.6%	参加岗前培训	56.3%
履职依靠力量	联系社区社会组织	74.9%	自身能力	75.8%
	联系社区物业	77.2%	乡村能人	35.2%
	社区志愿者	72.5%	家族力量	6.8%
职业认同	每年几次身心俱疲	33.0%	从未身心俱疲	27.2%
	工作有价值	37.6%	工作有价值	43.1%
	有过换工作想法	44.2%	不想在村里工作	36.0%

再次，城乡社区工作者队伍在入职规范性方面的差异也较为显著。表2-9调查数据显示，城市社区工作者队伍61.9%的成员与街道办事处、区职能部门、社区组织等单位签订了书面劳动合同；然而，被调查的农村社区工作者队伍成员中仅有591人与用人单位签订了书面劳动合同，合同签订率仅为19.2%，与城市社区工作者相差甚远。此外，城乡社区工作者队伍正式上岗前的培训差距仍然显著：城市社区工作者队伍的岗前培训参加率能达到83.6%，而农村社区工作者队伍整体的岗前培训参加率仅有56.5%。由此得出，城市社区组织在书面劳动合同签订及岗前培训方面的表现均显著优于农村社区组织，入职程序更为规范、更有助于员工顺利进入工作角色和更充分保障社区工作者职业权益。

最后，在工作环境和履职依靠力量方面，城乡社区工作者队伍呈现出了各自的独特风格。城市社区居民积极配合社区80.0%及以上工作的居民约为总体居民的61.5%；农村社区村民对村"两委"持比较信任及以上态度的比例约为82.3%，村民对村组织决策持大部分拥护及以上态度的比例达85.4%。对比城乡社区工作者队伍工作信任及决策支持环境数据发现，农村社区的工作信任及决策支持环境明显强于城市社区，工作推进的沟通成本更低。此外，在城乡社区工作者履职依靠力量方面，城市社区工作者在工作中经常联系社区社会组织、物业、驻社区单位和社区志愿者等政府、市场和社会力量协助社区治理，如表 2-9 数据显示，在 1 至 10 个范围内的组织机构和 1 至 100 名范围内的社区志愿者联系率均超过了七成。农村社区工作者队伍社区工作的开展更多依靠除村民代表、"两委"班子和乡镇政府之外的自身（75.8%）、乡村能人（35.2%）和家族的力量（6.8%）。由此可以看出城乡社区的社会组织及志愿组织文化发育程度的巨大差异，城市社区工作者工作开展可以有力地借助社会力量支持，而农村社区因社会组织及志愿组织发育不足，工作开展更多依靠乡贤和社区工作者自身及其附属的权威资源。

（二）城乡社区工作者队伍的职业认同差异

城乡社区工作者的职业认同是其经历工作环节和形成工作印象后对职业作出的综合评价。城乡社区工作者工作经历调查数据显示，城市社区工作者队伍在工作中遇到过言语冲突、肢体冲突、羞辱和驳面子的比例普遍高于农村社区工作者队伍，比例在 3-12 个百分点不等。在工作感受方面，农村社区工作者在工作中感受到身心俱疲、时常要崩溃和提不起兴趣的情况均为完全不同意占据最大多数，而城市社区工作者每年有几次感受到身心俱疲占据了主流，较农村社区工作者主流态度高出 5.8%，此外，其对工作有价值的感受较农村低5.5%，有过换工作想法的成员比例也较农村社区工作者队伍高出 8.2%（见表2-9）。由此可以看出城市社区工作者队伍整体的职业认同水平略低于农村社区工作者队伍。

三、城乡社区工作者队伍的收入福利差异

城乡社区工作者队伍服务于我国城市与乡村的对应社区组织，当前社会固有的城乡二元结构不可避免地对城乡社区工作者的收入水平及其构成和福利待遇保障范围及其水平的巨大差异产生了影响（见表 2-10）。

表 2-10　城乡社区工作者队伍收入与福利差异情况

类型	城市社区工作者队伍		农村社区工作者队伍	
	3000 元及以下	44.7%	3000 元及以下	79.9%
收入水平	3000-4000 元	21.7%	3000-4000 元	21.7%
	4000 元以上	33.0%	4000 元以上	9.8%

续表

类型	城市社区工作者队伍		农村社区工作者队伍	
收入变化	近三年收入增加	55.1%	近三年收入增加	49.7%
	近三年收入下降	6.7%	近三年收入下降	3.0%
收入评价	收入满意	26.5%	收入满意	40.1%
	收入不满意	33.4%	收入不满意	21.6%
	薪酬合理	34.2%	薪酬合理	52.3%
	薪酬不合理	50.8%	薪酬不合理	27.8%
福利保障	法定节假日休假	89.9%	法定节假日休假	41.1%
	养老保险	88.3%	养老保险	38.6%
	医疗保险	84.7%	医疗保险	25.6%

（一）城乡社区工作者队伍的收入差异

城乡社区工作者队伍的收入水平调查数据显示，城市社区工作者月收入在三千元及以下所占比例为44.7%，三千至四千元范围内占比21.7%，四千元以上占比达到33%；农村社区工作者对应收入水平所占比例依次为79.9%、21.7%和9.8%。近三年来，城市社区工作者的加薪次数普遍在一至三次，比例达到63.6%，但仍有34.4%的城市社区工作者未曾加薪。从整体上看城乡社区工作者近三年的收入变化情况，城市社区工作者的收入增加者比例超过一半，达到55.1%，农村收入增加者比例为49.7%；但城市社区工作者收入下降者的比例（6.7%）却达到农村社区工作者收入下降者比例（3.0%）的两倍以上。在收入构成方面，城市与乡村社区工作者队伍由于所处的经济环境不同而呈现不同特色。城市社区工作者收入构成中创新性地设置了薪级制，应用率达39.4%；农村社区工作者则对应乡村经济发展在收入构成中设置了经济发展奖和分红制，应用率分别为5.0%和2.0%。由此可以看出，城市社区工作者的收入水平普遍高于农村社区工作者，其薪酬制度体系建设更具备绩效激励性，加薪的幅度也略大于农村社区，但同时城市社区工作者的绩效性收入竞争更为激烈。

此外，关于城乡社区工作者收入满意度和薪酬合理性的调查发现，城市社区工作者队伍对收入持满意态度的成员比例仅26.5%，持不满意态度的成员比例达33.4%；而农村社区收入满意者比例达40.1%，不满意者占21.6%，这表明城市社区工作者队伍的收入满意度显著低于农村社区工作者队伍。类比双方薪酬合理性数据，城市社区工作者评价当前薪酬合理的仅有34.2%的成员，评价不合理的却高达50.8%；农村社区工作者薪酬评价结果恰恰相反，认为薪酬合理的成员占比52.3%，不合理的占比27.8%。由此可以看出，我国城乡社区工作者队伍建设过程中，城乡社区工作者对其收入满意度和薪酬合理性水平的态度分化明显，农村社区工作者队伍的收入满意水平和薪酬合理水平显著高于城市社区工作者队伍。

（二）城乡社区工作者队伍的福利差异

根据城乡社区工作者队伍的福利待遇保障调查数据，城乡社区工作者队伍的福利差异主要表现在福利待遇项目类型的保障率差异及其保障受益范围差异。整体来看，城乡社区工作者队伍的福利体系比较完善、福利项目类型较多，但城市社区工作者的福利待遇类型更为明确细化，如城市社区在假期方面除法定节假日休假之外，进一步明确了探亲假、婚假、哺乳假和病假等内容，还设立了工作餐等福利项目。在福利保障受益覆盖范围方面，城市社区工作者队伍全部福利项目类型的保障受益范围均广于农村社区工作者队伍。其中，以双方保障程度较高的法定节假日休假这一福利项目为例，城市社区工作者队伍的保障范围达89.9%，而农村社区工作者队伍的保障范围仅有41.1%。由此可以发现，城乡社区工作者队伍在福利待遇项目类型的保障率和保障受益范围方面均存在着巨大的差异。

第三章　中国社区工作者队伍的选拔与任用

本章主要讨论中国社区工作者队伍的选拔任用状况，包括以下三个方面的内容：社区工作者队伍的选拔上岗、社区工作者队伍的晋升与流失、党建引领社区工作者队伍建设。

第一节　社区工作者队伍的选拔上岗

本节主要讨论我国城市和农村社区工作者队伍选拔上岗的状况，包括岗位的设置与规划、选拔的标准与程序、合同化管理状况，以及在社会治理下沉的新形势下如何进一步优化社区工作者队伍的选拔上岗机制。

一、社区工作者的岗位设置与规划

为了解我国城乡社区工作者的岗位设置和规划状况，本部分先对一般性的岗位设置进行介绍，重点选取深圳市、上海市、南通市崇川区三个城市进行分析。

（一）社区工作者岗位的一般设置

一般来说，城市的社区工作者岗位包括三种序列。第一种序列是社区党组织，包括社区党组织书记、副书记和委员，副书记和委员一般为多人，由党员选举产生；第二种序列是社区居委会，包括社区主任、副主任和委员，副主任和委员一般为多人，由有选举权的居民选举产生，社区"两委"一般交叉任职。第三种序列是专职社区工作者，由通过社会公开招考取得社区专职工作者执业资格的人员组成。

根据 2020 年民政部政策研究中心组织实施的"城市社区工作者调查"（以下简称"2020 年城市社区工作者调查"）数据显示，全国接受调查的 4154 名城市社区工作者中，有 1331 人是社区书记或主任，占总数的 32%；有 1495 人是社区"两委"成员（书记/主任除外），占总数的 36%；有 1328 人是专职社区工作者，占总数的 32%（见表 3-1）。

表 3-1　城市社区调查对象的职务结构

变量	频数（个）	频率（%）	有效百分比	累积百分比
社区书记或主任	1331	32.0	32.0	32.0
社区"两委"成员（书记/主任除外）	1495	36.0	36.0	68.0
专职社区工作者	1328	32.0	32.0	100.0
合计	4154	100.0	100.0	—

一般来说，农村的社区工作者岗位也基本上包括三种序列。第一种序列是农村党组织，包括党组织书记、副书记和委员，副书记和委员一般为多人，由党员选举产生；第二种序列是村民委员会，包括村委主任、副主任和委员，副主任和委员一般为多人，由有选举权的村民选举产生，村"两委"一般交叉任职。不少地区还会设置第三种序列，即村务监督委员会，负责村民民主理财，监督村务公开等制度的落实，其成员由村民会议或者村民代表会议在村民中推选产生。村监委会由主任、副主任和成员组成。按照《村民委员会组织法》第三十二条规定，"村民委员会成员及其近亲属不得担任村务监督机构成员"，大部分地区监委会成员的选定也按照此项回避制度实施，但也有部分地区的监委会主任是由"两委"成员担任的，如浙江省温岭市的监委会主任原则上由村党支部成员兼任，陕西省户县余下镇是由村支部的纪检委员兼任，陕西省部分地区并无回避制度。另外，有些地区也会给农村配备相应的专职社区工作者。

根据 2020 年民政部政策研究中心组织实施的"农村社区工作者调查"（以下简称"2020 年农村社区工作者调查"）数据显示，全国接受调查的 3084 名农村社区工作者中，有 935 人是村党组织书记、村委会主任，占总数的 30.3%；有 759 人是"两委"委员（书记/主任除外）兼会计和文书，占总数的 24.6%；有 831 人是"两委"委员（书记/主任除外，不兼会计和文书），占总数的 26.9%；有 286 人是专职会计或文书（非"两委"委员），占总数的 9.3%；有 273 人是监委会成员，占总数的 8.9%（见表 3-2）。

表 3-2 农村社区调查对象的职务结构

变量	频数（个）	频率（%）	有效百分比	累积百分比
村党组织书记、村委会主任	935	30.3	30.3	30.3
"两委"委员（书记/主任除外），兼会计和文书	759	24.6	24.6	54.9
"两委"委员（书记/主任除外），不兼会计和文书	831	26.9	26.9	81.9
非"两委"委员，专职会计或文书	286	9.3	9.3	91.1
监委会成员	273	8.9	8.9	100.0
合计	3084	100.0	100.0	—

（二）深圳市社区工作者岗位设置

作为创新城市，深圳在社区治理工作上作出了重要的探索。在社区工作者的岗位设置方面，深圳突破常规，采取了"1+3+N"的全新模式。其中，"1"指的是社区综合党委（联合党委总支），主要负责综合领导社区的治理改革等一系列的任务；社区综合党委所设置的岗位，并不直接参与到社区治理的具体事务中。

"3"指的是社区居委会、社区工作站和社区服务中心。在采取"1+3+N"新模式之后的深圳，社区居委会摆脱职能混乱的状态，全力发挥应有的自治功能。在"议行分设"原则的指导下，深圳率先设立了社区工作站的制度，由其来承接政府的部分工作（主要是行政类事务，比如综合管理、计生、社保等），从而将社区居委会"解放出来"，真正回归居民自治，成为广大居民进行意见交流的窗口。在社区居委会和社区工作站的基础上，还设立了社区服务中心，主要是给当地社区的居民提供公共服务，比如负责政府资助或购买的社区助老、助残等基本公共服务。

"N"指的是各类社会组织和驻辖区企事业单位。整体来说，"1+3+N"治理模式的核心理念就是以社区党组织为核心、社区多元主体为依托，多元互动、多主体参与、共建共享，进而实现在社区里政府治理和社会自我调节、居民自治的良性互动。

在"1+3+N"的治理体系中,社区工作者是在"1"和"3"之中。在党组织层面,主要岗位包括书记、副书记和委员;在居委会层面,主要岗位包括主任、副主任和委员;在社区工作站层面,主要岗位包括站长和相关的工作人员。其中,社区工作站具有重要的职能。

一般来说,社区工作站是街道办事处派驻到社区的工作机构,承担着上级政府及街道办事处在社区的各项工作和公共服务职能。在社区治理模式改革中,深圳为了保证居民委员会的自治功能,把不属于居民委员会工作职责的行政性工作分离出来,交给社区工作站来统一执行。由此,进一步理顺了政府依法行政和社区居委会依法自治的关系,充分发挥了政府管理与社区自治在城市建设和社区治理中的作用。

从性质上讲,社区工作站是一种新型组织形态,主要职能是协助政府及有关职能部门开展行政性服务和社会化服务工作。某种意义上讲,是"政府职能向社会转移"的一种模式。自从 2005 年 2 月深圳率先设立第一家社区工作站以来,到现在深圳的社区工作站已经遍布各个角落,成为深圳社区治理的核心力量之一。

社区服务中心在社区工作站之下设立,一般也属于全额拨款的事业单位。社区服务中心的主要职能包括承接公共服务、组织公益服务、指导社区服务、协助推进社区义工队伍建设及建立相关的联动机制等。此外,它还承担着社区服务信息网和社区服务热线的管理和服务工作。从深圳大部分的社区来看,社区服务中心的工作一般是由社工机构来承接,后者通过派遣一线社工入驻社区的方式开展工作。社工机构承接并提供服务的社区服务中心,一般都是采用社会工作的专业方法,比如个案、小组、社区等。

以深圳某社区为例,在该社区设立的社区服务中心是由 4 名一线社工和两名行政人员构成的,平常的时候他们主要针对社区居民的需要开展一些大型活动,比如在端午节开展包粽子活动,在重阳节组织居民开展登山活动。社工也会利用其专业方法在社区内寻找有需求的个案对象,比如为高龄老人提供探访服务,给社区赋闲在家的妇女开展相关的课程学习等。在这个过程中,社工将其专业价值融入社区工作之中,努力为社区居民提供更多优质的社区服务。

(三)上海市社区工作者岗位设置

上海在开展镇街改革之后,成立了新的社区工作者事务所,对社区工作者进行统一管理。新的社区工作者指的是在街镇公共事务岗位直接从事社区服务和管理，由各街镇财政承担全部经费保障和统一管理使用的就业年龄段全日制工作人员。具体来说，主要包括以下岗位人员：

（1）居民区就业年龄段的全日制工作人员，包括居民区党组织成员（居民区党组织书记除外，副书记以下<含主持工作>）、居民委员会成员、未进"两委"班子的各条线专职工作人员（协管员队伍除外）。

（2）各街镇所属的各种"中心"，包括街镇的社区事务受理服务中心、社区文化活动中心、城市网络化综合管理中心、社区党建服务中心、社区综治中心人员。

一般来说，社区工作者配备的人数根据社区面积、人口数量、管理幅度、居民区规模和工作需要来核定，并实行总量调控，对不同类别的社区工作者分类确定。具体做法如下：

（1）每个居民区一般配备4-9名社区工作者，超过2000户的居民区，每多400户可增配1名社区工作者。

（2）对各街镇的"中心"，则根据中心窗口业务受理量和人口规模，合理确定社区工作者的额度。

（3）各居民区聘用退休人员，原则上年龄不得超过65周岁，聘用岗位为居民委员会主任、副主任和委员。

根据基层组织承担的工作职责和具体事务，社区工作者的岗位可以分为负责人、主管和工作人员三大类。负责人主要是指党组织书记、居民委员会主任、未列入事业编制的各中心主任（含常务）、"两委—中心"的负责人。主管主要是指居民区党组织副书记、居民委员会副主任、街镇各"中心"副职、"两委—中心"副职。工作人员主要是指负责人、主管以外的其他普通工作人员。

（四）南通市崇川区岗位设置情况

南通市崇川区在社区工作者的队伍建设上作出了重要的探索。崇川区坚持将社区工作者队伍纳入干部人才队伍建设的总体规划之中，拓宽渠道，选贤任能，为夯实社区治理奠定了良好的组织基础。具体做法包括以下两个方面：

1. 多元化配强头雁

社区党组织书记是社区工作者队伍的领头雁，选优配强头雁具有引领性的作用。崇川区以"双强"为目标，规范选任流程，通过"四个一批"配强社区党组织书记："内提"一批社区优秀党员干部中的能人，"流转"一批邻里支部书记中的优秀年轻党员，"外引"一批社区"大党委"中的优秀兼职委员，"选派"一批区、街道机关优秀中青年干部。崇川区建立了社区党组织书记备案管理制度，坚持能上能下、动态调整，切实激活了社区书记这一支队伍，真正实现"选准一个人、带好一班人"。据调查，崇川区106名社区党组织书记平均年龄低于45岁，其中1名为街道班子成员，4名为市聘大学生村官，16名为机关事业编制优秀中青年干部。

2. 标准化配足力量

社区工作者被称为是"小巷总理""马路市长"，他们是离居民最近的服务主体。党和政府部署的各项工作，最终都要落在社区工作者身上。崇川区通过建立社区工作者员额管理制度，界定了社区工作者的内涵，明确了他们的专门序列，使得社区工作者获得了应有的身份和地位。与此同时，崇川区结合社区改革，定岗定额配足社区工作者。具体来说，居民区社区按照"7+N"来配备，即主责社区工作者4名+全科社区工作者3名+邻里社区工作者若干名；单位型社区按照"2+3"来配备，即主责社区工作者2名+全科社区工作者2名和邻里社区工作者1名。调研发现，2015~2018年，崇川区累计招聘专职社区工作者500多名，他们都活跃在基层一线，成为社区治理的骨干力量。

二、社区工作者的选拔程序与标准

对于社区工作者选拔使用的程序，各地的差别不大。一般都是要经过公告、报名、笔试、面试、体检、政审、公示等几个程序。实践表明，这样的招聘程序具有较好的规范性和科学性，对于应聘者的考察也比较全面，能够较好地反映出应聘者的综合素质。

（一）城市社区工作者的选拔任用标准

根据"2020年城市社区工作者调查"，我们可以从专业背景、年龄、性别、政治面貌、工作经历、学历、健康情况等方面考察全国层面城市社区工作者选拔使用的标准。

调查数据显示，全国接受调查的4154名社区工作者中，有1783名反映入职社区工作时要求必须具备相应的专业背景，占到总数的42.9%；有2367名则反映不需要具备相应的专业背景，占到总数的 57%（见表 3-3）。可见，大多数地方对于社区工作者的专业背景并没有特别的限定要求。

表 3-3　入职社区工作时是否要求专业背景

变量	频数（个）	频率（%）	有效百分比	累积百分比
不知道	4	0.1	0.1	0.1
是	1783	42.9	42.9	43.0
否	2367	57.0	57.0	100.0
合计	4154	100.0	100.0	—

调查数据显示，全国接受调查的 4154 名社区工作者中，有 2784 名反映入职社区工作时需符合相应的年龄要求，占到总数的 67%（见表 3-4）。可见，大多数地方对于社区工作者的年龄有特别的限定要求。一般来说是不得高于某个年龄段，这与整体上人才队伍建设对于年轻化的考量有关。

表 3-4　入职社区工作时是否要求年龄

变量	频数（个）	频率（%）	有效百分比	累积百分比
是	2784	67.0	67.0	67.0
否	1370	33.0	33.0	100.0
合计	4154	100.0	100.0	—

调查数据显示，全国接受调查的 4154 名社区工作者中，只有 298 名反映入职社区工作时要求满足相应的性别条件，占到总数的 7.2%（见表 3-5）。可见，大多数地方对于社区工作者的性别并没有特别的限定要求。

表 3-5　入职社区工作时是否要求性别

变量	频数（个）	频率（%）	有效百分比	累积百分比
不知道	1	0.0	0.0	0.0
是	298	7.2	7.2	7.2
否	3855	92.8	92.8	100.0
合计	4154	100.0	100.0	—

调查数据显示，全国接受调查的 4154 名社区工作者中，有 1244 名反映入

职社区工作时对政治面貌有所要求，占到总数的 29.9%（见表 3-6）。可见，大多数地方对于社区工作者的政治面貌并没有特别的限定要求。

表 3-6 入职社区工作时是否要求政治面貌

变量	频数（个）	频率（%）	有效百分比	累积百分比
不知道	1	0.0	0.0	0.0
是	1244	29.9	29.9	30.0
否	2909	70.0	70.0	100.0
合计	4154	100.0	100.0	—

调查数据显示，全国接受调查的 4154 名社区工作者中，有 1575 名反映入职社区工作时要求必须具备相应的工作经历，占到总数的 37.9%；有 2571 名则反映不需要具备相应的工作经历，占到总数的 61.9%（见表 3-7）。可见，大多数地方对于社区工作者的工作经历并没有特别的限定要求。

表 3-7 入职社区工作时是否要求工作经历

变量	频数（个）	频率（%）	有效百分比	累积百分比
不知道	8	0.2	0.2	0.2
是	1575	37.9	37.9	38.1
否	2571	61.9	61.9	100.0
合计	4154	100.0	100.0	—

调查数据显示，全国接受调查的 4154 名社区工作者中，有 3412 名反映入职社区工作时要求必须具备相应的学历条件，占到总数的 82.1%（见表 3-8）。可见，大多数地方对于社区工作者的学历条件都有特别的限定要求。这可能与整体上人才队伍建设对于高学历的追求有关。

表 3-8 入职社区工作时是否要求学历

变量	频数（个）	频率（%）	有效百分比	累积百分比
不知道	1	0.0	0.0	0.0
是	3412	82.1	82.1	82.2

续表

变量	频数（个）	频率（%）	有效百分比	累积百分比
否	741	17.8	17.8	100.0
合计	4154	100.0	100.0	—

调查数据显示，全国接受调查的4154名社区工作者中，有3685名反映入职社区工作时要求必须具备健康的条件，占到总数的88.7%（见表3-9）。可见，大多数地方对于社区工作者的健康条件都有明确的限定要求。

表3-9　入职社区工作时是否要求健康

变量	频数（个）	频率（%）	有效百分比	累积百分比
不知道	1	0.0	0.0	0.0
是	3685	88.7	88.7	88.7
否	468	11.3	11.3	100.0
合计	4154	100.0	100.0	—

（二）农村社区工作者的选拔任用标准

根据"2020年农村社区工作者调查"，我们可以从政治面貌、专业背景、年龄、性别、学历、健康情况、工作经历、户籍等方面考察全国层面农村社区工作者选拔使用的标准。

调查数据显示，全国接受调查的3084名农村社区工作者中，有1643名反映成为村干部要求必须具备相应的政治面貌，占到总数的53.3%；有1429名则反映不需要具备相应的政治面貌，占到总数的46.3%（见表3-10）。可见，很多地方对于农村社区工作者的政治面貌有特别的限定要求。

表3-10　成为农村社区工作者是否要求政治面貌

变量	频数（个）	频率（%）	有效百分比	累积百分比
是	1643	53.3	53.3	53.3
否	1429	46.3	46.3	99.6
不清楚	12	0.4	0.4	100.0
合计	3084	100.0	100.0	—

调查数据显示，全国接受调查的 3084 名农村社区工作者中，有 729 名反映成为村干部要求必须具备相应的专业背景，占到总数的 23.6%；有 2338 名则反映不需要具备相应的专业背景，占到总数的 75.8%（见表 3-11）。可见，绝大多数地方对于农村社区工作者的专业背景并没有特别的限定要求。

表 3-11 成为农村社区工作者是否要求专业背景

变量	频数（个）	频率（%）	有效百分比	累积百分比
是	729	23.6	23.6	23.6
否	2338	75.8	75.8	99.4
不清楚	17	0.6	0.6	100.0
合计	3084	100.0	100.0	——

调查数据显示，全国接受调查的 3084 名农村社区工作者中，有 1473 名反映成为农村社区工作者要求必须满足相应的年龄条件，占到总数的 47.8%；有 1602 名则反映不需要，占到总数的 51.9%（见表 3-12）。可见，很多地方对于农村社区工作者的年龄条件是有特别的限定要求的。

表 3-12 成为农村社区工作者是否要求年龄

变量	频数（个）	频率（%）	有效百分比	累积百分比
是	1473	47.8	47.8	47.8
否	1602	51.9	51.9	99.7
不清楚	9	0.3	0.3	100.0
合计	3084	100.0	100.0	——

调查数据显示，全国接受调查的 3084 名农村社区工作者中，有 332 名反映成为农村社区工作者有相应的性别要求，占到总数的 10.8%；有 2747 名则反映不需要，占到总数的 89.1%（见表 3-13）。可见，绝大多数地方选任农村社区工作者对于性别并无限定要求。

表 3-13 成为农村社区工作者是否要求性别

变量	频数（个）	频率（%）	有效百分比	累积百分比
是	332	10.8	10.8	10.8
否	2747	89.1	89.1	99.8

变量	频数（个）	频率（%）	有效百分比	累积百分比
不清楚	5	0.2	0.2	100.0
合计	3084	100.0	100.0	—

调查数据显示，全国接受调查的3084名农村社区工作者中，有1507名反映成为农村社区工作者有相应的学历要求，占到总数的48.9%；有1569名则反映不需要，占到总数的50.9%（见表3-14）。可见，很多地方选拔农村社区工作者，对于学历是有特别的限定要求的。

表3-14 成为农村社区工作者是否要求学历

变量	频数（个）	频率（%）	有效百分比	累积百分比
是	1507	48.9	48.9	48.9
否	1569	50.9	50.9	99.7
不清楚	8	0.3	0.3	100.0
合计	3084	100.0	100.0	—

调查数据显示，全国接受调查的3084名农村社区工作者中，有2521名反映成为农村社区工作者有相应的健康要求，占到总数的81.7%；有555名则反映不需要，占到总数的18%（见表3-15）。可见，绝大多数地方在选任农村社区工作者时对健康有明确的要求。

表3-15 成为农村社区工作者是否要求健康

变量	频数（个）	频率（%）	有效百分比	累积百分比
是	2521	81.7	81.7	81.7
否	555	18.0	18.0	99.7
不清楚	8	0.3	0.3	100.0
合计	3084	100.0	100.0	—

调查数据显示，全国接受调查的3084名农村社区工作者中，有1582名反映成为农村社区工作者有相应的从业经验要求，占到总数的51.3%；有1481

名则反映不需要，占到总数的48%（见表3-16）。可见，半数以上的地方对选任农村社区工作者，在从业经验方面有明确要求。

表3-16　成为农村社区工作者是否要求从业经验

变量	频数（个）	频率（%）	有效百分比	累积百分比
是	1	0.0	0.0	0.0
否	1582	51.3	51.3	51.3
不清楚	1481	48.0	48.0	99.4
合计	3084	100.0	100.0	—

调查数据显示，全国接受调查的3084名农村社区工作者中，有1561名反映成为农村社区工作者有相应的户籍要求，占到总数的50.6%；有1495名则反映不需要，占到总数的48.5%（见表3-17）。可见，有半数的地方对选任农村社区工作者在户籍上有明确要求。

表3-17　成为农村社区工作者是否有户籍限制

变量	频数（个）	频率（%）	有效百分比	累积百分比
是	1561	50.6	50.6	50.6
否	1495	48.5	48.5	99.1
不清楚	28	0.9	0.9	100.0
合计	3084	100.0	100.0	—

（三）社区工作者选拔任用的两个案例

从整体上来看，除了普遍对年龄、学历、健康有限定性的要求之外（并且不是每个地方都有这些要求），我国社区工作者队伍的选拔聘用并没有太高的门槛。

以广东惠州市某街道为例，该街道在社区工作者招聘环节采用的是换届选举及由街道招聘合同工然后分派到各社区两种方式。原来已经在社区工作的社区工作者通过换届选举的方式决定是否能继续连任，而新进的社区工作者，则是通过街道办招聘分派到各社区。对于新招聘的社区工作者，该街道办并未对特定的年龄、性别及专业做相关的规划及设定，仅对学历设置门槛，要求新进入社区的工作者必须要有大专及以上文凭。在社区工作者的配置方面，首先是以户籍作为分配到各社区的决定因素，其次则是根据年龄、性别来综合考虑把人员安排到不同的社区。而对于学历、专业、经验等则没有被纳入考虑的因素中。

再来看看长春市某社区招聘社区工作者的情况。该社区的招聘途径主要有两种，第一种是由区人社局统一招聘社区公益性岗位，招聘条件一般情况下为：持有本地非农业户口，学历初中及以上，年龄要求为女性18至49周岁，男性为18至59周岁，有劳动能力和就业愿望的就业困难人员，同时具备办公软件操作能力。此外还需具备以下条件之一：一是下岗失业人员；二是享受最低生活保障并且已经失业1年以上人员；三是零就业的家庭成员；四是大龄失业人员。第二种招聘途径是由各区直部门组织招聘社区专干，一般招聘条件由招聘单位制定。但一般情况来说，社区工作者的招聘条件，对于年龄、学历要求较为宽松，对于性别以及专业没有任何限制条件，由此可见社区工作者招聘条件的限制少，要求较低。

三、社区工作者的合同化管理状况

从"2020年城市社区工作者调查"的数据来看，在全国4154名接受调查的社区工作者当中，有2573名签订了劳动合同，占总数的61.9%，还有38%的社区工作者未签订劳动合同，可见合同化管理的工作还有待进一步提升（见表3-18）。

表3-18 城市社区工作者是否签订劳动合同

变量	频数（个）	频率（%）	有效百分比	累积百分比
不知道	3	0.1	0.1	0.1
是	2573	61.9	61.9	62.0
否	1578	38.0	38.0	100.0
合计	4154	100.0	100.0	—

从"2020年农村社区工作者调查"的数据来看，在全国3084名接受调查的社区工作者当中，有591名签订了劳动合同，占总数的19.2%。还有80.4%的社区工作者未签订劳动合同（见表3-19）。可见，相对于城市社区工作者，农村社区工作者合同化管理的工作才刚刚起步。

在签订了劳动合同的城市社区工作者中，跟街道办事处签订合同的有1607人，占总数的38.7%；跟区职能部门签订合同的有234人，占总数的5.6%；跟社区组织签订合同的有331人，占总数的8%；跟其他单位签订合同的有390人，占总数的9.4%，另外还有11人不知道自己跟哪个单位签订了合同（见表3-20）。整体来说，社区工作者的合同管理需要进一步规范，合同签订主体需要明确，否则不利于对社区工作者的统一管理。

表3-19 农村社区工作者是否签订劳动合同

变量	频数（个）	频率（%）	有效百分比	累积百分比
不知道	15	0.5	0.5	0.5
是	591	19.2	19.2	19.6
否	2478	80.4	80.4	100.0
合计	3084	100.0	100.0	—

表3-20 城市社区工作者劳动合同签订单位

变量	频数（个）	频率（%）	有效百分比	累积百分比
不适用	1581	38.1	38.1	38.1
不知道	11	0.3	0.3	38.3
街道办事处	1607	38.7	38.7	77.0
区职能部门	234	5.6	5.6	82.6
社区组织	331	8.0	8.0	90.6
其他	390	9.4	9.4	100.0
合计	4154	100.0	100.0	—

2000年，民政部颁布了《关于在全国推进城市社区建设的意见》，提出加强社区工作者队伍建设，"要采取向社会公开招聘、民主选举、竞争上岗等办法，选聘社区居委会干部，努力建立一支专业化、高素质的社区工作者队伍"。按照这一规定，各地纷纷掀起社会化招聘专职社区工作者的热潮。在这一背景下，尽管居委会仍旧沿用着"基层群众性自治组织"的表述，但作为居委会成员的社区工作者的身份构建，则出现了明显变化。

以杭州市为例，2008年当地启动了社区党组织、居民委员会、公共服务工作站"三位一体"的社区管理模式改革，规定社区工作者交叉任职、一岗多能，承担社区管理和服务的双重角色。在组织归属上，社区工作者不仅仅是"基层群众性自治组织"内居民利益的代言人，同时还是地方政府设定的协助政府完成大量行政管理事务的"在编人员"，政府逐步完成了对社区工作者身份的行政吸纳。

合同化管理除了表现在政府通过合同的方式来招聘社区工作者，使其成为某种意义上政府的"在编人员"；另一方面，还体现在政府对社区服务的购买上。以深圳市为例，在其社区建设过程中、社区服务中也以政府招标的形式外包给社工机构。社工机构派遣社工及行政人员入驻社区内部，以社区为办公基地，服务社区，开展社区活动。

四、治理重心下移的选拔任用模式

随着经济社会的发展，人民群众对公共服务的要求越来越高，特别是在便民服务的追求上。为了回应民众的这些需求，近年来从中央到地方都在大力推行社会治理重心下移的改革。在这样的背景下，社区治理体制也出现了重大变革，从而形成社区工作者选拔使用的不同模式。大致来说，主要有以下四种模式。

（一）垂直整合模式

在国家严控正式编制的约束下，一些地方政府部门一般都是招聘"协管员"等临时工从事辅助职能。为了更有效地开展社区治理、服务社区居民，上级政府职能部门纷纷在社区建立自己的"腿"，即条条专属队伍。这种垂直整合模式在实践中可能出现以下后果：第一，单一部门人力资源不足和社区总的人力资源过剩并存。一般而言，一个条线部门在社区最多设置1-2名协管员，面对那些大规模的居民社区，往往显得人手不够用，穷于应付。另外一方面，由于单一条线的工作并不是每天都有，所以就会导致工作忙的时候人手严重不足，而大部分日常时间不太忙的时候则劳动力利用密度较低，造成劳动力资源的闲置。其二，垂直部门多头管理，重复采集信息，会干扰居民的生活。因为每一个部门只负责自己条线的工作，面对同一社区的居民，不同的部门只摸排、采集本条线所需要的信息或问题，结果每个居民都要频繁遇到不同部门的"工作"。

（二）契约外包模式

"契约外包"模式是指将政府职能部门转移至社区的辅助职能，从社区居委会剥离，通过政府购买服务的方式外包给社会组织。由于对社区行政辅助职能的履行，具有一定的政治属性和治理风险，所以这种契约外包的模式并没有被大多数城市政府所广泛接纳，只是少数地方政府为了探索而进行治理创新试验。将行政职能通过契约外包给社会组织，本质上属于民事合同行为，政府只能基于合同来管理约束承包者。同时，作为民办非企业法人的社会组织，具有可退出性和解体性，这对于具有政治属性的治理活动而言存在一定的风险。不像西方某些国家的地方政府承担的只是有限责任，可以宣布"破产"，我国的地方政府没有退出权，需要承担兜底责任。因此，这种契约外包的模式很难有效推广。

（三）社区工作站模式

"社区工作站"模式，指的是政府职能部门转移给社区的辅助职能，从社区居委会中剥离，转交给新设立的社区工作站来负责承接，典型的就是深圳市的"居站分离"模式。在"居站分离"模式下，新成立的社区工作站专门执行政府交办事务，人员也由政府聘任产生，而居委会则是由社区居民直选产生，实行属地化与志愿化，希望借此找回居委会的自治功能。"居站分离"改革的目标是实现"行政的归行政，自治的归自治"的理论目标。深圳模式在实践中虽然实现了社区居委会去行政化的目的，但是正如前文所言，该模式也产生了居委会的"边缘化"后果。另外，社区治理中不仅多元组织之间的交易成本上升，而且治理效能降低。事实上，深圳市近年来也开始向居站合一的传统"一元化"治理回归。

（四）居委会强化模式

居委会强化模式指的是政府职能部门将部分辅助职能转移给社区居委会来负责，增强居委会的行政功能。相较于垂直整合模式，居委会强化模式将分散的"条条垂管"转变为由社区居委会"块块统管"。这种模式在社区治理中具有如下优势：第一，缓解了社区管理单一部门人力资源不足与总体人力资源过剩的矛盾。因为社区工作者之间"分工不分家"，事务量多寡不同的条线工作可以搭配进行，当某一社区工作者负责的条线工作无力完成时，由社区"一把手"统筹安排，其他社区工作者都可以一起帮忙。第二，可以利用社区居委会对居民相对熟悉的信息优势以及综合性管理的内部信息共享机制，减少分散的条条垂管模式下的多头重复采集信息、信息区隔等扰民问题。第三，由志愿者和正式付酬人员组成的治理机制，要比仅仅使用正式付酬人员的治理机制的行政成本低很多。社区在居委会干部的动员培育下，很容易形成一支以社区楼栋长和文体活动骨干等为代表的积极分子队伍，他们是非常重要的社区治理力量。

相较而言，居委会强化模式可能是治理相对有效、风险相对较低的一种改革方向。未来社区工作者的选拔使用，可以考虑采取这种模式。

第二节　社区工作者队伍的晋升与流失

上一节主要讨论社区工作者如何进入社区，这一节将主要讨论社区工作者进入社区之后的发展状况，主要包括向上晋升和向外流失的状况。

一、社区工作者队伍的晋升状况

（一）全国层面的晋升调查情况

在任何工作岗位上，要留住优秀的人才，除了有吸引力的薪酬待遇，最重要的是要有通畅的晋升发展渠道，这一点在社区工作中同样重要。如果缺乏顺畅的晋升机制和发展渠道，社区工作者无论工作年限多长，工作成绩多么优秀，都无法获得晋升的机会，必然会导致社区工作者在工作几年后就产生消极情绪：不愿多做工作，更不主动学习培训，对于政府提供的培训课程也只是去走过场。同时，缺乏顺畅的晋升机制也无法吸引学历高、经验丰富、具有专业技能的人才加入社区工作者队伍中来，即使是刚毕业的大学生进入社区工作，也仅仅是把它当成跳板，进来之后也会通过参加事业单位或者公务员考试换到其他单位工作。

调查发现，上述这种状况在当前的社区工作中比较普遍。以某社区为例，该社区的支部书记担任了二十多年的社区书记、主任，其工作能力强、素质高，被大家称为"金牌书记"，可即使他再优秀，也无法向上晋升到街道办或者其他政府部门；而对于普通的社区工作者，不但没有晋升的渠道，甚至连到其他社区交叉任职的机会都没有，大多数社区工作者从入职到退休都在同一个社区，甚至是同一个岗位。

正因如此，亟需国家重新诠释社区工作者身份认同的话语规则，其中一项重要的举措就是打通社区工作者在社区内外的晋升通道。

近年来，不少地方政府以定向招录、破格选拔、体制纳编等方式，试图打破身份流动壁垒，将一部分优秀的社区工作者纳入国家正式的科层体系中。其中，定向录用是在公务员、事业编招考中将社区工作者身份作为核心报考资格；破格选拔是指设置一定领导岗位，面向社区工作者择优选聘；体制纳编是将就业年龄段内社区党组织书记纳入事业编进行管理。这些以打通社区工作者职业发展体制内外通道为主要特色的地方探索，在很大程度上强化了社区工作者的身份认同，有利于保持社区工作者的稳定性和吸引优秀人才投身社区治理。

根据"2020年城市社区工作者调查"的数据，在全国范围4154名接受调查的社区工作者当中，有3037人反映所在地区实行了干部选拔优选政策，即在干部选拔过程中优先照顾优秀的社区工作者，占到总数的73.1%（见表3-21）。可见，通过干部选拔优选政策来给基层的社区工作者提供晋升途径，已经成为各地的普遍共识。

表3-21　城市社区工作者所在地区是否实行干部选拔优选政策

变量	频数（个）	频率（%）	有效百分比	累积百分比
拒绝回答	1	0.0	0.0	0.0
不知道	95	2.3	2.3	2.3
是	3037	73.1	73.1	75.4
否	1021	24.6	24.6	100.0
合计	4154	100.0	100.0	—

根据"2020年城市社区工作者调查"的数据，在全国范围4154名接受调查的社区工作者当中，对于"单位是否提供晋升机会"这一问题，有213人表示"非常不同意"，有263人表示"比较不同意"，有273人表示"有点不同意"，合计有749人表示不同意，占总数的18%。有869人表示"有点同意"，1643人表示"比较同意"，883人表示"非常同意"，合计有3395人表

示同意，占总数的 81.7%（见表 3-22）。可见，多数的社区工作者认为所在单位能够为其发展提供晋升机会。

表 3-22　城市社区工作者单位是否提供晋升机会

变量	频数（个）	频率（%）	有效百分比	累积百分比
拒绝回答	5	0.1	0.1	0.1
不知道	5	0.1	0.1	0.2
非常不同意	213	5.1	5.1	5.4
比较不同意	263	6.3	6.3	11.7
有点不同意	273	6.6	6.6	18.3
有点同意	869	20.9	20.9	39.2
比较同意	1643	39.6	39.6	78.7
非常同意	883	21.3	21.3	100.0
合计	4154	100.0	100.0	—

根据"2020 年农村社区工作者调查"的数据，在全国范围 3084 名接受调查的社区工作者当中，对于"晋升渠道是否合理"这一问题，有 45 人表示"非常不合理"，有 212 人表示"有些不合理"，合计有 257 人表示不合理，占总数的 8.4%。有 760 人表示"基本合理"，占总数的 24.6%。有 1392 人表示"合理"，665 人表示"非常合理"，合计有 2057 人表示合理，占总数的66.7%，如果加上"基本合理"的人数，则达到 91.3%（见表 3-23）。可见，相比于城市社区，有更多的农村社区工作者认为所在单位的晋升渠道合理。

表 3-23　农村社区工作者晋升渠道是否合理

变量	频数（个）	频率（%）	有效百分比	累积百分比
不知道	10	0.3	0.3	0.3
非常不合理	45	1.5	1.5	1.8
有些不合理	212	6.9	6.9	8.7
基本合理	760	24.6	24.6	33.3
合理	1392	45.1	45.1	78.4
非常合理	665	21.6	21.6	100.0
合计	3084	100.0	100.0	—

根据"2020年农村社区工作者调查"的数据，在全国范围3084名接受调查的社区工作者当中，对于"村组织吸纳人才工作评价"这一问题，有2667人表示"科学且公正"，占总数的86.5%。有211人表示"不科学但公正"，占总数的6.8%；有80人表示"科学但不公正"，占总数的2.6%；有58人表示"不科学不公正"，占总数的1.9%（见表3-24）。可见，绝大多数的农村社区工作者对村组织吸纳人才的科学性和公正性持肯定态度。

表3-24　农村社区工作者对村组织吸纳人才工作的评价

变量	频数（个）	频率（%）	有效百分比	累积百分比
拒绝回答	1	0.0	0.0	0.0
科学且公正	2667	86.5	86.5	86.5
不科学但公正	211	6.8	6.8	93.4
科学但不公正	80	2.6	2.6	95.9
不科学不公正	58	1.9	1.9	97.8
不清楚	67	2.2	2.2	100.0
合计	3084	100.0	100.0	—

（二）地方层面的晋升创新实践

以下将通过地方实践案例，探讨地方层面社区工作者晋升实践的创新路径。

2018年4月，镇江市京口区初步建立了社区工作者的职业发展体系。第一，根据基层组织承担的工作职责和具体事务情况，合理地设置岗位，将社区工作者分为社区正职、副职、普通工作员三类岗位。各岗位按照不同的工作年限、受教育程度、相关专业水平等设置了不同等级。在岗位不变的情况下，随着工作年限的增加、工作能力的提高等，工作等级可逐步晋升。目前，共有十八个等级，每三年晋升一个等级，普通工作人员可从1级升至最高12级，社区副职可从最低4级升至15级，而社区正职级别范围为7-18级。社区工作者的岗位等级与基本工资的系数相对应，最高的18级，可享受最低基本工资1.5倍的薪酬待遇。

在京口区，针对本科生及以上较高学历的社区工作者，还可以在本岗位等级范围内提高一定的等级。相同工作年限的社区工作者，本科可提高1级，硕士研究生可提高 2 级，博士研究生可提高 3 级。同时，考取全国助理社会工作师可在原有等级基础上提高 1 级，考取全国社会工作师可提高 3 级，根据受教育程度及相关专业水平等级，最高可提高 4 级。

截至 2019 年年初，京口区总共有 166 名社工纳入职业化管理体系，其中社区正职、副职、普通工作人员的月基本报酬分别达到 4263 元、3695 元、3150 元，同比分别平均增长 14.3%、11.8%、9.6%，最高分别增长 65.5%、33%、33%。采取职业化管理体系之后，2018 年社区工作者在基层解决"棘手问题"达 1430 余件，全区上访总量同比下降 52%。

与此同时，京口区还加大从优秀社区工作者中发展党员、选拔人才的力度，积极推荐优秀社区工作者担任各级党代表、人大代表和政协委员。近年来，京口区面向优秀社区工作者定向招录公务员 9 人；将 8 个街道（园区）党建服务中心按照正股级事业单位管理，选配 22 名全额拨款事业编制人员；2 名优秀社区党组织书记享受副科级待遇；55 名在社区工作的大学生村官进入公务员和事业编制；担任本届区党代表、人大代表、政协委员的优秀社区工作者分别达 32 人、25 人、2 人。

类似地，湖北省武汉市委办公厅、市政府办公厅在 2020 年印发的《武汉市社区工作者管理办法》，明确将社区工作者分为四类岗位：社区正职、副职、委员、社区干事；共 18 级岗位等级序列：社区干事 1—12 级，委员 3—14 级，副职 5—16 级，正职 7—18 级，对应"社区干事—社区'两委'委员—社区'两委'副职—社区正职"的晋升链条。

此外，武汉市还打通了优秀社区工作者进入公务员队伍和事业单位的通道。上述《办法》明确要求，各区每年分别拿出 20% 左右的街道（乡镇）公务员职位、基层事业单位管理岗位的招录和招聘计划，定向考录、招聘社区工作者。《办法》提出等级晋升与年度考核结果挂钩，从而打破社区工作岗位的"天花板"。表现特别突出的，可通过面试和考核，专项招聘为基层事业单位人员。比如，获得市委市政府以上表彰的社区工作者，任职期间所在社区获得市级以上先进基层党组织、市级以上和谐社区建设示范单位等称号的社区书记等。

上海也采取了类似的举措建立社区工作者的晋升体系。各岗位按照社区工作者的社区工作年限、受教育程度、相关专业水平等，设置相应等级。不同岗位的等级有较大的重合，在岗位不变的情况下，随着工作年限的增加、能力素质水平的提高，等级可逐步上升。其中，工作人员可为1-12级，主管可为4-15级，负责人可为7-18级。

广东省惠州市在2019年也拓宽了社区工作者的晋升渠道。之前，社区工作者只能在本社区任职和晋升，很少有机会到别的社区交叉任职或者进入街道办等政府部门的事业编制干部队伍。2019年，惠州市在社区工作者队伍建设上下了不少功夫，力争拓宽社区工作的晋升空间。通过向社区党支部书记、主任进行招聘考试，选取部分优秀人员进入事业编制干部队伍。这在一定程度上提高了社区工作者的积极性。通过专门面向社区党支部书记、主任的事业单位考试，社区年轻干部均表示，该类考试是社区工作者晋升的重要渠道，希望该类考试机会能更多一些，从而激励社区年轻干部积极向上。另外，下一步，惠州将尝试为社区工作者提供更多不同岗位、不同社区及街道与社区交叉任职的机会，从而使其获得更多的锻炼机会，积累多方面的工作经验。

二、社区工作者队伍的流失状况

（一）全国层面的流失调查情况

在我国，社区工作者这一职业起步晚，在一些地区发展仍比较缓慢。虽然各地都在积极建立和拓宽社区工作者的晋升渠道，但是由于各种因素的影响，一些地区社区工作者队伍的流失依然比较严重。调研发现，一些人不认为社区工作者是一项非常有价值的职业，包括一些社区工作者本人也持此想法。有些人觉得在街道工作，在居委上班很没有面子，也没什么出息，不愿意将其作为自己的终身事业。对社区工作的认可度低，很大程度上会影响其继续在社区服务的决心。尤其是男性社区工作者，他们更加在意职业所带来的社会声望。

一些年轻人将社区工作作为一个短期的跳板，通过事先在基层工作积累一些经验，为后续考取公务员或者是进入事业单位增加工作经历。个别人还没进到社区工作，就已经开始想着离开；进到社区之后，就一直在为离开社区而准备着，只要一有机会就立马跳槽。因此，如何通过专门的制度建设，增强社区工作者的稳定性，至今仍然是一道难题。

根据"2020年城市社区工作者调查"的数据，在全国范围4154名接受调查的社区工作者当中，对于"是否有换工作的想法"这一问题，有263人表示"经常有"，占总数的 6.3%；有 1576 人表示"偶尔有"，占总数的 37.9%；合计共有 1839 人有换工作的想法，占总数的 44.2%（见表 3-25）。换言之，将近一半的受访者对于社区工作已经心存动摇，这显然是一个严峻的问题。

表 3-25　城市社区工作者是否有换工作的想法

变量	频数（个）	频率（%）	有效百分比	累积百分比
经常有	263	6.3	6.3	6.3
偶尔有	1576	37.9	37.9	44.3
从没有	2315	55.7	55.7	100.0
合计	4154	100.0	100.0	—

根据"2020 年农村社区工作者调查"的数据，在全国范围 3084 名接受调查的社区工作者当中，对于"有没有不想参与村里工作的想法"这一问题，有 173 人表示"经常有"，占总数的 5.6%；有 951 人表示"偶尔有"，占总数的 30.8%；有 1960 人表示"从没有"，占总数的 63.6%（见表 3-26）。可见，三分之一左右的农村社区工作者有离职的念头。

表 3-26　农村社区工作者是否有不想参与村里工作的想法

变量	频数（个）	频率（%）	有效百分比	累积百分比
经常有	173	5.6	5.6	5.6
偶尔有	951	30.8	30.8	36.4
从没有	1960	63.6	63.6	100.0
合计	3084	100.0	100.0	—

（二）社区工作者流失影响因素

社区工作者之所以大量流失，原因多种多样，最主要的是薪酬待遇低、职业认同度低、职业发展空间小。

1. 薪酬待遇水平较低

薪酬待遇一般是人们择业的首要考虑因素，特别是与承担的工作事务相比，如果工作任务重，待遇又差，工作人员就很有可能选择离职。相较于其他工作，社区工作有其独特性，如工作内容繁杂、琐碎，工作时间集中，学历水平以及专业技能的要求也不高。社区工作量大且杂，往往无法保证正常休息时间。比如每逢重大节日，社区工作者甚至要参与上街巡逻。相对繁杂的工作，加上偏低的薪酬待遇，使得社区工作者的生活压力增大。

根据"2020年城市社区工作者调查"的数据，在全国范围4154名接受调查的社区工作者当中，对于"收入是否满意"这一问题，有654人表示"很不满意"，占总数的15.7%；有735人表示"较不满意"，占总数的17.7%；合计共有1389人对收入不满意，占总数的33.4%。对收入"较满意"的有831人，占总数的20%；"很满意"的有271人，占总数的6.5%；合计共有1102人对收入满意，占总数的26.5%。剩下40%的人则表示一般（见表3-27）。总体来说，社区工作者对于收入情况，明确表示不满的比例尚高于表示满意者。

表3-27　城市社区工作者收入满意度情况

变量	频数（个）	频率（%）	有效百分比	累积百分比
拒绝回答	1	0.0	0.0	0.0
不知道	1	0.0	0.0	0.0
很不满意	654	15.7	15.7	15.8
较不满意	735	17.7	17.7	33.5
一般	1661	40.0	40.0	73.5
较满意	831	20.0	20.0	93.5
很满意	271	6.5	6.5	100.0
合计	4154	100.0	100.0	—

根据"2020年农村社区工作者调查"的数据，在全国范围3084名接受调查的社区工作者当中，对于"收入是否满意"这一问题，有310人表示"很不满意"，占总数的10.1%；有355人表示"较不满意"，占总数的11.5%；合计共有665人对收入不满意，占总数的21.6%。对收入"较满意"的有670人，占总数的21.7%；"很满意"的有567人，占总数的18.4%；合计共有1237人对收入满意，占总数的40.1%。剩下38.1%的人则表示一般（见表3-28）。总体来说，相对于城市，农村社区工作者对于收入情况更为满意。

根据"2020年城市社区工作者调查"的数据，在全国范围4154名接受调查的社区工作者当中，对于"最近三年收入变化情况"这一问题，有2292人表示"略有增加"或"增加很多"，占总数的55.1%；有1580人表示"基本未变"，占总数的38%，甚至还有276人表示收入"略有下降"或"下降很多"占总数的6.7%（见表3-29）。总体来说，最近三年接近一半的社区工作者收入没有增加，甚至还出现减少的情况。

表3-28　农村社区工作者收入满意度情况

变量	频数（个）	频率（%）	有效百分比	累积百分比
拒绝回答	1	0.0	0.0	0.0
不知道	7	0.2	0.2	0.3
很满意	567	18.4	18.4	18.6
较满意	670	21.7	21.7	40.4
一般	1174	38.1	38.1	78.4
较不满意	355	11.5	11.5	89.9
很不满意	310	10.1	10.1	100.0
合计	3084	100.0	100.0	—

表3-29　城市社区工作者最近三年收入变化情况

变量	频数（个）	频率（%）	有效百分比	累积百分比
拒绝回答	1	0.0	0.0	0.0
不知道	5	0.1	0.1	0.1
下降很多	82	2.0	2.0	2.1
略有下降	194	4.7	4.7	6.8
基本未变	1580	38.0	38.0	44.8
略有增加	2112	50.8	50.8	95.7
增加很多	180	4.3	4.3	100.0
合计	4154	100.0	100.0	—

根据"2020年农村社区工作者调查"的数据，在全国范围3084名接受调查的社区工作者当中，对于"最近三年收入变化情况"这一问题，有1531人表示"略有增加"或"增加很多"，占总数的49.7%；有1425人表示"基本未变"，占总数的46.2%，甚至还有92人表示收入"略有下降"或"下降很

多"，占总数的3%（见表3-30）。总体来说，最近三年部分农村社区工作者的收入有所增加，但仍有近一半的农村社区工作者收入没有变化，甚至存在收入下降的情况。

表3-30 农村社区工作者最近三年收入变化情况

变量	频数（个）	频率（%）	有效百分比	累积百分比
不知道	36	1.2	1.2	1.2
增加很多	157	5.1	5.1	6.3
略有增加	1374	44.6	44.6	50.8
基本未变	1425	46.2	46.2	97.0
略有下降	68	2.2	2.2	99.2
下降很多	24	0.8	0.8	100.0
合计	3084	100.0	100.0	—

根据"2020年城市社区工作者调查"的数据，在全国范围4154名接受调查的社区工作者当中，对于"过去三年中总共加薪次数"这一问题，有1429人表示没有加过薪，占总数的34.4%；有1333人表示只加过一次薪，占总数的32.1%（见表3-31）。总的来说，过去三年中有3层多的人表示没有加过薪，有3层多的人表示只加过一次薪，还有近3层的人加薪2次以上。

表3-31 城市社区工作者过去三年总共加薪次数情况

变量	频数（个）	频率（%）	有效百分比	累积百分比
拒绝回答	1	0.0	0.0	0.0
不知道	43	1.0	1.0	1.1
0	1429	34.4	34.4	35.5
1	1333	32.1	32.1	67.5
2	729	17.5	17.5	85.1
3	582	14.0	14.0	99.1
4	15	0.4	0.4	99.5
5	13	0.3	0.3	99.8
6	7	0.2	0.2	100.0
11	2	0.0	0.0	100.0
合计	4154	100.0	100.0	—

根据"2020年城市社区工作者调查"的数据,在全国范围4154名接受调查的社区工作者当中,对于"收入相比同居住地他人高低"这一问题,有2264人表示"较低"或"很低",占总数的54.5%;只有104人觉得"较高"或"很高",占总数的2.5%。剩下的42.9%认为"一般"(见表3-32)。总体来说,绝大多数的城市社区工作者都不认为自己的收入比他人高,甚至有一半以上的人认为收入比他人低。

表3-32 城市社区工作者收入相比同居住地他人高低情况

变量	频数(个)	频率(%)	有效百分比	累积百分比
拒绝回答	2	0.0	0.0	0.0
不知道	1	0.0	0.0	0.1
很低	818	19.7	19.7	19.8
较低	1446	34.8	34.8	54.6
一般	1783	42.9	42.9	97.5
较高	97	2.3	2.3	99.8
很高	7	0.2	0.2	100.0
合计	4154	100.0	100.0	—

根据"2020年城市社区工作者调查"的数据,在全国范围4154名接受调查的社区工作者当中,对于"收入是否合理"这一问题,有2111人表示"很不合理"或"较不合理",占总数的50.8%;有1422人表示"比较合理"或"非常合理",占总数的34.2%。还有14.9%的人抱持"无所谓"的态度(见表3-33)。总体来说,一半以上的城市社区工作者不认为自己得到了与工作相匹配的收入。

表3-33 城市社区工作者收入是否合理

变量	频数(个)	频率(%)	有效百分比	累积百分比
拒绝回答	4	0.1	0.1	0.1
很不合理	550	13.2	13.2	13.3
较不合理	1561	37.6	37.6	50.9
无所谓	617	14.9	14.9	65.8

续表

变量	频数（个）	频率（%）	有效百分比	累积百分比
比较合理	1308	31.5	31.5	97.3
非常合理	114	2.7	2.7	100.0
合计	4154	100.0	100.0	—

　　根据"2020年农村社区工作者调查"的数据，在全国范围3084名接受调查的社区工作者当中，对于"收入是否合理"这一问题，有852人表示"很不合理"或"较不合理"，占总数的27.7%；有1615人表示"比较合理"或"非常合理"，占总数的52.3%。还有19.8%的人抱持"无所谓"的态度（见表3-34）。总体来说，农村的社区工作者比城市同行对薪酬的合理性有更多的认同。

表3-34　农村社区工作者薪酬是否合理

变量	频数（个）	频率（%）	有效百分比	累积百分比
拒绝回答	1	0.0	0.0	0.0
不知道	5	0.2	0.2	0.2
非常合理	387	12.5	12.5	12.7
比较合理	1228	39.8	39.8	52.6
无所谓	611	19.8	19.8	72.4
较不合理	582	18.9	18.9	91.2
很不合理	270	8.8	8.8	100.0
合计	3084	100.0	100.0	—

　　以上海为例，处于不同年龄段的社区工作者，对于薪酬待遇几乎都有相同的看法，认为薪酬待遇仍然偏低。处于31-40岁年龄段的被访者，正是学习社区工作技术、提高工作能力的关键阶段。然而一位被访者提到："薪酬少，缺少激励机制，即使考出证书，也加不了多少工资。"激励机制无法明显地体现在薪酬待遇上，使得年轻的社区工作者不愿积极考取专业资格证书，学习态度消极，从而错过了最佳学习时间，这会直接影响到后阶段的职业生涯发展。另一位被访者提出："居委工作量大，繁琐事情多"。两位从事街道社区工作一

年多目前已离职的人员在访谈中也提到："工资待遇，在扣完五险一金之后，四千多一点，作为一名男性，这点工资根本无法满足家庭正常开支，现在还有小孩子要养。""别人都有正常的放假时间，反而我们是在值班，是为了社区的安全着想，像志愿者这样的或者是加班，给的也不多，因为这是属于奉献。"

作为东部经济发达省份，浙江省城市社区专职工作者的收入不算太低。截至2016年底，其平均年收入5.8万元，高于当地职工平均工资。但是从全省的情况来看，各市社区工作者之间的平均年收入相差较大，平均年收入最低的3个城市是丽水、衢州和温州，分别是3.5万元、3.4万元和3.8万元；金华、台州、嘉兴和湖州的城市社区工作者的平均年收入处于全省的中间位置，平均年收入在4万~4.4万元之间；平均年收入最高的2个城市是杭州和宁波，分别达到7.1万元和5.9万元。

至于经济欠发达地区，社区工作者的收入较低。以长春市某社区为例，社区工作者每月实发工资平均为1856元，其中最高为每月2375元，最低为每月1400元。而2019年长春市平均工资为每月4724元，即使是文员岗位，其平均工资也达到每月2581元。另外，该社区的26个社区工作者中，只有2人有其他福利奖金，为每年3600元。可见，社区工作者的工作待遇远低于全市平均水平。

2. 职业发展空间较小

决定一个人能否在工作岗位上认真尽职，除了薪酬待遇之外，最重要的就是职业发展空间。有时候虽然一份工作的薪酬并不算太好，但是如果发展平台好，职业上升路径畅通，依然会有很多人愿意投身于此。整体来说，社区工作者的职业发展空间是比较有限的，即使有些地方作出改革，但是往往也是在存量上做文章，并不能真正拓宽职业上升通途。

社区工作者由于其职业特殊性，限定了其工作范围和职责，往往只能在辖区从事具体工作。即便是具有较强的能力，获得诸多证书的社区工作者，也只能在居委会工作，很大程度上限制了社区工作者的职业发展。上海市专门规定，凡符合一定条件的居民区党组织书记在岗期间，可视同事业单位同类人员管理，在满足一定年限后，可享受事业编制待遇。这样的待遇主要惠及书记群体，在一定程度上却限制了其他岗位上的社区工作者的职业发展。有些社区工作者认为，"书记能够享受事业编制待遇，那么平时也需要承担更多的工作"。于是在平常的工作中，往往总是社区书记忙忙碌碌，而其他社区工作者则比较清闲。

整体来说，社区工作者的晋升渠道也非常狭窄，他们的身份颇为尴尬。社区领导是由居民选举产生的，如果没有丰富的社区工作经验，他们的机会就很少。而要具备丰富的社区工作经验则需要长时间的积累，显然能经得住长时间考验的人少之又少。一位受访者表示，"还是希望在职业发展上能够有具体的政策支持，享受事业待遇的范围能够再大一点"。对于部分优秀的具有较高素质的社区工作者来说，他们在长期充实繁琐的社区工作后，发现自身很多学识都无法得到施展，且周围的人也大都不认同这份职业，其结果就容易导致人才的流失。

多数受访者都认为，"社区工作者还是以前在居委干活的人，大家也不怎么认同，导致很多人都辞职了""学历高的，能力强的都选择去考公务员了，社区工作者还是看重它工作稳定""在居委会工作，没有什么空间，没有再往上面发展的可能了"。也有些社区工作者本着工作安逸的心态在从事这份职业，因此对于职业发展方面并没有考虑太多，"也想过跳槽，毕竟这份工作一眼望得到头，但是现在工作也不好找，尤其现在还是社工。""工作比较繁琐，天天家长里短的，时间久了，感觉没法再从事其他行当了，然后就不思进取了。""社区工作者对于女性来说是一个不错的平台，工作相对稳定，暂时也没考虑职业发展空间"。

归根结底，社区工作者对岗位的期望值与现实情况还是存在较大的落差，社区工作者很难突破这一职业发展的瓶颈。对于年长的社区工作者而言，大多对于当前状况表示安稳，没有太多的想法，更多的是希望能够被纳入编制。一位较为优秀的社区工作者无奈地表示："还好，工作习惯了也就这样。最好当然就是能够出台一些政策，鼓励工作年限长的有更好的待遇。""职业发展的话，也不是没想过，也是快50岁的人了，都做习惯了。"总体而言，社区工作者的职业发展需要相关政策的配合，只有制定合理且完善的政策支持，才能为社区工作者提供良好的政策环境和职业发展前景，从而增强工作的稳定性。

3. 职业认同程度较低

从根本上讲，社区工作者之所以流动性较大，是因为一些人对这一职业的认同度不高。公众对社区工作还缺乏充分的了解，社区工作者自身的职业认同感也不高。

根据"2020年城市社区工作者调查"的数据，在全国范围4154名接受调查的社区工作者当中，对于"是否感觉身心俱疲"这一问题，有33%的人表示每年有几次都会有这种感觉，有44.5%的人表示每月至少有一次会感觉到身心俱疲甚至每天都有这种感觉。对于"是否感觉快要崩溃"这一问题，有29.7%的人表示每年有几次会有这种感觉，有19.3%的人表示每月至少有一次会感觉快要崩溃甚至每天都有这种感觉。对于"是否对工作提不起兴趣"这一问题，有21.8%的人表示每年有几次会有这种感觉，有10%的人表示每月至少有一次会感觉对工作提不起兴趣甚至每天都有这种感觉（见图3-1）。

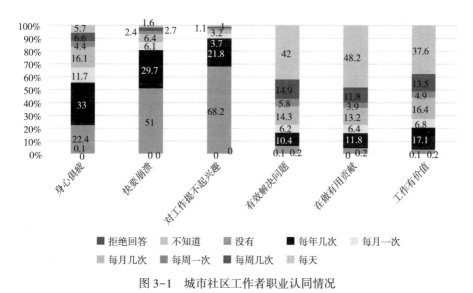

图3-1 城市社区工作者职业认同情况

通过访谈可以发现，尤其是40岁以下的年轻人，对于社区工作者的身份大多认同感不高，工作积极性较低。他们基本上本着"领导交办的任务做完就行了"的心态来处理日常社区事务。大多数年轻的社区工作者并不想将社区工作作为自己的终身事业，他们没什么职业成就感，还是希望能够去更大更好的就业平台。甚至有人表示，"工作比较枯燥，繁琐，谈不上有多大成就感"。因为成就感低，久而久之就容易产生职业倦怠，而且由于"路径依赖"导致转换成本过高，所以只能盼着退休。

（三）地方层面的流失数据情况

以上海某街道办事处为例。通过查阅历年在岗人员的统计表，从2015年1月到2017年12月近三年的数据来看，该街道办事处社区工作者的离职人数及新进人数都有所变化。

据统计，从 2014 年至 2017 年，该街道社区工作者流失人数达到 67 人。其中，五中心及各科室条线 2014 年的离职率为 11.25%，2015 年的离职率为 9.2%，2016 年的离职率为 8.33%，2017 年的离职率为 5.5%。22 个居委会 2014 年的离职率为 11.76%，2015 年的离职率为 10.42%，2016 年的离职率为 8.74%，2017 年的离职率为 5.79%。从时间变化来看，其离职率一直在下降。一方面是离职人员数量略有减少，另一方面则是工作人员总数一直在增加（见表 3-35）。

表 3-35 2014-2017 年上海某街道办事处社区工作人员离职率

部门	变量	2014 年	2015 年	2016 年	2017 年
五中心及各科室条线	人数总数	80	87	96	109
	离职人员数	9	8	8	6
	离职人员占比	11.25%	9.2%	8.33%	5.5%
22 个居委会	人数总数	85	96	103	121
	离职人员数	10	10	9	7
	离职人员占比	11.76%	10.42%	8.74%	5.79%

通过从该街道人力资源办公室了解到的数据和名单，我们可以按照人员性别、年龄、教育程度、工作时间、婚姻状况及流失去向这六个个人情况的基本维度来分析流失人员的基本情况（见表 3-36）。从性别来看，主要是女性流失多，占总数的 67.16%，这与社区工作者多为女性有关。

表 3-36 社区工作者流失人员个人情况统计表

类别	变量	2014-2017 年流失人数	各类流失人员在流失总数的占比
性别	男	22	32.84%
	女	45	67.16%
年龄	18~30	51	76.12%
	31~40	15	22.39%
	41~50	1	1.49%
	51~60	0	0.00%

续表

类别	变量	2014~2017 年流失人数	各类流失人员在流失总数的占比
教育程度	本科及以上	41	61.19%
	大专	26	38.81%
	高中及以下	0	0.00%
	中专	0	0.00%
工作时间	1 年以下	65	97.01%
	1~3 年	2	2.99%
婚姻状况	已婚	39	58.21%
	未婚	28	41.79%
流失方向	考区事业单位或公务员	10	14.93%
	其他区社区工作者	45	67.16%
	企业	12	17.91%

从年龄来看，流失最多的是 18~30 岁，占总数的 76.12%；其次是 31~40 岁，占总数的 22.39%。41 岁以上流失的只有一人。可见，越是年轻的社区工作者，越有可能流失。一方面他们重新就业的机会更多，另一方面他们对社区工作的认同度更低。

从教育程度来看，流失最多的是本科及以上，占总数的 61.19%；其次是大专，占总数的 38.81%。高中及以下文凭的，没有人员流失的情况。可见，学历越高的社区工作者，越有可能流失，这可能与他们的就业空间更大有关。

从工作时间来看，所有流失的人员都是工作时间不超过 3 年的，其中绝大多数都是工作不满一年就离职的，占总数的 97.01%。可见，离职者并不愿意为社区工作停留更多的时间，在短短的一年内觉得不满意就会离开。

从婚姻状况来看，已婚者离职的比例更大一些，占总数的 58.21%。这可能与两个方面的原因有关，一是已婚的社区工作者比例原本就比较高，二是已婚者的经济压力更大一些，如果他们觉得社区工作的薪酬过低，可能更容易离职。

从流失方向来看，离职者主要流向其他区当社会工作者，占总数的 67.16%；其次是流向企业，占总数的 17.91%；最后是考上了区事业单位或公务员，占总数的 14.93%。可见，该街道社区工作者虽然离职，但多数还是继续从事社区工作，只有三分之一的人会离开社区。社区工作者在不同社区流动，可能有两个原因：一是从收入较低的区流向收入较高的区，二是流向离家更近的社区。

虽然上文提到，镇江市京口区在社区工作者的职业化管理方面颇多创新，但是由于种种原因，依然未能很好解决目前社区工作者频繁"跳槽"的问题。特别是年轻群体中，一些人将社区工作作为跳板和过渡，只要通过公务员、事业单位考试或有其他更好的就业机会时就会选择离岗。

2019 年 6 月底，京口区在岗社区工作者 420 人，截至 9 月底，不到三个月的时间已有 13 人离职，其中 8 人拥有社工师或助理社工师证书，对于社区工作者队伍职业化资质的提升造成了一定的影响。问卷调查的数据显示，76.92%的社区工作者对于社区工作者职业化管理未来发展的看法是"前景光明，愿意扎根，努力工作"；1.28%的社区工作者表示"前景渺茫，临时跳板，有机会就辞职"；8.97%的社区工作者表示"前景不明朗，走一步看一步，视情况而定"；还有 12.82%的社区工作者"没有想过"未来发展。

相对于上海和镇江，南通崇川区的社区工作者流失率更高。2015-2017年，崇川招录社区干部 448 人，到 2017 年底就流失了 102 人，流失率高达 22.8%。

深圳实行的"1+3+N"模式，在人员流失方面存在独特的问题。因为社区服务中心及其社工都是通过政府招标的形式参与到社区工作的，而为了提升其工作效率和工作质量，政府相关部门会定期对其进行考核评估。一旦发现某个社工机构不符合社区发展趋势，或者服务质量降低等，政府便会重新进行招标，引入别的社工机构。那么这个时候，原先在社区服务中心里面的社工该何去何从呢？如果他们在新一轮的政府招标中没有中标，就需要社工机构重新投标，寻找机会入驻别的社区，在此期间就可能会出现社区服务的空窗期。

对于社区服务中心的主任来说，要么回到机构总部等待有别的社区空缺主任职位时进行替补，要么去其他社区从事普通社工工作。而对于普通社工而言，他们或者是等待下一次中标之后整个团队搬迁过去重新开始工作，或者选择辞职重新选择别家机构或者其他职业。就整个过程来说，普通社区工作者所面临的生存环境是非常艰难的。一般来说，如果社区服务中心的主任辞职的话，中心内部有的员工将会对工作环境产生危机感，同时对工作内容产生消极情绪，从而影响整个社区工作的顺利运转。深圳市作为社会工作领域发展的前沿城市，其社工流失率却高达22%，这对社区工作的开展显然是非常不利的。

第三节　党建引领社区工作者队伍建设

一、党建引领社区工作者队伍建设的重要意义

党的十八大以来，习近平总书记多次强调，要把加强基层党的建设、巩固党的执政基础作为贯穿社会治理和基层建设的一条红线。通过强化党建引领，有助于破解目前社区工作者队伍建设存在的一些问题，推动基层社会治理现代化转型。

基层党建引领基层治理，是以加强党的政治建设为统领，以提升基层党组织组织力为重点，推动资源、管理、服务向基层倾斜，充分发挥党支部在基层治理中的战斗堡垒作用，把工作落实到网格，把问题解决到一线。

基层党建引领基层治理，要求充分发挥党的核心引领作用，切实强化基层治理能力。一方面，强化党组织的科学统筹功能，将党建嵌入基层治理，实现党建工作与业务工作的深度融合。另一方面，通过发挥基层党建统筹协调的功能，有效连接统合政府部门之间以及政府与市场、政府与社会之间的独立状态，实现"全域化党建"，打通不同层级、不同领域之间不必要的资源壁垒和信息壁垒。

在基层治理中，基层党组织承担着政治引领者、组织参与者和服务供给者的三重角色：

一是政治引领角色。基层党组织是巩固党在基层执政根基的重要保障，具有鲜明的政治属性。基层党组织一方面贯彻党的意志和决定，通过权力和制度操作对社会进行有效治理；另一方面实施各种组织活动，通过组织力量实现对社会组织、社会群众进行政治凝聚与组织团结。这种独特的政治优势能够有效地整合、凝聚与引领分散的基层社会力量来共同推进基层社会治理。

二是组织参与角色。党的基层组织是党在社会基层组织中的战斗堡垒，是多元治理主体的力量之一。基层党组织分布在各行各业和各个社会领域，广泛地扎根于群众之中，拥有良好的群众基础、社会资源和人才资源，是基层社会

活动中最重要、最活跃的行动主体。基层党组织聚集着一大批先进分子，他们发挥先锋模范作用有利于提高基层社会治理水平。

三是服务供给角色。基层党组织引领基层治理的根本落脚点是通过服务社会、服务群众，为推动党的事业发展凝心聚力。基层党组织直接面向群众，了解群众的困难与疾苦，能够及时表达基层群众的利益、反映群众诉求。加强基层服务型党组织建设，强化服务角色意识，对基层有效治理起着重要作用。

二、党建引领社区工作者队伍建设的主要举措

目前，很多地区普遍在社区层面开展了党支部标准化规范化建设、建设优良党建工作者队伍、加强基层党建经费保障等工作，有关党建的制度建设已取得一定实效。近年来，为提升城市社区基层治理水平，并解决社区管理"有社区无社会"、资源统筹弱、服务时效不明显等问题，在党建引领下推动营造城市社区"共建共治共享"社会治理新格局，推进实施了基层党建"全覆盖"、社区共管等一系列创新举措，有效破解了社区"割据零散"等管理难题。同时，为了有效强化党组织在社区治理方面的核心作用，推动基层党建引领社区工作者队伍建设，各地普遍推进实施了一系列创新举措。

（一）推动社区党建标准化，夯实基层党建组织和财政保障基础

1. 高标杆定位，确立党支部建设标准化体系

近年来，很多地区都把党支部建设标准化列为基层党建工作的"头号工程"，实施统一部署和集中推进。以广州市番禺区为例，该区制定了《关于推进党支部建设标准化的实施意见》，以提升组织力、突出政治功能为目标，从班子建设、制度建设、考核评价等六个方面入手，落实社区、农村、机关事业单位、国企、非公经济组织、社会组织等六大领域党支部的建设标准，细化规范"三会一课"等十一个工作机制，明确党支部设立等七个方面的工作程序和活动阵地建设要求。就制度规范建设而言，目前，番禺区已出台规范基层支部教育管理制度文件 865 个、工作流程及秩序 416 个，并已修订细化"三会一课"等十六个方面的工作制度，规范党员发展等十三个方面的工作流程；"六个一"建设标准化体系①已初步形成。在确立党支部建设标准化体系的基础

---

① 所谓"六个一"建设标准化体系，指的是建强一个班子、编印一套制度汇编、绘制一批流程图、搭建一个活动阵地、完善一套考核体系、研发一个智能平台。

上，番禺区对 1950 名村居干部开展全员轮训，提升其"以党支部建设标准化引领基层党建规范化建设"的认识水平和工作能力。

2. 大力度培育，加快建设基层党建工作者队伍

近年来，各地纷纷组织系列培训班等党员教育活动，同时通过提高基层党务工作者岗位薪酬待遇、扩展基层党务工作者职业发展空间，培育建设了一批素质优良的基层党建工作者队伍，夯实了基层党建基础。围绕学习贯彻习近平新时代中国特色社会主义思想及城市党建等专题，通过组织基层党支部书记参加党校系列培训班、调研交流、跟班学习，大力提高党建工作者的素质与业务技能。另一方面，一些地区还出台了一系列提高薪酬待遇、开辟晋升渠道的举措，如将社区党组织书记工作业绩与补贴待遇挂钩，并规定优秀社区党组织书记纳入镇街事业编制、进入公务员队伍和镇街领导班子的条件和程序。在番禺区，对任职满 2 届、获得市级以上党委表彰奖励的社区党组织书记，任职期间其薪酬参照财政核拨事业单位职员相应级别执行。

3. 实施财政支持，加强基层党建的经费保障

目前，各地已建立起以财政拨款为主，党费支持、基层自筹与社会捐助等来源相结合的党建工作经费保障机制。以番禺区为例，党群服务中心（站）的建设经费和运行经费，全部纳入财政预算予以保障。自 2018 年起，每年区财政拨付基层党建工作经费 3000 万元，按照平均每个社区党委（总支、支部）和新兴领域区域党委每年不低于 10 万元拨付党组织工作经费。此外，番禺还先后出台《广州市番禺区社区专职人员管理暂行办法》《番禺区社区专职人员工资套改办法》等文件，为社区专职人员购买"五险一金"，社区干部福利待遇得到很大提升。

（二）推进基层党建全覆盖，打造"共建共治共享"治理新格局

1. 在城市社区推进基层党建"全覆盖"

不少地区在社区党支部建设的基础上，以党员组织关系、单位身份不变为前提，组建社区"大党委"，下设楼宇党支部、"网格"党支部、物业管理公司党支部、楼栋党小组等各类功能型党组织。上述做法使城市社区党建资源整合打破了原有的局限，党员在社区的参与度大大提高。同时，"大党委"建设模式也改变了传统的以单位为基础的纵向党建模式，社区内党组织和党员隶属关系限制被打破，不同系统（社区、属地单位、驻区单位）的党组织实现了

资源共享，被整合成为紧密的党建共同体。

2. 基层党建引领建立联动式共管机制

长期以来，基层社区管理存在"割据零散"的问题，导致管理资源未能整合、综合性管理问题难以得到有效处理。针对这种基层管理的痼疾，各地近年在党建引领下出台创新型联动共管机制。通过党建引领首创一系列联动式社区共管机制，连接了与社区关联的政府部门、党组织、企业组织、社会组织等多方资源，并建立了民生实事反馈协调解决的快速通道，有效解决了以往"割据零散"管理问题，增强了居民营造幸福社区的归属感和幸福感。以番禺区为例，其创新机制包括：其一，"六位一体"社区共管新机制。番禺城市社区党委在驻区单位和结对帮扶单位党组织的协助下，形成了以社区党组织为核心，融合驻区单位、开发商、居委会、物管公司、业委会、社区生活服务组织"六位一体"的共管机制。其二，便民服务"五级联系制"。通过探索建立"党委书记联系党委委员、党委委员联系党支部、党支部联系党小组、党小组联系党员、党员联系居民户"的联系机制，社区党委得以高效收集群众需求问题，并通过"受理、办理、反馈、监督"四个环节，将热点难点问题建账造册，逐一解决，"动态清零"。其三，党员进社区"双向服务"机制。番禺区通过推进"在职党员进社区""党员定点联系服务群众工作"，开展组团式服务和身边"微公益"活动，将党建服务引进社区，并及时收集群众诉求，帮助群众化解矛盾。以市桥街中片社区为例，该社区推动在职党员与服务对象签署《对接服务协议》，实现点对点精确帮扶，就地解决群众诉求。其四，建立社区重大事务议事决策"三步走"工作流程。番禺通过在部分社区推行重大事务议事决策"党群提议、'两委'联审、决议执行"（"三步走"）工作流程，使社区党组织在社区建设、管理中发挥了核心作用。

3. 试点社区党建与社会工作融合共建

一些地区尝试开展"社区党建与社会工作融合共建"项目，推动形成可推广、可复制的"党代表+社区党员+党员社工"的党支部联动新模式，着力调动、整合社区资源，促进更多社区居民自主自愿为社区出力。这些项目主要做法包括：在社区建立"红色路径"党群社区义务服务展示区、围绕重点社区问题开展社区专案等，实现群众"诉求解决在社区、困难解决在社区、矛盾化解在社区"。以番禺区怡乐社区为例，该社区以"红色设计师"党建项目为介入策略，推动了党代表、社区党员、党员社工牵头，社会组织与群众协同参与志愿服务活动。"红色设计师"队伍围绕"长者配餐"的社区重点问题，鼓励社区热心人士、文化队伍和党员发挥带头作用，整合社区企业、广爱社工、怡乐文化志愿服务队义工、社区居委等多方资源，推进怡乐社区配餐点运营，并形成定期沟通机制。该项目目前已推动形成怡乐社区长者配餐志愿服务站营运机制，成功解决了怡乐社区长者"吃饭难"问题，形成了社区邻里互助友好社区氛围，并推动形成"社区党组织+社区居委会、社工、社会组织、社区企业"协调配合的社区治理模式，进一步深化了"共建共治共享"社会治理新格局。

（三）强化党在社区治理中的核心作用，夯实基层政权组织基础

1. 选优配强农村社区工作者队伍领导班子

以番禺区为例，其具体做法包括以下几个方面：首先，不断加强党员队伍管理，坚持以制度管权管事管人，发挥党内民主，密切联系群众；其次，举办优秀村居党组织书记等专题培训班，每年重点脱产培训农村党组织书记，不断提高基层党组织书记、干部的思想政治素质和领导能力；最后，通过"村推镇（街）选区考察"程序，按1∶2的比例在农村选配党组织书记后备干部。

2. 坚持从严治党，提升党员干部工作能力

各地通过民主评议和组织考察，表彰优秀党员，处置不合格党员，提高党员素质，增强党组织的凝聚力和战斗力。此外，通过谈心谈话制度，对党员干部、在职党员开展谈话提醒，告诫党员严守纪律底线，廉洁自律，杜绝"四风"发生；对存在违法犯罪行为的党员实施监督，如实上报，并按照上级党组织的要求进行处理。通过从严治党和坚持民主评议，大力提升党员干部工作能力和政治素养，为进一步更好地开展工作奠定基础。

3. 严格党员队伍建设，优化社区党员结构

各地积极探索优化党员质量的举措，一些典型的做法如下：首先，社区党组织按照有关规定，对组织活动实施严格管理，如依法依规开展党员组织关系转移、收缴党费、党员统计、流动党员管理教育等日常工作。同时，定期对党员情况进行摸查，建立流动党员联系责任制，通过联系家属等方式主动了解和掌握党员情况，积极开展困难患病党员帮扶和慰问工作，鼓励"隐形党员"主动亮身份回归组织。其次，进一步提高发展党员的工作质量，按照党支部工作条例及有关流程，主动吸收优秀入党积极分子，并要求入党积极分子、预备

党员主动参加培训学习、定期汇报思想及谈话谈心。最后，对返乡青年、经济能人、农村优秀青年人加强培养，在充分发挥年轻人活力与能力的同时，改善了农村党员队伍的年龄结构。

4. 建立健全党建引领的民主议事决策机制

以番禺区为例，从 2016 年开始，番禺开始在农村推行基层党建引领基层治理"六步工作法"。首先，规范"党员首议制"，坚持农村党组织对村级事务的全面领导，实现村支部引领村民协商议事、依法治村；其次，在此基础上，对村级重大事项，按照"决策事项的提议、班子联席会议初步决策、党群联席会议商议、党员会议审议、村民或股东（代表）会议决议、公开执行与监督"等六个步骤进行决策和组织实施。

5. 大力破解社区党组织"软弱涣散"难题

为破解基层党组织"软弱涣散"难题，各地在近年实施了一系列有力措施，通过推动"两委"班子成员在思想上向中心工作聚焦，在行动上向全局任务聚力，真正发挥党组织在农村的战斗堡垒作用。例如，广州市某村于 2018 年 8 月被确定为市一级"软弱涣散"村，存在配合推进中心工作不力、村党支部书记发挥"头雁"作用和村班子作为基层战斗堡垒作用薄弱等问题。为解决这些"软弱涣散"问题，所在区委区政府不但选派区级驻村第一书记，并且为加大协调领导力度，向广州市委汇报，选派合适的市级单位党员干部作为市级驻村第一书记。通过市区两级两位驻村第一书记协同合作，带领该村开展"五抓五引领"，确保村党支书冲在工作第一线，推动实现了村"两委"班子成员在开展各项工作时凝心聚力、主动作为。到 2019 年年初，该村已初步扭转"软弱涣散"局面，拆迁安置、股东分红等基层治理工作已取得阶段性成效。

第四章　中国社区工作者队伍的教育与培训

第一节　社区工作者的素质能力要求

一、社区工作者的基本素质要求

社区工作者所承担的任务繁重复杂，这要求社区工作者必须具备思想道德、职业道德和身心健康等素质。

（一）思想政治素质要求

社区工作者是各街道或社区的党委、居委以及社区服务站的工作人员，同时承接了大量政府部门交办的行政工作任务，包含社区党建、文化活动、养老助残、青少年教育、矛盾调解等，是最贴近群众的人，其一言一行代表着党和政府形象，影响着我党在基层的群众基础，因此，社区工作者必须拥有坚定的政治信念。

进入新时代，社区发展的步伐加速推进，带来发展新机遇的同时也带来了许多新问题，对社区工作者思想政治素质提出了更高要求。因此，社区工作者首先必须要加强理论学习，深入学习贯彻习近平新时代中国特色社会主义思想，树立正确的世界观、人生观和价值观，将科学的工作方法与社区工作实际结合起来，以坚定的理想信念、无私奉献的精神投入到社区工作中。其次，坚持群众路线，廉洁自律，自觉接受群众的监督，认真学习党的基本路线和方针政策并切实落实到社区工作中。坚持全心全意为人民服务的宗旨，深入基层、深入思考，切实为人民群众解决实际问题，提供更优质的社区服务，维护国家利益、社区利益、居民利益。

（二）职业道德素质要求

各行业的工作人员在从事相应的工作中都需要遵循一定行为准则，社区工作者与广大群众密切接触，承担着社区中大量的日常活动、基本服务和政策执行任务，必须具备一定的职业道德素质，形成自我约束力，时刻规范自我行为，鞭策自我前进，才能更好地在工作中服务群众，获得认同。社区工作者的职业道德素质主要要求：（1）爱岗敬业。工作内容多、常规工作持续时间长，协调社区关系难度大，社区工作者的每一天并不轻松，因此，必须热爱本职工作，具有高度的工作热情和认真负责的态度，吃苦耐劳，勤奋努力，为服务群众、促进社区发展而工作。（2）诚实守信。以诚相待是工作中重要的砝码，社区工作者要坚持以诚待人，讲究实际，实实在在，就能获得良好的声誉和群众的信任，更好地开展工作。（3）助人自助。社区工作的对象是人，在关心他人、帮助他人，为社会作出贡献的过程中，不仅让受助者获得精神的释放，疑惑得到解决，还让自己收获一段友谊和他人的尊重，并在这个过程中实现自我价值，升华个人境界，锤炼道德品行。（4）公道正派。公道正派既是一种道德情操和思想境界，又是一项基本的行为准则和工作要求。社区工作者在处理各种事务时，要不偏不倚，公正无私，一视同仁，不以权谋私。

（三）身心健康素质要求

拥有健康的心理和健全的体魄，是社区工作者做好工作的最基本条件。（1）心理健康素质。社区工作者除了做大量的常规工作，还要对特殊对象进行心理疏通、情感开导和教育说服，因此他们需要强大的心理素质来面对高强度高压力的工作，具备稳定的情绪、开朗豁达的亲近感有助于社区工作者在工作中感染和动员群众，促进社区稳定和家庭和睦，营造社区安定、团结、祥和的氛围。（2）健康的身体素质。身体是革命的本钱，社区工作者无论是深入群众调查研究，或是联络各方办理交涉，还是参加会议研读政策，都要付出巨大的脑力和体力，因此都需要有健康的身体来支撑，有充沛的精力来应付。

二、社区工作者的专业素养要求

社区工作者的专业素养要求主要包括知识素养、通用能力素养和特定工作能力素养，知识素养和通用能力素养是成为一名合格的社区工作者所必备的要求，特定工作能力是社区工作者在职业发展过程中，融合多种通用能力，在解决实际问题的过程中不断提升和培养的素养要求。

（一）专业知识素养要求

社区工作者必须掌握一定的专业知识和基本辅助知识。当前，社会工作专业教育背景的社区工作者相对短缺，但社区工作是以社区组织、社区发展、社区服务为内容的社会工作，掌握和熟悉与社会工作业务相关法律法规、政策和行业管理规定，掌握基本社会工作专业知识才能在实践中遵循科学工作方法，才有可能提高效率。另一方面，随着城市管理重心的下移，居民对社区服务的需求呈现出多样化、多层次趋势。社区工作者都是一岗多责，庞杂的工作内容要求每个人都承担多项任务，需要基本辅助知识，包括政治学知识，道德伦理学知识，管理学知识，组织社会学知识，法律知识，心理学知识，公关知识甚至是临床医学知识。

（二）通用能力素养要求

社区工作者通用能力是指社区工作者必须具备的基本能力。主要包括三个方面，一是关于人力、物力、财力的组织协调能力，二是关于复杂人际关系处理的人际交往与沟通能力，三是关于社区工作者提升自我，与时俱进的创新学习能力。

1. 策划与组织协调能力

社区工作者在日常工作中需要开展特定节日活动、社区比赛、歌舞活动、各类志愿活动以及咨询疏导服务，应当具备一定的组织协调能力。在活动过程中，社区工作者要对活动的人力、物力、财力等各方面资源进行合理安排，提前做好策划工作，确保各方资源在活动过程中得到充分合理应用，使工作得到有效开展，这就要求社区工作者必须熟悉社区中各个机构、人财物等方面的情况，把握全局，统筹协调，富有策略性地去组织策划。其次，社区中不同类型和性质的团体对同一个事件的认识不同，社区工作者应当深入考察每个团体和个人的需要，拟定工作计划，协调社区内外各类不同体系及各种不同学科的专业人员、社区居民之间的关系，加强社区内部和外部的沟通，满足社区的需求。此外，社区工作者需要熟悉社区的物质资源、财力资源等信息，通过应用这些资源的渠道和程序，在求助需求和求助供给之间充当媒介，发挥桥梁沟通的作用。社区工作者是指导服务社区管理工作的纽带和核心，也是广大社区居民的"娘家人"，发挥着联通左右、协调各方、上情下达、下情上报的作用。

2. 人际交往与沟通能力

社区工作者在社区工作中起着承上启下的作用，往上对接的是政府部门，传播和宣传上级政策理念，往下是广大社区居民，倾听和传达人民利益诉求，是社区建设的领导者、规划者，是社区服务的践行者、先行者。解决社会问题、团结社会成员、化解社会矛盾，动员居民参与活动以及促进党领导下的社区居民自治这些工作都必须依靠社区工作者，要求社区工作者具备一定的人际交往能力。首先，具有良好的人际交往能力，有利于工作的开展。社区工作者与服务对象建立友好的人际关系，让服务对象敞开心扉，在交流中建立信任关系，可以有效开展工作。其次，社区是一个连接各个机构团体的平台，社区工作者拥有良好的人际关系网络，是提供社会资源和服务的基础。另外，团队合作是社区工作的一大特点，良好的同事关系，和谐的工作氛围，互帮互助的合作方式，在高质量完成工作的同时也能给社区居民留下好印象，进一步向外营造社区健康和谐的氛围。

社区工作者要扎根基层，开展本土化的社区服务，打通专业知识与本社区居民实际需求之间的通道，就必须掌握访谈技巧、调解矛盾技巧、宣传动员技巧、策划技巧，还应有沟通的礼仪和行为礼仪，良好的沟通技巧表现为平等、协商、不批评、非控制的态度，积极地倾听和适当的回应，关注、语言技巧的使用等方面。此外，社区工作者还需要搭建沟通的平台，提供办公场地，提供组织内部交流和其他社区组织横向交流的平台，通过组织各类活动，丰富社区居民社会交往渠道，增强他们的社区归属感。

3. 创新与学习适应能力

社区工作者无论是在个案工作、小组工作还是在社区活动中，都会面临着复杂的、处于变化中的情形和问题，面对社区建设中出现的新情况、新问题，特别是一些突发事件，社区工作者有时候感到力不从心，但又必须准确及时地做出恰当的反应。同时，时代在改变，人民群众在新的发展阶段期待过上更美好的生活，社区建设越来越受到关注，社区作为城市基础单位在管理范围、所担负的职责两方面都在发生变化，我们所面临的国情、党情、社情，正在发生新的变化，只有坚持与时俱进、开拓创新，才能不断应对和解决前进路上所遇到的新情况和新问题，所以说创新是社区发展的强大动力。因此社区工作者要根据自身专业优势和社区发展新情况，践行社区开展社会资源整合统筹、社会组织培育、社区活动策划、社区营造、社区教育、社区引导等创新性工作。

社会环境广泛而深刻地发展变化着，社区工作者要适应新形势，完成新任务，满足新需求，就必须迅速提升自身的学习能力。当前许多社区的实际工作者并没有经过系统的专业教育或培训，对于怎样做好社区工作缺乏经验，工作过程更是缺乏理论的指导。另外，随着社区的发展，居民素质的提高，社区工作对工作者的文化水平、综合能力也提出新的要求。因此，社区工作者必须具备经常学习的意识，养成学习的习惯，及时更新观念，准确把握社会工作手段和方法，提升实际工作的效果。只有拥有良好的学习能力和主动提高的意识，才能在其工作岗位上发挥最大效能，在提高自身的同时，创新社区建设工作。

注重在工作中学习、在学习中思考、在思考中积累，不断提高自己的服务能力和素养。一是要养成阅读的习惯。阅读经典好书，有助于提升个人的思想境界，阅读社会工作相关书籍，有助于改变工作方法。二是向社区居民学习。社区工作者要多贴近社区居民，多向社区居民学习，拉近与社区居民的感情，密切与社区居民的关系。三是紧跟时代发展的步伐。在日新月异的信息时代，群众的需求和偏好发生了巨大的改变，政策也在变化中调整，社区工作者必须不断吸收新的知识和观念，调整过去刻板的工作方法。四是向同行学习。年轻社区工作者向经验丰富的社区工作者学习，老社区工作者也要向年轻社区工作者学习新的理论方法，还要到其他先进社区去学习，学习先进的工作理念，社区工作者要勤学善思，提高修养，树立形象，努力使自己成为一名让居民满意的优秀服务者。

（三）特定工作能力素养

社区工作涵盖范围广泛，内容繁多复杂，上到落实国家政策方针，下到直接提供居民服务。这对社区工作者提出了极大的挑战与要求，这意味着社区工作者不仅应当具备基本的理论知识与通用能力，更应当灵活多变，面对各种各样的居民需求与不同形态的社区事务能够掌握特定的工作能力，通过培养自身的能力素养，形成特定的工作能力架构，以实践技能与工作经验解决问题，达到事半功倍的效果。通过整理与总结，社区工作者应当掌握的特定工作能力包括以下几点。

1. 服务群众能力

社区工作者的重要角色之一即"服务提供者"，社区工作是直接面对居民并为其提供服务的工作，其服务内容丰富，包括心理咨询、职业规划、政策法律咨询、维权服务、矛盾调解服务、群众来信来访服务等。社区的主要服务对象根据群体划分，可大致分为青少年群体、老年群体、外来务工群体、妇女群体、残疾人群体及其他。为更好的开展服务工作，社区工作者应当具备的首要条件是对自身服务的对象有充分的了解。只有对本社区的情况、现象和问题有足够了解，才能进行周密而深入地研究，提出最优的解决方案。同时，社区工作者具备一定的优势，能够近距离接触群众，第一时间发现居民群众的需求与问题。部分服务于特殊群体的工作者更应当熟悉自己的工作对象。如社区矫正社区工作者，他们应当充分了解自己所服务群体的特殊性，明白自身身份有着与社区矫正机构执法人员不同的天然优势，他们不具监管权，更具亲和力，有利于走近矫正对象，更容易表达关怀与同理心，更容易实现教育学习与公益活动的真正目的。因此，社区工作者在上岗时，应当跟着自己的"老师"深入到每家每户，充分了解社区居民的情况，为后期工作的开展打下坚实的基础。熟悉了居民的情况后，社区工作者应当能够根据服务群体的不同需求，与其搭建合理的服务关系，对其问题作出预估，制定相应的服务计划，运用自身的专业知识与实践经验帮助服务对象解决实际困难与问题。如针对老年群体，社区工作者应当根据其生理和心理健康提供老年教育与老年咨询服务；针对社区矫正对象，为其提供社会服务，包括就业就学辅导、提供生活辅导和医疗保健转介服务、提供物质帮助等，促进其就业、帮助接受教育、做好基本生活救助、落实社会保险。

2. 调解疏导能力

社区居民日常生活中不免会遇到各种各样的矛盾与冲突。比如家庭矛盾、居民纠纷、利益冲突等。同时，我们还发现处于快节奏社会中的居民多多少少存在些许心理与感情上的困惑，不同群体的问题根源又有所不同。我国在社区中实施"人民调解制度"，这就要求社区工作者承担起人民调解的职责，做好被调解者的工作，为居民间建立良好的人际关系与社会的稳定构筑牢固的"调解堡垒"。社区工作者应当以公平为原则，以第一时间调解为要求，搭建沟通桥梁，安抚矛盾双方的心情，协助其正确发泄不满情绪后，根据双方实际情况进行分析，努力提出兼顾双方利益的解决办法。通过沟通使彼此了解在社区之中其关系是相互依存的，应当共同努力促进社区的发展与团结。同时，社区工作者应当具备一定的情感疏导能力，来帮助社区居民培养积极乐观的情绪，帮助其形成健康的人格。情感疏导能力是一种通过情感及心理疏导来消除群众疑虑、化解矛盾、转化思想，提升精神品质的能力，不仅能够在居民冲突与矛盾中发挥缓冲剂的作用，还能够缓解与疏导特殊群体的心理问题。经调查，部分社区自闭症儿童心理问题与居家养老问题仍旧依托第三方解决，未能实现情感疏导社区内部全范围覆盖；对于青少年心理问题和弱势群体问题经验欠缺，未能较好解决。针对现有问题，社区工作者应当不断通过专业学习与实践积累，提高自身的情感疏导能力，更好地提供社区情感疏导服务。同时，社区工作者还应当能够区分矛盾与社区居民心理问题的轻重缓急程度，及时化解各类矛盾，缓解不同程度的心理问题，为社区居民积极心理的形成提供正向引导，有效维持社区的秩序，推动建设文明和谐社区。

3. 信息处理能力

信息处理能力是指理解、获取、利用信息能力及利用信息技术的能力，这是社区工作者应当培养的特定工作能力。社区工作者是密切接触社区动态的第一人员，对于社区内的问题与社区的发展能够敏锐地嗅到并开展一定的观察与调研，通过走访调查、民意调查、个案调查等方式，了解社区内困难家庭、特殊群体的情况、居民对国家政策落实的满意程度、有个案服务需求并符合内容规范的人员所需帮助等情况。在调研过程中，社区工作者应当具备一定的信息抓捕、获取的能力，他可以发挥自身的优势，如人力资源、地缘优势等敏锐获取有效信息。同时针对社区信息复杂、类目众多等问题，还要求社区工作者应当具备现代办公能力，熟悉计算机的操作和网络的使用，掌握文字录入、网上资料查阅、表格制作、建立数据库等基本知识，结合技术与人工双方面，对混杂的信息进行整合归类，提高工作效率。社区每年都要接受党群、行政等部门的几十次检查，每次检查都需要档案重新归整、数据重新核查、补录台账信息、制作文字材料等，同时还承担了党建、档案管理、政策宣传、统计、检查等多项任务，还要为居民开具各种证明材料，审阅居民的申请材料，在新媒体平台撰写宣传素材，这每一项任务都会涉及文字材料的撰写，因此社区工作者必须具备扎实的文字功底。在信息整合的基础上，培养自身公文写作能力，规范写作要求，理清工作思路，运用语言文字准确阐明观点、意见或抒发思想、感情，将社区实践经验和决策思想，运用文字表达方式使其系统化、科学化、条理化，表达自己工作的全貌，让上级获得表达清晰的总结材料。还要用通俗易懂的语言让基层群众从宣传中了解社区的各项政策活动，以便上下级、社区居民、社区之间、各社区团体之间进行沟通，减少因为文字歧义而产生的矛盾。社区工作者要提升语言表达能力必须先立足现实，掌握国家政策信息和社区情况，经过鉴别、筛选、分析、综合，将相关的材料转化为公文的内容，多阅读多思考多动笔。

4. 政策执行能力

社区工作者在国家和社区居民间扮演承上启下的角色，起着桥梁纽带的作用，应当做到对上对下的双向负责。社区居民文化素质与生活习惯各有差异，对国家政策方针的了解程度参差不齐，如社区老年群体适应能力较慢，对国家政策的了解不及时，知晓的渠道窄；社区党员同志及文化素质高的居民对国家前沿热点话题掌握得较好。该现象普遍存在于各社区，作为能够直接接触居民群众的一线工作者，社区工作者应当自觉承担起"架桥者"的作用，多走到社区居民当中去，同时充分利用社区布告栏及社区广播等传播渠道，通过讲座、社区活动、与社区居民聊天等方式，扩大宣传力度，最大效用地将政策理念输送到居民当中。这将进一步推动国家方针政策的落地执行，实现居民全员将党和政府的精神内化于心。社区工作者不仅承担政策宣传的职责，还有贯彻执行政策理念的责任。上级的各项方针与规划，需要社区工作者成为行动的策动者。政府各口下发文件数量众多，小到会议通知，大到征地动迁，这要求社区工作者签订"责任书"，除了组织的常规工作，还要迎接政策提出的各项工作，推动政策理念落地执行。

5. 教育说服能力

社区工作者能力素养的关键之一即为教育说服能力。通过整合统筹社区教育、文化等资源，对社区居民进行各类教育活动，以实现促进社区人的发展与社区发展的目标，离不开社区工作者。社区工作者的教育功能是多层次、多形式的，既服务于居民个体，又服务于社区和群体。如在社区内定时定期举办讲座开展道德教育、法制教育，增强居民法律意识与素养；针对待业的青少年开展技能培训教育，增强其信心与再就业机会；针对老年群体及残疾人群体开展康复保健教育，增强其身体素质等。社区工作对社区矫正工作者教育能力的要求更高，他们应当具备通过教育说服被矫正者不良心理和行为的能力，使其适应社会规则，掌握生存手段，遵守社会公约，预防被矫正者重新犯罪。同时教育内容需要根据实际情况灵活设计，如当前性侵犯现象不断，性教育缺乏，社区可通过开展普通的性教育体验，将性教育生活化，弥补社区的教育缺口。

（四）社区领导干部素质

从事社区工作的领导干部在面对复杂的工作环境时，扮演上传下达、率先垂范的角色，在其上岗履职时应当具备极高的能力素质。

经过整理与总结，我们发现新时代的社区工作领导者，除了具备一般社区工作者的能力素养外，还应该具备适应工作特点的领导素质，要有人格力量，具备政治号召力和领导艺术，无论是工作还是生活中都力求率先垂范，充分发挥一名社区工作领导者应有的先锋模范作用。除此之外，还应当具有战略眼光——一种着眼于全局和长远来观察、思考和处理问题的科学眼光，这是研究社区全局性、长远性和根本性问题的思维方式，是分析和解决宏观性、前瞻性、政策性等重大问题的立场、观点和方法。社区工作领导者不仅需要掌握社会、社区专业知识、专业技能、人际关系管理技能和组织管理经验，还需要熟悉政府运作程序、熟谙基层组织管理与建设方法，能够建立与各级领导的正常联络关系，有较深的政策素养。特别是对于农村社区的领导人，还必须熟悉乡村社会、具备高尚的廉洁品质与深厚的家乡情怀，具有真诚为全村服务的公益初心和"久久为功"的耐心，以及带领社区群众发展经济的意识和能力，只有这样才能领导运作社区组织。

三、社区工作者的结构及其优化

出色的社区工作者队伍不仅需要每位工作者具备各项能力，更需要搭建合理的人员结构。从实际出发，社区工作者的结构需要从性别、年龄、学历、专业、政治面貌五方面进行分析并提出建议。

（一）性别结构

通过数据调查与整理，城市与农村社区工作者队伍年龄结构表征大相径庭。城市社区工作者队伍中男性占比32.4%，女性占比67.6%，农村社区工作者队伍中男性占比73.6%；女性占比26.4%，由此可见城乡都存在明显的性别比例失调特点。

基于社区工作的性质及社区工作的内容特点，结合城市与农村环境的不同状况，受历史与社会发展进程影响，男性在农村社区工作者队伍中占比较高，女性在城市社区工作者队伍中占比较高。社区工作者男女性别比例悬殊过大，给社区工作带来了一定的不便。如社区工作中的体力劳动、值夜班等工作无法安排；男性工作人员过少无法调动，造成部分岗位缺人等等。为使社区工作者队伍的人员构成更为合理，工作开展更为顺利，应当通过适当提高城市男性社区工作者人员比例，根据岗位特征设置相应的人员招聘要求等方式提高男性在社区工作当中的积极性与表现性。而女性自身所具备的一些特征，如细心、认真、热情，以及家庭支持、政策保障等原因使得女性在社区工作者队伍中更能呈现异彩，应该适当提高农村女性社区工作者人员比例。

（二）年龄结构

在年龄结构上，社区工作者队伍呈现出"两头小中间大"的特点。城市主要表现为以"70后"、"80后"为主要人群，其中"70后"占比33.36%、"80后"占比37.45%、"90后"占比16.06%、"60后"占比11.46%、"50后"占比1.52%、"40后"占比0.14%。农村主要表现以"60后"、"70后"为主要人群，其中"60后"占比33.24%、"70后"占比29.80%、"80后"占比18.39%、"90后"占比7.46%、"50后"占比10.21%、"40后"占比0.88%。由此可见，"90后"新生力量逐步加入，队伍呈现出年轻化趋势，年轻化的社区工作者队伍更有利于新老人员的更替以及整个队伍的新陈代谢。合理的社区工作配置需要继续优化橄榄型年龄结构，搭建合理的年龄梯次，充实新生力量，提升队伍活力。同时，应当针对不同的社区工作性质，建立起老中青结合的工作队伍，充分利用各年龄层的优势出色完成工作，为社区服务。

（三）学历结构

不同地区社区工作者学历结构有所不同，城市社区工作者队伍学历结构表现为小学占比0.2%，初中占比3.4%，高中、技校、职高、中专占比17.1%，大专占比37.6%，本科占比40.6%，硕士占比0.7%，其他占比0.3%。农村地区社区工作者队伍学历结构为小学占比2.4%，初中占比26.2%，高中、技校、职高、中专占比40.4%，大专占比22.7%，本科占比7.8%，硕士占比0.2%，其他占比0.1%。由此可见，城市社区工作者队伍人员受教育程度比农村社区工作者队伍人员稍高，农村社区工作者人员大多为初、高中学历。

当前社会发展正朝着知识社会的方向迈进，互联网的迅速发展、信息化时代的到来等背景对社区工作者的工作能力与工作系统知识的要求不断提高，城市地区应当继续保持并不断提高社区工作者的学历水平，农村地区应当提高人员准入门槛，将学历要求纳入社区工作者招聘条件中，改善"低学历人员多、高学历人才少"的窘境，优化社区工作者的学历结构，提升社区工作者队伍的素质。

(四) 专业结构

通过调查与整理发现，城市社区工作者对与工作直接相关的知识的了解与掌握的程度较好，对知识的掌握程度具体表现为具备社会学知识57.9%、熟悉社会工作85.9%、熟悉政策法规75%、熟悉对口部门工作85.3%、熟悉本地习俗88.6%。但是对其他方面的理论知识掌握不够，比如较好地掌握人类学的人员仅占29.1%。随着城市管理中心的下移，居民对社区服务的需求呈现出多样化、多层次的要求。社区工作主要以社区发展、社区组织、社区服务为主要内容，涉及范围广泛。这对社区工作者的专业结构提出了高要求，即社区工作者必须兼备理论知识与综合性知识。其中理论知识主要指社区管理专业知识，包括管理的理论知识、社会工作的理论知识等；综合性知识包括法学、医学、哲学、政治学、心理学、社会学等学科知识。针对特殊群体服务的社区工作者还应当具备特有的专业知识。如社区矫正工作者必须学习和了解与社区矫正相关的法律知识，熟悉了解对于各类违法犯罪人员惩处和监管的规定，从理论和实践的结合上探索并积累社区矫正工作经验，并在此基础上创新工作方式方法。

同时，社区工作者应当具备一定的"社工资质"，即通过社区工作者职业水平考试，取得社会工作师或助理社会工作师资格。为完善国家社会治理制度建设的要求，各社区要大力动员社区工作者参加考试。虽然获得国家职业资格证书的社区工作者正在逐年增多，但仍不能满足社区发展的需要。

(五) 党员身份

从政治面貌来看，大多数社区工作者队伍中党员数量较多，占比较大，其中城市队伍党员身份占比75.3%，农村队伍党员身份占比为80.6%，这体现出社区的政治基础良好，党员引领作用发挥较好，为社区战斗堡垒的建设打下了坚实基础。部分社区工作者队伍中党员比例偏少，不利于基层党组织建设，容易造成社区党组织人才储备受到影响、社区工作者领导班子人员短缺的问题。应适当提高党员比例，为社区工作者领导班子和社区发展储备政治素养较高的人才。

第二节　社区工作者队伍的教育

一、社区工作者的理想信念教育

（一）社区工作者队伍理想信念教育的现状

理想信念是人的精神动力和精神支柱，是科学的正确的世界观、人生观和价值观的总体表现。加强理想信念教育，有利于思想政治工作的核心内容，其根本宗旨在于为人民谋幸福、谋发展。开展理想信念教育，有利于教育和引导人们坚定对马克思主义的信仰，坚定走中国特色社会主义道路、建设中国特色社会主义的共同理想，坚定对改革开放和社会主义现代化建设的信心，坚定中国共产党的领导，对党忠诚、信任。

为什么要坚定理想信念，习近平同志给出了这样的回答：第一，理想信念是胜利之"钥"。习近平同志 2016 年在纪念红军长征胜利 80 周年上的讲话指出："长征胜利启示我们：心中有信仰，脚下有力量；没有牢不可破的理想信念，没有崇高理想信念的有力支撑，要取得长征胜利是不可想象的。"第二，理想信念是精神之"钙"。习近平同志 2015 年在纪念陈云同志诞辰 110 周年座谈会上的讲话强调："对马克思主义、共产主义的信仰，对社会主义的信念，是共产党人精神上的'钙'。没有理想信念，理想信念不坚定，精神上就会得'软骨病'，就会在风雨面前东摇西摆。"第三，理想信念是共产党人的根本、是思想的"总开关"。习近平同志 2016 年在庆祝中国共产党成立 95 周年大会上的讲话中说，"志不立，天下无可成之事。"理想信念动摇是最危险的动摇，理想信念滑坡是最危险的滑坡。一个政党的衰落，往往从理想信念的削弱或丧失开始。

正确分析当前社区工作者理想信念教育中存在的问题，将有助于加强理想信念教育的针对性和实效性。目前，在社区工作者理想信念教育中存在的问题主要有：理想信念教育的形式过于单一；理想信念教育的内容忽视了对原著的品读，未重视个体差异和真实需求；理想信念教育的理论与实践结合不够紧密；社区工作者理想信念教育的制度机制不健全；理想信念教育的教育者水平有待提高。社区工作者理想信念教育薄弱的具体表现为：社区工作者理想信念教育的理论修养不够；社区工作者对理想信念教育没有引起重视，在理想信念教育培训后将其束之高阁。主要原因是一些社区工作者学习不自觉、学习动力不强，对社区工作者受到理想信念教育的规范要求不严，尚未制度化常态化。

（二）加强社区工作者理想信念教育的对策

针对一些社区工作者理想信念教育中存在的问题，必须以更加强烈的责任感、更加开阔的视野和与时俱进的精神积极探索新时期社区工作者理想信念教育的有效路径与对策，增强"四个意识"、坚定"四个自信"、做到"两个维护"。

1. 丰富教育的途径和方式方法，增强实效性

突出理想信念教育的内容，优化教学环节。采用课堂教学、红色基地现场感受、情景模拟、学员讨论等方式，紧扣"理想信念理论导入、党史引向深入、红色基地体验点燃激情、互动研讨心灵碰撞、成果转化坚定理想信念"五个环节，针对教育对象个性差异、教学的时长，提供不同组合方式的教学，避免简单说教，以学员喜闻乐见的、具有广泛参与性的形式推动理想信念深入人心。如针对为期两天的理想信念教育，安排半天专题讲座、一天的红色基地现场感受、半天学员讨论；如针对为期一天的理想信念教育，改变单一的课堂授课模式，通过到红色基地实地参观、现场讲授、欣赏红色影视作品、撰写心得体会等形式，最终丰富理想信念教育的效果。

2. 品读经典和理论原著，加强基本理论教育

作为马克思主义的执政党，我党非常重视思想理论建设，习近平总书记多次要求全体同志认真学习马克思主义理论。其中，尤其要重视对马克思主义哲学的学习，把具体的科学思想运用到分析和解决问题的实际工作中，才能够保证在错综复杂的革命建设实践中不迷失方向。而在新的时代条件下，巩固社区工作者的马克思主义理论基础，需要指引他们加强对马克思主义经典著作的学

习。首先要学习好习近平新时代中国特色社会主义思想，运用蕴含其中的主要观点方法指导实践、推动工作。还要通过《共产党宣言》《唯物主义和经验批判主义》《马克思1844年经济学哲学手稿》《社会主义从空想到科学的发展》的学习，强化他们对科学观念的认同，同时也是坚定他们理想信念的前提。

3. 注重实践养成，夯实理想信念的实践基础

强化社区工作者的理想信念教育，我们应该坚持以教学带实践、以实践促教学，全力推进"教""学""实践"一体化，做到社区工作者自己出题目、写文章、实践出成果。为加快推进教学实践一体化，社区工作者的调研项目和研究选题应该围绕党委中心工作和重大现实问题展开，突出所学理论的作用，突出为地方政府的现实问题服务，突出每个社区工作者的实践特长，最终提升社区工作者在理想信念学习中的分析能力、思辨能力，打破知识碎片化、扁平化困境，夯实理想信念的实践基础。

4. 创新制度机制，强化教育长效性和稳定性

社区工作者的理想信念能否长效稳定，离不开科学有效的制度机制作为保障。第一，要建立健全学习教育机制，组织社区工作者参加各类党性教育，定期定时培训与同事之间互助互学等方式相结合，采用互联网+传统教学、课堂+红色基地考察等多样化教育方法，增强教育的实效性。第二，要建立健全监督考核评价机制。一方面通过党章党规、党内政治生活若干准则等规定落实党内监督。另一方面借助人民群众、大众媒体、互联网等监督方式，完善监督方法，构筑社区工作者日常监督和评价的"立体网络"。第三，要建立健全考核奖惩机制。对社区工作者的思想动态要密切关注，要求他们定时定期开展思想汇报，并将此作为一项重要的考核依据。对于那些优秀模范社区工作者要给予奖励，树立先进典型，对于那些信念不坚定，服务意识、奉献精神缺乏的党员干部要严厉处罚，营造风清气正的良好政治生态。

5. 提升教学水平，增强教育感染力和公信力

教育是一门艺术，教育者应努力提升理想信念教育的教学水平。提升社区工作者理想信念教育需要教育者向口才艺术家学习，在说、唱、演等方面下功夫，俗话说"熟能生巧"，如果教育者能在这几个方面获得突破，教学效果会非常出色。作为教育者，第一，得对自己所讲的理想信念课的内容烂熟于心，也就是要先做到知识的自我内化，只有自己想清楚了，才能在课堂上讲明白，才能让受教育者听明白。第二，语言是思想的"外壳"，讲授理想信念课要擅

长于抽丝剥茧，深入浅出地讲道理。第三，教育者要擅长理论联系实际，授课的案例丰富、有趣，内容有极强的现实意义和针对性，对社会现象的分析往往可以独辟蹊径，分析问题能突出历史发展脉络。提升受教育者的理想信念教育，就得要追求"铁一般的逻辑、诗一样的语言"，以自己独特的语言风格，说服人、感染人，让受教育者真正听得懂、记得住、忘不了，使理想信念教育入耳入脑入心。

二、党员社区工作者的党章党规党纪教育

（一）党员社区工作者开展党章党规党纪教育的意义

通过多年的党性教育，特别是党的十八大以后，党员社区工作者的党性意识和党规党纪观念都得到了进一步的强化，但仍然存在个别党员社区工作者的党章党规党纪意识淡薄的问题。法律和纪律的本质都是他律，通过刚性的惩治和处罚使人产生敬畏感，可达到减少甚至消灭贪腐的目的。但是单靠警示是不够的，正如习近平总书记所说："一个人能否廉洁自律，最大的诱惑是自己，最难战胜的敌人也是自己。一个人战胜不了自己，制度设计得再缜密，也会'法令滋彰，盗贼多有'。"从根本上来说，党员社区工作者必须从内心里真正认同党章党规党纪，这就需要我们对党员社区工作者进行有效的党章党规党纪教育。

（二）党员社区工作者党章党规党纪教育存在的问题

1. 党章党规党纪教育的培训形式不够生动具体

大部分党员社区工作者党章党规党纪教育的内容都很丰富，但是教育形式较为高大上，对党员社区工作者遵守党章党规党纪的要求颇多，却没有意识到对于党章党规党纪教育的培养应该从党员社区工作者的日常习惯做起。

2. 党章党规党纪教育的培训内容倾向直接教育

目前的党员社区工作者党章党规党纪教育主要是采用法律、案例等直接教育方式进行规劝，很少利用艺术、哲学等方式来激起党员社区工作者对真善美的追求，与世界观、人生观教育结合不够。

3. 党章党规党纪教育未重点关注强化内在认同

通过对目前党员社区工作者违反党章党规党纪现象的剖析发现，现象形

成原因除了体制机制层面外，价值观、政绩观等也占了很大的比重。例如如果人们表面上认同党章党规党纪，但内心把违反党章党规党纪、享受特权看作是一种可以得到他人认同甚至羡慕的行为，对社会风气必将造成很大的消极影响。

（三）加强党员社区工作者党章党规党纪教育的对策

1. 侧重党员社区工作者日常良好习惯的养成

习惯是一种牢固的自动化反应，只需要参与少量的意志力和消耗很少的内在资源，正所谓习惯成自然。因此，形成良好的日常行为习惯，本身就是党员社区工作者党章党规党纪意识加强的体现。例如，身为党员社区工作者首先要深入了解党章党规党纪的条款，同时不断遵从使之形成习惯。目前党组织对党员社区工作者提出了净化朋友圈和生活圈，以及自觉管理好八小时之外生活的要求。要使党员社区工作者养成这些良好的习惯，就必须建立起相应的激励和约束机制，并且全力营造一种合理价值导向的社会氛围。

2. 注重培养提升党员社区工作者的人文素养

与其让党员社区工作者直接去压抑贪欲，不如让他们去不断增强自己的科学素养和人文素养，从而深刻地认识到主动服从党章党规党纪的重要性，个人才能回归理性，以此获得真正的幸福。比如党员社区工作者对艺术、哲学等进行热烈的追求，可以不断提高他们自身的科学与人文素养，使其增强对真善美的精神追求，从而远离那些低级趣味的东西，在内心上强化对党章党规党纪的认同感。

3. 增强党员社区工作者党性提升的内生动力

党员社区工作者党章党规党纪认识的培养不仅仅要靠惩罚起到警戒作用，更重要的是要让他们认识到党章党规党纪不仅是用来约束自己的，更是用来保护自己的。这里面就涉及党员社区工作者用什么样的心态来面对党章党规党纪的问题。只有党员社区工作者深刻地认识到最严的党章党规党纪反而是对他们最好的保护，才会增强学习党章党规党纪的内生动力。

三、社区工作者的革命传统教育

（一）社区工作者革命传统教育的重要性

革命传统资源凝集了党的奋斗历程、建设经验和信念作风，是中国共产党的精神财富，是开展社区工作者党性教育的独特历史资源，同时对形成令群众满意的工作作风，提高社区工作者工作的能力，增强社区工作的成效均有积极的作用。每个社区工作者只有牢记革命传统，正确了解革命传统的深刻内涵和工作思路，才可以更加深刻地认识到党和国家从哪里来，将要到哪里去，明确社区工作的方向，领会初心和使命，才会对党和国家的未来发展道路充满信心，进而在对历史的延续中，以史鉴今，吸收前人的宝贵经验，把握现在，创造未来。

（二）社区工作者革命传统教育存在的问题

1. 对革命传统教育的重要性认识不足

对革命传统教育重要性认识不足主要表现在：（1）思想教育注重理论知识的学习，不能把握理论知识学习与革命传统教育的辩证关系，把理论教育简单等同于革命传统教育，忽视了革命传统资源是党的思想理论在革命实践和革命历史中具体生动的展现；（2）革命传统教育需要对革命传统资源进行统筹，需要花心思和精力进行系统整理和安排，工作量大、难点多，因此产生畏难情绪，相关教育往往停留在口头上，不能很好地落实，详细规划和具体措施缺乏。

2. 对革命传统教育的内容认识不清晰

对于优良的革命传统认识模糊，不能很好明确哪些是革命传统的核心内容，相关革命传统体现了哪些理论精神，反映了哪些宝贵经验，以及革命传统与当前工作存在哪些关系等。对于革命传统教育是否成为完整、系统的教育模块，如何理解革命传统资源之间的内在联系和各自作用，认识还不清晰，使得革命传统教育的目标体系和课程体系不能很好建立起来。

3. 革命传统教育针对性和创新性不够

革命传统教育的内容和方式老套，针对性和实效性较差。在内容上，过于抽象，反映实践需要和现实要求的内容少，缺乏体现时代特点和身边实际工作的经典案例；形式上，理论灌输较多，缺少互动式、情境化和现实感强的教育过程；方法上，不能依据年龄、性别、专业领域、工作经历、实际需要等进行量体裁衣，手段比较单一。同时，对于新时代出现的多媒体、互联网、人工智能等新兴技术手段，不能及时借鉴和利用，以新颖的方法提高教育效果。

（三）加强社区工作者革命传统教育的建议

1. 把握革命传统教育的突出地位

（1）充分挖掘革命传统资源，并以此为依托深化理论教育、党性教育和素质培养。例如，成立专门部门研究和开发革命传统资源，挖掘具有吸引力和感染力的内容；汲取相关部门和单位挖掘运用革命传统资源深化思想教育的好经验和意见、建议。（2）建立革命传统教育的激励、监督和约束机制，严格管理，制定定性与定量的指标持续评估革命传统教育的质量并依据评估结果进行适当的奖罚，实行教育质量动态化管理，从制度上确保革命传统教育目标的实现，并提供客观条件和有力保证，使其真正落到实处。

2. 明确革命传统教育的核心内容

需要沿着以下途径明确并理解革命传统教育的核心内容：

（1）规律。革命的发展规律蕴藏于革命活动、历史事件和革命先辈的著作论述中。在革命传统教育中，不仅要讲领袖人物和革命先辈的生平事迹、道德情操和历史事件，而且要透过历史现象，引导社区工作者深入认识中国革命的发展规律、党的建设规律和革命先辈成长规律，从而准确把握社区工作和个人成长的脉络。

（2）方法。革命传统不仅承载了革命先辈的坚定信念、高尚品格和优良作风，而且蕴含了丰富的历史经验和工作方法。比如，我们党领导中国革命制定重大决策的艺术、做群众工作的方法、理论联系实际的本领、处理重大事件的策略艺术、应对困难危机的能力、调动各方积极性的本领以及管理党员、干部的有效方法等。

（3）文化。革命传统中还蕴含勇于担当、服务人民、追求人类解放和平等具有人文底蕴和中华优秀传统文化特征的精神与情怀，这些在当今的社区工作中是极具指导性和启发性的精神财富，也是思想教育的极好素材。

3. 创新革命传统教育的方式方法

（1）现场教学。《2010—2020年干部教育培训改革纲要》提出"改进讲授式教学，推广研究式、案例式、体验式、模拟式教学。"现场教学就是融合多种教学形式的很好方式。然而，现场教学不是简单的参观文物、旧址陈列，而是以此为平台承载多种教学内容，做到寓教于史、寓教于事、寓教于理、寓教于情、寓教于思。首先，要精研与现场有关的历史资料，充分挖掘其中最震撼人心，最体现革命传统精神内核和最吸引人的内容形成丰富而又精炼的教学内容；其次，要将史料与当代干部教育中的焦点问题联系起来，使革命传统对新时代社区实际的工作产生启发；再次，要将史料进行充分提炼，形成主题，并进一步浓缩成观点和结论，体现出理论性和思辨性，运用鲜活的人物和事例来衬托理论、理解理论；然后，用生动、真挚、富有激情的语言，结合现场的真实情境和生动案例，营造动人心魄的氛围，使学习者受到感染，激发学习的热情；最后，要通过研究性问题引导社区工作者在现场进行交流，联系自身的工作深入体验现场带来的直观感受，并及时总结、反思和升华，将现场带来的启迪融入思想深处，以利于工作中的迁移，提高综合办事的能力。

（2）工作中的境教。最好的革命传统教育是在实际工作中切实践履革命传统，知行合一，在工作情境中以实际行动促进对革命传统的理解和把握，形成良好的工作作风。例如，革命传统中理论联系实际，对于培养社区工作者实事求是、真抓实干的工作作风具有实际意义。开展批评与自我批评的革命传统可以对社区工作者起到互相提醒、自我更新、共同进步的作用。社区工作者要坚持革命传统中密切联系群众的工作作风，同时厚植社区服务理念，并把这些作为一切工作的出发点。

（3）利用最新教育技术与手段。目前，互联网、线上教学平台和新媒体的普及增加了信息传播的便利性以及传播的广度和时效，互联网、线上教学平台和新媒体平台等资源及技术工具为教育内容的实时更新、丰富以及个性化定制提供了帮助，同时又能协调、整合各种音像、文字优质资源以提高教育的效率，还可以增强教育过程中的互动与沟通，提升教育的有效性。对于革命传统教育来说，借助最新教育技术与手段，使得如革命历史题材文艺作品、红色文学、革命歌曲等各种资源可以得到更广泛地传播和宣传，对于社区工作者来说，在忙碌的工作之余也能有时间接触相关内容，潜移默化受到正面引导和影响。这方面的教育方式方法创新值得进一步探索。

四、社区工作者的廉洁自律教育

（一）社区工作者廉洁自律教育的概念界定

所谓社区工作者廉洁自律教育，就是通过对社区工作者进行廉洁方面的教育，来营造廉洁奉公、诚信守法的工作氛围，以达到约束社区工作者行为的目的。

（二）社区工作者廉洁自律教育的现状

随着社会的快速发展变化，国际形势、国内环境、社区工作者的人员组成都发生了深刻的变化，这就对新时期的社区工作者廉洁教育工作提出了更高的要求。目前，90后已经逐渐成为社区工作者的主力军，他们所具备的科学文化素质、教育认知水平、新事物接受能力与以往的教育对象相比，都有明显的提高。而当前廉洁自律教育仍然主要采用上级文件传达、视频理论学习、相关专家做报告等形式，实际教育效果有待提升。

（三）社区工作者廉洁自律教育的改进建议

1. 常规教育与重点教育相结合

对社区工作者进行常规的廉洁教育，可以让他们通过免费的慕课平台自主学习理想信念教育、相关法律法规教育等一般的廉洁自律教育内容。除此之外，还可以根据社区工作者的职级、岗位类型等对他们分类进行重点教育，通过运用翻转课堂进行教育对象类似岗位的经典案例分析的教学形式，对社区工作者进行针对性的廉洁教育。

2. 正面教育与告诫教育相结合

大力宣传社区工作者的廉洁先进典型，充分发挥模范的力量，从而营造良好的社区工作氛围。与此同时，我们也要利用一些身边的典型案件来说纪律说法律，比常规教育更能震撼、启示社区工作者。通过对案例的讨论和探究，可以使社区工作者在今后的工作中遇到相似问题时有可供参考借鉴的相关经验。

翻转课堂的案例教学形式需要教师和社区工作者做好充分的课前准备，包括认真研究相关教学案例，了解案例相关背景知识，提前准备好教学提纲等。在教学过程中，所有参与进来的人都要"动起来"，社区工作者与教师、社区工作者与同行之间充分互动，每个社区工作者都要积极进行发言，同时积极倾听他人的发言并适当提出一些反馈意见。在教学结束后，为巩固课堂教学内容，社区工作者要当场在课堂上完成对教学案例的分析报告，从而达到对社区工作者进行深刻廉洁自律教育的目的。授课教师根据社区工作者的课堂表现和教学案例分析报告的完成情况来对他们进行考核。

3. 自我教育与群众教育相结合

对社区工作者进行廉洁自律教育，不仅要重视相关理论的灌输和思想矫正，还要重视实际操作和举止规范。一方面，要启示社区工作者加强自我廉洁自律教育，只有自己约束好自己，自己教育好自己，才能有利于未雨绸缪，防微杜渐。另一方面，我们也要发动群众，充分调动广大人民群众的积极性，加强对社区工作者的监督和批评，逐渐形成"好事有人夸，坏事有人抓"的良好社会风气。

第三节　社区工作者队伍的培训

社区工作者因其岗位设定为基层，工作内容繁杂、业务范围覆盖广，因此较难吸纳到高学历的年轻人才。目前社区工作者队伍的学历、文化程度相较于其他岗位来说总体偏低，除了薪酬待遇等物质报酬相对低以外，社区工作者的社会地位也较低，使得高学历、年轻化人才加入该队伍意愿不够强烈。尽管政府、社区在每年的招录中会引进一些年轻人才，但总体比例还是较低。且许多招录进来的社区工作者所读专业与实际工作有出入，导致他们在实际工作中仍然遇到许多无所适从的情况。社区工作人员的供需矛盾导致许多已达退休年龄的社区工作者还没有走下工作岗位，仍然坚守一线贡献自己的力量，由此社区工作者队伍出现老龄化现象。年龄结构失衡、管理办法陈旧、知识更新缓慢的社工现状，已经不适应新时代社区治理和社会转型需要，建设高学历、年轻化的社工队伍成为社区发展的强烈需求。正是由于社区工作者队伍存在这些不足，成熟的培训体系显得更为必要。但目前在社区工作者队伍中，工学矛盾突出，社区工作者对培训的重视度不够。大多社区工作者认为工作任务重，没有额外时间与精力进行集中培训，为了不影响工作而放弃参加培训。社区工作者队伍是社区工作的主力军，队伍专业化建设是新时代社区升级转型的必要条件，因此，社区工作者的教育培训迫在眉睫。

一、当前社区工作者队伍的培训现状

（一）社区工作者队伍的培训方式单一

目前，在对社区工作者进行培训的过程中呈现出一些亟待解决的培训方式方面的问题：培训模式"一刀切""填鸭式"，讲师和学生之间缺乏沟通等。

通过情况梳理我们发现，由于承担街道办事处过多的行政性事务，因而社区工作具有浓厚的行政色彩，继而对社区工作者进行的培训模式存在"满堂灌""填鸭式"的知识性灌输问题，有的为了完成培训任务而培训。对于接受培训的人员来说，这种形式单一，缺少互动的培训方式，很难激发培训人员的兴趣。而且其纯讲理论，不与实际相结合的培训模式，一方面难以调动起社区工作者的积极性、主动性和创造性；另一方面培训内容空洞，不能很好地产生代入感，就会使培训失去其意义和价值。加上培训是采用集中式的模式，没有分类别分层次的开展，就会让一部分人产生培训是来完成任务的错觉，弱化其付出努力学习知识的动机。

（二）社区工作者队伍的培训内容零散

如今，教育培训是人力资源开发中的重要环节。通过调查分析发现，当前对社区工作者的培训呈现出同质化明显——培训内容多为业务流程及社区党务工作。当前，传统的授课内容已经不合时宜，培训的时代需求也已发生变化。应该更多注重实务培训，针对性培训；注重写作能力、仪态仪表、团队管理方法、处理突发事件和矛盾纷争等素质提升方面的培训。只有提升了社区工作者的素质，更新了他们的思想观念，帮助他们树立正确的择业观，让他们对自己的未来职业生涯有一定的规划，才能够更好地提升社区工作者的能力，更好地实现为人民服务的宗旨和目标。

因此，应该改革整个培训体系，使其能够真正地发挥作用。目前建立起的社区工作者培训体系尚不成熟，总体上来说，一方面，存在培训机制不完善、培训要求不严格、培训机构不专业、培训目的不明确、课程设置不科学、上级重视程度不足，缺乏培养职业化、专业化、正规化队伍的培训规划等问题。另一方面，没有统一培训大纲和教材，培训工作缺乏系统性。

（三）社区工作者队伍培训的条件欠缺

1. 缺乏成熟的培训体系

（1）缺乏入职培训。职前培训对社区工作者来说必不可少，除了能够传授社会工作的专业工作方法及技能以外，更重要的是通过教育与培训，将社会工作的价值理念传递到社区工作者队伍当中。尤其是当前社区工作者队伍存在大量专业不对口、缺乏实际社会工作经验的工作者，缺乏系统、正规的职前培训，导致其感觉到茫然无措和无所适从，无法正常开展工作。但现实当中，相当部分社区工作者在正式上岗前并没有接受过系统、成熟的教育培训。根据调研结果显示，城市与农村岗前培训情况差异较大，城市社区工作者中16.4%没有参加过岗前培训，而农村占比高达43.5%。即使接受过教育培训，也只是简单理论灌输、经验传授，缺乏系统正规的培训。此外，许多地方并未制定完善的有关社区工作者职前培训的规章制度，缺乏政策支持的教育培训往往无法落到实处，成为空谈。

（2）缺乏培训机会。除了职前培训，常态化、正规化的在岗培训同样有助于社区工作者的职业成长。但培训机会不均匀、力度不大在业界已经成为共识，以至于社区工作者的职业成长普遍受到阻碍，制约其发展空间。按照实际调研结果，50.8%的农村社区工作者普遍认为工作培训不足，不利于其日常工作的正常开展。社区培训组织者应该合理分配机会，扩大培训范围，覆盖到每一位社区工作者。同时，现行的培训、交流大多针对的是书记、主任等上级领导，基层工作者参与培训的机会少之又少。一方面，书记、主任等反映密集的培训成为他们的工作负担，工学矛盾突出；另一方面，基层工作者却希望能够多参与培训，渴望得到学习与成长的机会。在现实调研中，尽管许多工作者对目前的培训形式及内容都不满意，但仍然表现出对培训的强烈需求。培训供给与需求两极严重失衡，培训机会失均制约了社区工作者队伍总体素质提高，制约社区工作者队伍的发展和壮大，极不利于其专业化发展。

（3）缺乏培训后期监督机制。培训后及时总结、反思，有利于知识的吸收与升华，把培训内容内化于心、外化于行。除了社区工作者自我监督以外，同样需要建立健全培训后期监督机制，形成统一的考核标准，及时评估培训效果获得有效反馈。但当前社区普遍缺失健全的培训后期监督机制，大多是通过简单的知识测验、调查问卷来评估社区工作者的培训效果，单一的评估形式无法有效测试及把握培训质量。其次，社区工作者缺少自我监督力量。因培训与工作时间存在重合冲突，工学矛盾导致大多社区工作者将培训当作上级下达的任务或指标完成，缺乏对培训重要性的认知。培训后缺乏及时归纳、消化所学知识的过程，社区也缺乏统一的考核及评估标准，导致大多情况下培训效果甚微。

（4）缺乏系统、正规培训。常态化、正规化培训体系有助于社区工作者的职业成长，能够及时更新业务知识、提高社区工作者队伍与时俱进的专业化水平，保证培训质量。但从当前文献、调研报告及现实情况可知，大多社区仍未建立起成熟的培训体系，缺乏培养职业化、专业化、正规化社区工作者队伍的条件和水准，导致队伍整体素质低下，难以适应新形势下高质量社区建设的需求。据调查数据显示，全国范围内约有30%的社工三年内没有参加过任何社区培训，缺乏常规性的在岗培训，进而难以保证社区工作者对社区事务、社会热点及国家政策的理解把握，如何确保其将国家意识形态渗透到日常管理、做好基层群众的服务工作将成为突出难点。

（5）缺乏专业化能力培训。专业的教育培训对稳步提升社区教育工作者专业水平具有很大效用。从总体情况上看，虽然目前社区招聘以本科生为主，但社区工作的科学化水平普遍还是要低于其他企事业单位。因此，社区工作者的专业化培训迫在眉睫。但是，就目前对社区工作的教育培训情况来看，其专业培训方面尚显不足。除了常规性的业务知识灌输以外，社区培训更多基于问题导向性培训，即他们更多注重政府下达任务、社区要紧事务的解决，而忽视了专业的社会工作技能和综合素质培训。其次，现行培训缺乏专业社会工作价值理念的传递和贯彻，导致许多社区工作者仍然是凭借简单的工作经验、个人价值观解决矛盾，缺乏社区工作者队伍的专业水准。这必然会导致社区服务和价值理念质量低下，影响整个社区的治理、转型和升级。社区工作者缺乏专业化的培训，自我能力提升空间有限，无法达到自我实现的需要，导致职业倦怠情况出现。

2. 缺乏培训资金和投入

建立健全完善的社区工作者教育培训体系需要相关部门大力支持，须有持续稳定的经费、政策资源投入才能保证培训体系有效运转。随着国家对社区工作的重视程度上升，社区工作得到了较以前更高的支持度。但从当前实际情况来看，经费短缺仍然是制约社区发展的最大瓶颈。由于经费制约、缺乏资源投入，培训组织者无法放开手脚开展系统有序的培训，松散的组织形式以及充满随意性的培训内容往往成为"形式工程"，并不能从根本上提高社区工作者队伍专业化水平。

针对该问题的调研中，有街道的社区工作者提到："培训也就是讲座形式的。上面不组织，怎么参观？钱没有地方报。像讲座也只有上面有钱拨下来才能开展。讲座只是流于形式，教授讲一下也就走了。"除了集中培训形式，社区工作者个性化培训也存在极大障碍。有社区工作者谈道："是可以根据自己的需要情况选择，如果我想报常识性的，我也可以报，但钱太贵，上面也不给批的。但你培训上报的话，要上面审核，超过的培训费是不给你过的，而且基本上是不能外出培训，大部分都是留在本区内培训。"成熟的培训体系需要兼顾软实力和硬实力，经费投入是硬保障，没有稳定、专项的经费保证，培训就无法有效运转。

3. 缺乏专业的培训师资

授课教师和社区工作者是培训的两大主体，授课教师水平高低对培训效果起着至关重要的作用。但由于缺乏科学的培训规划、资源投入有限，社区培训授课老师大多是本单位或者上级部门的领导或业务骨干担任。这些授课教师能够把多年以来在岗位上总结的有效经验传递给一线工作者，能够帮助社区工作者有效面对社区的复杂情况，提高工作效率。但另一方面，这些教学的综合性不强，仅是简单传授工作经验却忽略了社区工作者综合素质的提升。授课方式通常会沿袭一贯传统，缺乏创新，不善于吸收新时代要求的教学手段和方法。

受制于培训形式单一、培训内容缺陷、培训资源短缺等问题，大多社区未能建立健全完善、科学的培训体系。但随着国家对社区工作的关注度上升，许多诸如落实社区培训等硬性指标都要求社区按时按规完成，这就加剧社区培训的"形式化工程"现象。个别情况下，组织者把培训当做工作指标、硬任务一样完成，培训前随意组织、培训中应付讲解、培训后不了了之，完全不是专业性、全面性、针对性、系统性的培训。在实际调研中，许多社区工作者反映，虽然他们曾接受过培训，很多时候是知其然而不知其所以然，对实际工作和专业化能力提升的课程内容少之又少。通过对社区培训满意度调查可知，社区工作者对社区培训满意度评价有落差，认为培训工作存在流于形式的现象。

二、建立长效规范的社区工作者队伍培训体系

我国进入发展新时期，广大群众对社区服务也提出了更多元化的需求，社区转型升级是大势所趋。为此，政府及相关部门必须注重加强对社区工作者队伍的建设，建立健全培训机制，不断提高队伍专业化水平。为了解决培训方式单一、培训内容缺陷等现状带来培训效果不佳、队伍专业化程度低的问题，政府、社区以及各个相关部门都要形成合力，增加培训资源投入，建立健全社区工作者培训体系，创新培训方式及内容，让社区工作者在教育培训中真正有所

收获，不断发展和壮大社区工作者队伍。

（一）建设全面的社区管理环绕式培训课程体系

1. 提供社区管理全面的培训内容

（1）业务工作培训。由于社区情况复杂，工作内容多且覆盖范围广，对社区工作者提出了较高要求，因此有必要对社区工作者进行一些专门的业务能力培训。调研结果显示，88.7%的农村社区工作者都希望能加强实用技能培训，提升自身业务工作能力。社区工作者的实际工作既有共性又有个性，因此培训也要具体情况具体分析。针对社区工作者不同岗位的工作内容及职责，对社区工作者开展政策解读、业务技能、专业知识、工作礼仪等方面的业务培训，能够帮助社区工作者快速进入其工作角色，不断提高他们管理社会事务、开展群众工作的本领。

（2）思想教育培训。社区工作者面对的服务群体是社区居民，工作内容主要是为社区居民排忧解难，更多贯彻的是为人民服务、无私奉献的精神。因此在培训过程中要加强对社区工作者的思想政治教育，大力弘扬为人民服务、无私奉献、爱岗敬业的精神，引导社区工作者牢固树立和增强岗位责任意识。在正确思想理念的引导下，社区工作者才会逐步适应不同层面的工作要求，逐渐磨砺成社区工作的专业人才。

（3）政治理论培训。社区发展与国家政策环境密切相关，因此有必要对社区工作者进行系统的政治理论培训，通过邀请相关专家学者对最新的国家大政方针、政策进行解读，同时通过专题讲座等方式密切关注时政热点，提高社区工作者的政治素养。

（4）专业能力培训。国家对社区发展重视程度日益提高，意味着社区工作者将愈加朝着专业化的方向发展。因此，要加强社区工作者的专业能力培训，提高整个队伍的专业化水平。社区工作内容杂，覆盖面过大，因此对社区工作者组织管理能力、沟通能力、应急协调能力都提出较高要求。社区培训不仅要涵盖业务技能等实操性能力，更要根据社区发展需要，明确培训重点任务，加快建立以发展社区工作者体质、智力、知识和技能四方面能力的专业人才培养体系。通过对人才队伍进行教育、培训和开发，增强社区工作者的法律观念和创新意识，拓展专业社区工作者发挥作用的环境和空间，体现和增强社区工作者队伍的专业性。

（5）综合素质培训。社区培训除了注重业务知识、工作技巧等显性层面的胜任特征，更要兼顾社区工作者态度、特质、价值观等隐性层面的胜任特征，培训工作要以显性教育和隐性教育相结合。因此在日常培训中，要合理安排显性教育与隐性教育在培训体系中的比重，重点对社区工作者的工作态度和工作心理进行干预和调整，达到重塑社区工作者对教育培训期望的理想目标，提高其对个人发展前景的满意度及个人综合素质水平。

（6）其他培训内容。随着我国经济社会的发展，社区面临转型升级，社区工作者面临的情况日益复杂、工作范围日益增大。因此，培训内容除了基础组成部分以外，更需要与时俱进，按具体情况进行有效补充，及时更新培训内容，以满足社区工作者实际需求。社区培训组织者可对社区工作者进行经常性调查，深入了解社区工作者所遇到的问题、难题并据此设置培训内容。如根据调研结果显示，94.2%的农村社区工作者表示希望参加乡村振兴培训、90.3%的农村社区工作者希望参加特色建设培训，更多如领导力培训、违法用地培训、扶贫开发培训等，因此，社区培训组织者要重视社情民意，从社区工作者实际需要出发设置培训内容，提高培训实效。

2. 坚持科学民主的课程设置原则

社区工作者的出发点和落脚点都在社区，因此必须科学设置课程，使培训课程以社区发展为主，使培训理念与社区发展相统一。在设置课程过程中，可通过在广泛征求社区、街道群众意见的基础上，根据社区现实情况设定课程培训大纲，同时以社区实际工作中遇到的痛点、难点设计课程案例，使社区工作者在培训过程中更深入了解社区发展，真正将理论和实践相结合。其次，社区要适当扩充培训内容。社区管理涉及多学科、多方面的知识，除了设置以社区为主的专业理论知识以外，还包括如心理学、管理学、经济学、法学等辅助性知识。开发多方面、深层次的课程，注重针对性与时效性相结合，才能使培训真正达到预期，全面提高社区工作者的综合能力。

（二）运用新时代的个性化互动参与式培训方式

1. 当前常规性的授课培训方式

从当前社区培训工作来看，大部分是遵循定期培训与集中培训原则，以授课方式为主。社区一般邀请本单位或上级部门的领导或业务骨干担任讲师，以上级领导岗位工作经验为主要授课内容，就实际工作具体要求和操作流程进行讲解。同岗位的老员工担任培训讲师，能够结合社区的实际环境给予社区工作者更具针对性、有效性的工作指引，迅速帮助其进入岗位角色。其次，通过"请进来"的方式，邀请相关领域的领导、专家学者及核心骨干担任培训导师，加强社区培训与社会工作专业领域接轨。教师、专家拥有过硬理论知识，掌握着最新相关研究成果，通过讲座、班级学习等集中培训的形式，传递社区工作者多学科知识同时对其实际工作提供政策性和实际操作上的指导，借此提高社区工作者队伍的专业化水平。社区工作作为实践性和操作性极强的工作，起源于解决社会问题、实施社会救助的实践活动。面对繁杂的社区事务，以往单一枯燥的理论宣讲无法直接对工作起到指导意义，培训要强化理论与实践的接轨。因此在具体培训方式上，应改变传统"说教式"的"满堂灌"培训，更多以经验交流、现场观摩、案例分析、研讨会、专题讲座等方式进行。通过调研发现，大多社区工作者认为目前培训流于形式，满意度不高。究其原因是培训知识笼统陈旧、培训方式单一僵硬。调研结果也表明，94.7%的城市社区工作者和93%的农村社区工作者期望通过现场观摩，90.7%的城市社区工作者和85.1%的农村社区工作者期望采用案例分析的方式进行培训。要重视专业化内容的实用性，重视社区工作者在培训过程中主动性与创造性的发挥，保证培训工作质量。

2. 新时代培训方式的创新转型

社区培训是一项艺术性的工作，应同时兼顾灵活性与有效性，从人性化出发开展更加丰富多样的培训形式。在新时期新背景下，现代信息技术迅猛发展，拓宽了获取信息渠道，要与时俱进利用新媒介及平台创新教学手段，社区更可以挖掘自身资源，形成本土独特培训方式。

（1）互动参与式培训。

"参与式培训"是一种培训、教学、调查研究与社区工作相结合的方法，即负责培训的组织和个人运用参与式理念和方法，对参与培训的人员进行有组织的知识传递、技能传递、标准传递、信息传递、信念传递、管理训诫的行为。现在的社区工作除了要求社区工作者具有过硬的专业知识外，还要有良好的团队协作能力和勇于面对各种压力的心理素质，参与式培训的出现和引用可以有效满足这方面培训需求，在向社区工作者灌输相关知识的同时更重视其能力的提高。社区培训组织者要注重培养社区工作者队伍的互动参与能力，在培训过程中兼顾知识增长和团队成长，营造团队合作、互帮互助、和谐友好的氛围和环境。调查结果显示，94.4%的农村社区工作者及87.6%的城市社区工作者都希望通过交流研讨优化培训效果。因此，通过定期组织座谈会、交心会、社团活动、素质拓展培训、沙龙交流活动等团队学习法，增强社区工作者彼此的沟通及理解，加速其融入团队大家庭当中。团队凝聚力能够帮助社区工作高效运转，同时能够成为一种积极心理资本，帮助社区工作者增强抗压能力。其次，在互动中注重社区工作者的参与，加强实践培训。培训内容最忌讳假大空的现象，要突出实践性教育，注重内容的实用性，推动社区工作者投身参与到实际项目当中来。通过实际项目中的团队互动过程，使社区工作者走出课堂、走出社区，进入各种实践基地，利用在课堂上学到的知识进行各种社区建设、管理和服务，在团队合作中推动理论和实践的结合。这种基于互动参与模式的培训课程，能够有针对性地帮助新社区工作者快速积累工作经验和提升实际工作能力。

（2）多平台培训。

第一，进修、短训。除了通过行业领导、专家把相关先进工作经验及专业理论知识引入社区以外，社区工作者也要走出社区，坚持正规教育和短期培训相结合，主动参与短期训练、进修，提高自己的文化水平。进修是社会工作服务职业能力提升与管理人才综合素质提升相结合的工程，通过进高校、党校、行政学院、优秀社区等方式进行全日制培训，能够帮助社区工作者减轻工学矛盾，更新工作思路及提高理论修养。社区应建立健全保障社区工作者在职脱产进修制度，对于在工作中表现突出的优秀社区工作者应当给予其进修保障，培养更优秀的、致力于社区工作的人才。

第二，信息化平台。实行"互联网+社区"行动计划，加快互联网与社区治理和服务体系深度融合，运用社区论坛、微信、微博等新媒体，引导居民密切交往、参与公共事务、开展协商活动、组织邻里互助，探索网络化社区治理和服务新模式。随着信息技术的发展，旧式社区朝着"互联网+社区"、智慧社区的方向发展，信息基础设施的完善对社区工作者的信息化能力提出较高要求。同时，正是在大数据、人工智能时代下，信息技术发展积极催生社区培训的重大改革，赋予社区培训新的内涵。因此，社区培训要积极迎合新时期新契机，创新教学方式及教学手段，在培训社区工作者专业化能力的同时，注重培养其综合信息化能力。以往的培训受制于媒介，往往只能局限于线下及近程模式，大大压缩了培训内容以及交流范围。新时期下，现代信息技术发展迅猛，基于互联网思维和手段的信息化培训平台能够超越传统的线下集体课堂培训，实现跨时空的远程教学，减轻社区工作者工学矛盾，增加培训的前沿性、广泛性及灵活性，满足更多社区工作者培训需求。同时，网络设备具有成本低、覆盖范围广的优点，能够突破社区培训经费紧张的局限。利用网络平台开展网络培训，将现代信息技术引入培训中，形成"互联网+社区培训"格局。例如运用VR（虚拟现实）、"微课"、"慕课"、公众号、线上会议等新型授课形式，以生动形象的方式将大量前沿化、专业化知识呈现在社区工作者面前，增强培训吸引力，满足社区工作者自主选择更具针对性课程的个性化需求。其次，对于社区工作者培训考评等均可通过信息化平台完成，能够及时有效地完成反馈、效果评估及信息存档工作，有利于不同阶段培训工作的开展及改进。信息技术发展实现了海量教育资源共建共享、全员培训覆盖、精准迎合需求、绿色高效、个性化定制的多元化培训方式，"互联网+社区培训"模式成为今后培训的必然趋势。

第三，依托机构。社区培训应积极获取内外部资源，拓宽培训渠道，多方合力完善社区培训工作。当地政府应发挥牵头作用，加大社区与当地党校、高校以及职业院校等平台的合作力度和范围，利用多渠道教育资源对社区工作者开展系统性及有针对性的专业培训。充分利用平台的师资、课程、实践基地等资源，针对不同的培养群体建立大专班、本科班等层次学历体系，推动社区工作者主动参与学历教育及职业水平考试，努力打造一支强业务能力、高素质的专业化社工队伍。同时，政府与社区应合作成立专门的社会工作机构，成为承担社区工作者培训职责的主要阵地。专门的社会工作机构能够集聚多方资源，使社区培训工作体系化、专业化。

第四，"请进来"与"走出去"相结合。社区工作者培训要采取"请进来"与"走出去"相结合的办法，增进不同区域之间的交流。一方面要招纳贤才，邀请行业内相关领导、业务骨干到社区进行实地指导，加强地区社区之间的联系合作，及时交流社区治理经验，为当地社区工作者提供参考性建议。另一方面要"走出去"，社区要经常组织社区工作者到发达地区、"示范"社区学习工作经验，通过实地参观、调研访谈等培训活动开阔视野，进而不断改善日后工作。

（3）个性化培训。

当前社区工作者培训大多以专家领导授课等集体培训形式为主，但社区工作者队伍庞大，年龄结构、岗位需求互异，集体培训往往只能满足部分社区工作者的普遍性需求，对于不同岗位上的差异性需求却难以得到满足，导致许多社区工作者在面对复杂的工作情况时往往感到不知所措。因此，要使培训更具有针对性及实效性，应当将规范培训与灵活培训相结合，社区通过建立健全社区工作者个性化培训体系，满足社区工作者自主选择的需求。

第一，菜单式选学课程培训。菜单式选学课程，顾名思义，社区工作者可以根据自身实际喜好及需求选择培训课程，形成专属于自身的培训课程体系。新时期下，人工智能、大数据的发展为社区工作者选学课程提供了良好的契机，能够为社区工作者量身订制符合自身需求的个性化课程。大数据通过记录、分析每位社区工作者的个性特点，"因材施教"式精准推送课程，弥补集体培训"一刀切"的弊病。除此以外，社区也要积极拓宽内外资源，为社区工作者提供更多课程选择的可能性，其内容包括但不限于业务知识、理论知识、思想教育等常规性课程，更应该囊括心理学、管理学、社会学等多学科课程，助推社区工作者专业化技能及综合素质"两手都要抓、两手都要硬"。其次，课程形式也应丰富多样，满足社区工作者不同的学习风格，切忌应用一概而论的方式进行"统一化管理"。如课程可采取独立或小组形式进行，引导社区工作者选择自己喜欢的方式学习，满足不同群体差异化需求。再次，社区要合理分配培训机会。每个岗位都是社区工作的重要组成部分，社区要通过需求调查等方式了解社区工作者情况，扩大培训范围、按类按需分配培训机会，使培训机会覆盖到每一岗位。同时要适当加强培训内容的针对性，结合不同地区、不同岗位的实际情况进行特殊化培训，增加实际业务工作的培训内容，满足社区工作者当前需求及潜在需要。培训要真正落到实处、起到实效，首要条件就是能够满足社区工作者的实际需求。

第二，以老带新、师徒制、传帮带形式培训。社区工作者在刚进入工作岗位时，除了工作上感到无所适从，心理上也会存在一些焦虑及孤独感。社区培训可以实行"以老带新、师徒制、传帮带"的形式，将新入职的社区工作者分配给经验丰富的老社区工作者，使其成为新社区工作者的"第一任培训导师"。通过工作、生活及思想上的交流，帮助新社区工作者更快地了解社区实际情况，融入社区内部。尽管已在工作岗位上工作多年的老社区工作者大多没有接受过专业、系统的培训，但他们多年以来与居民打交道、与同事共同工作的宝典是职业理论培训中所缺乏的，通过师徒制能够实现珍贵工作经验的不断传递。同时，导师制能够更好地针对新社区工作者个性化特点进行因材施教，比集体形式的培训更具针对性地"击中痛处"，能够引导和帮助年轻社区工作者更好更快地成长。

（三）形成贯穿全主体和全流程的立体培训制度

完善的培训制度是我们开展培训的基础和保障。我们要建立的教育培训体系是集专业理论学习、政治思想学习、技能学习、实地培训、证书培训、继续教育等于一体的。要建立系统完整的培训体系，在坚持培训的专业化和规范化原则的基础上，对每个社区的不同岗位的培训内容、培训时间、培训周期、培训方式，作出统一安排，形成硬性规范和指标，真正的落实培训，培训之后还要针对培训的内容进行考试，促使社区工作者有目的、有计划地进行培训学习，达到培训的效果。因此，我们依据这些不同的标准来对培训进行分类，打造出一个立体的培训体系，如图 4-1 所示：

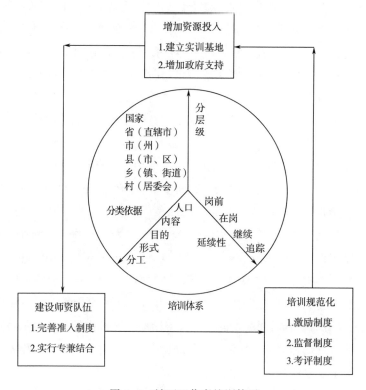

图 4-1　社区工作者培训体系

1. 建立层级分类的培训体系

（1）分层级培训。

各社区要积极采取措施，贯彻落实国家、省、市（州）、县（市、区）、乡（镇、街道）、村（居委会）关于推进社区教育的意见精神，逐步建立覆盖全社会的六级培训体系。分层级对社区领导者、一般社区干部、居委会干部、经验丰富的社区工作者、尚无经验的社区工作者、志愿者等进行针对性的培训，使得培训能够很好的满足他们的需求，提升他们的专业能力，从而推动教育培训工作的规范化和制度化，完善培训体系。

（2）延续性培训。

第一，加强岗前培训。通过开设入职培训班，对那些新录用或未取得证书的社区工作者进行职业能力培训。每位学员必须全面掌握社区建设的基本知识和社区工作的具体方法和技能，修完规定的课程，经由考试合格后，才能发给社区工作者岗位培训证书。

有很多社区工作者并没有接受过专业的系统培训，仅仅是在上岗前受过简单的临时的培训，因此，应该注重对这些工作者的平常培训。随着科学技术的日益发展，涌现出一批批方便快捷的授课形式，我们可以通过使用 App 在集中的时间段对大家进行培训，也可以让社区工作者自己通过网课的形式去学习自己喜欢的且有需求的课程，通过阅读微信公众号等也可以在潜移默化中提高社区工作者的专业素养和能力素养。除了网课的形式，也可以在社区成立教育培训基地，定期对工作人员进行培训。社区应该借助政府和当地高校的资源和师资方面的力量，对社区工作者进行一定的岗前培训，提升社区工作者胜任工作的能力。

第二，加强在岗培训。对新入职工作人员进行有针对性的入职培训是对新员工的一种初级培训。培训内容主要包括必须掌握的基本知识，如社区文化、社区发展规划、各项规章制度、基本工作要求、如何处理人际关系、如何化解矛盾等。

对社区工作者加强在岗培训，既可以加强他们的专业理论知识也能够培养和增强他们爱岗敬业的信念，培训的内容主要包括社区志愿者基本概念、活动进展、发展目标、相关法律规定和管理制度等知识的培训，同时拓展他们对社区工作发展形势的认知，打造学习型社区。由于社区工作者队伍中的人员年龄差异，使得不同岗位和不同年龄段的人员对培训的需求各有不同，经过整理访谈资料，我们发现，有的社区工作者希望能够接收到具体的业务政策方面的培训；有的则希望进行情感技能类的培训，如：情绪疏导、矛盾调解、缓解压力等；有的则认为通过兄弟街道、居委会进行参观学习这类的培训会更直接有效。我们在实际推进培训时要注重按需培训，针对不同岗位的职业要求，采取合适的举措，开展相应的培训，这更有利于专业化的社区工作者队伍的梯队建设。在培训时间安排上，可以采用长短结合的形式，每年有 3~5 次的集中综合式培训，每次培训时间大致是 5~7 天；短期培训每次培训半天至一天为宜。

第三，加强继续教育。现阶段要依托各级党校、社区学校、社会工作培训机构、高等院校、实训基地等开展对社区工作者的继续教育培训工作，培训要每年分期分批举办，鼓励社区工作者积极参加继续教育培训，同时还要规定有不少于 90 学时的时间来学习专业知识。这既能加深社区工作者对于社会工作的专业性的进一步了解，也能不断提升社区工作者的职业认同，提升社区工作者的工作满意度。

第四，建立跟踪机制。在培训结束之后，对参加培训的人员进行培训结果考察，实行动态追踪，把追踪的结果作为下一步调整的依据。对于社区工作者普遍反映的培训获得感较低的内容要进行调整，改进培训的方式方法。追踪调查是一种很好的社区工作者和培训机构互动的方式，追踪反馈工作做好了，就会极大地提高培训效率，优化培训效果。然后在下一期培训的时候，吸取上一期培训的经验教训，改进优化培训内容和方式，使培训更加精准高效。

（3）分类培训及其依据。

第一，按人口分类。社区工作者年龄分段不集中，且人员学识学历、实践经验等程度不一，不同人员的培训需求是不一样的。倘若采取统一培训的模式，就会导致培训效果不理想。通过访谈，发现一些社区工作者希望参加具体的业务政策培训，一些希望有实际案例来帮助他们更好地处理工作中遇到的问题。如：如何进行心理安慰、如何疏导情绪、如何调解矛盾等。

第二，按内容分类。针对社区工作的实际需要，培训的内容主要有法律法规、政治理论、实用技能、群众工作、公文写作、电脑操作等方面。我们把这些内容归纳为理念、心态、能力、个人技能四大板块。

第三，按形式分类。培训的方式要根据不同的内容和不同的对象而变化，一般而言，我们常用的方式有专题讲授、会议研讨、案例分析、实践操作、现场体验等，我们也可以利用不同的平台，诸如党校、社区学院、社区培训机构、高等院校、实践基地等来更好地开展培训。

第四，按目的分类。根据社区工作者不同的工作岗位和工作任务，设立初任培训、专职培训和进修培训等多种类型，针对培训的不同目的可分为岗前培训、岗位培训和经常性培训。对于新任职的人员，我们要开展职前培训，对于职位发生变动的要开展转岗培训，同时也要注重加强对他们的平时性教育，提高其对社区工作的积极性，保持对这份工作的热爱。

第五，按分工分类。对于社区领导层干部来说，培训主要是针对组织决策和领导能力方面；对于一般的社区工作人员而言，则需在业务能力上加强培训。

要建立健全社区工作者教育培训体系，还要注意以下几个方面：统一培训为主、自主学习为辅；为解决社区工作者工学突出矛盾，社区培训应同时兼顾规范性和灵活性；鼓励学习与规定学习相结合；坚持全员轮训原则。为进一步挖掘社区工作者的专业潜能和优势资源，在"一岗多职""一职多能"社区扁平化管理要求的基础上，社区管理者要有意识地根据社区工作者的不同特点，对社区工作者进行"轮岗竞岗"，通过安排社区工作者到不同岗位上实际锻炼，形成对社区管理工作整体运转的良好认知，同时更能提高他们的意志品质、团队精神和专业服务水平。通过定期轮岗轮训，为社区培养具有应急协调能力、组织领导能力的"复合型"人才。

2. 建设高水平培训师资队伍

一般而言，对社区工作者的培训依托一些党校、高校来开展。培训教师的水平会对最终的培训效果产生一定的影响。因此，相关党校、高校可成立专门的社区工作研究室，研究如何建立起社区培训的科学体系。另外，还要选拔一批具有丰富经验的社区工作者，兼职对新入职的社区工作者培训，同时，也要定期聘请社会工作方面的专家学者莅临社区讲座。

为保障师资队伍的工作热情和工作效果，需要社区打破领导授课、固定授课的模式，推行竞争性选拔、合同聘用等机制，分类建立社区培训教师的资料库，按照社区工作者的培训需求配给相应的培训教师，在培训结束之后，对受训人员进行满意度调查，实行动态追踪，对长期达不到培训效果的教师，要取消相应授课资格，以此完善教师准入机制。同时要实行专兼结合，更好地满足社区工作人员的培训需求，提高社区工作者的质量。

3. 增加培训经费和资源的投入

（1）建立实训基地。挑选出那些运行相对比较好的社区，加以整合，并依托党校、高校建立起覆盖各领域的社区工作者实训基地，制定科学的培训方案，组织社区工作者进行社会工作活动的培训。同时社区要加大与党校、各大高校及行政学院的合作力度，一方面为高校相应专业的学生提供实践机会，丰富其社区工作经验，另一方面，如果学生留在当地社区就业，可极大地丰富社区的人才规格，提高社区工作者的质量。

（2）建立社区专职工作者协会。组织一批爱好社会工作，富有社会工作经验的人员，组成社区工作者协会，协会以开展学习培训、经验交流等形式，对新上岗的社区工作者提供帮助，传授经验，使其能够更快速地融入社区工作中，在自己的岗位上发光发热，把握好自己的职业方向，实现自己的职业价值。

（3）成立继续教育机构。社区工作者的培训工作是一个漫长持久的过程，因此需要我们建立继续教育基地，以便更好地满足他们的培训需求，例如，建立"社会工作学院"和"社会工作网络学院"，积极引导和鼓励社区工作者提升学历、参加职业考试、接受继续教育，甚至进行国际交流。

（4）增加政府支持。社区工作方面的专家少，因此进行培训的成本很高，不少社区是由于经费不足、政策没有明确规定而陷入两难境地，迫切需要政府的支持加以克服。

为落实培训经费，我们需要认真推进两项工作：一是将培训经费纳入街道年度预算；二是确保培训经费落到实处。首先，要保证每年从财政拨款的培训经费中预留相当一部分支持社区教育，做好资金的分配管理工作；其次，要确保培训经费落到实处，不能再出现随意占用和借用社区教育培训经费的情况，保证培训的周期和次数，使社区工作者的培训在资金上有保障。

政府部门还要建立健全社区工作者专业培训制度，对培训的师资、培训期限、培训效果做出强制性的规定。依据这样的培训制度，一方面，社区培训机构和居委会可以依据国家或者地方有关部门出台的社区工作者培训政策合理安排自己的培训工作，使培训工作做到有法可依，并且留给各个社区自由发挥的空间。另一方面，有了政策依据，社区工作者才能感受到政府的重视，更加积极地投身于社区工作之中，发挥社区工作者的积极性、主动性和创造性。

4. 促进培训制度体系规范化

（1）激励制度。为鼓励社区专职工作者提升专业技能，社区应该实行证书和奖励挂钩制度，将职称等级作为岗位津贴发放的重要参考依据。对已经获取大专文凭的社区工作者，要鼓励他们继续深造，奖励那些获得本科及以上学历的社区工作者，与此同时，可以适当报销那些继续学习以及获取初级、中级、高级职称的社区工作者的部分学费，以激励社区工作者自觉主动地接受在职学历教育，不断提高高级职称人员的占比。

从调查问卷的结果来看，城市社区工作者中不具有相应职业资格等级证书的比例达 64.1%，而具备高级社工师资格的只有 0.6%，这说明我们的社区工作者的整体素质还有待提高，基于此，我们应该加大对社区工作者参加各类社会工作活动及各种学历教育、专业资质考试的支持，以社区工作者的学历培训为抓手，积极创造条件鼓励社区工作者进行学历进修，推出优惠政策，开拓培训渠道，提升学历素养。

（2）监督制度。建立督导机制，每个社区设置专门的督导员对培训过程中存在的问题进行指导，并积极与社区工作人员进行交流，从专业和情感两个方面指导社区工作者，达到提高培训效果的目的，对培训效果的评估可以采用多种方式：问卷调查、书面考试、结课论文、心得体会等；从理论学习、小组讨论、情景模拟等多个方面进行评估。

（3）考评制度。加强对考评者的培训，首先要经常性灌输给他们绩效和平衡计分卡的概念。平衡计分卡是用战略目标的方式帮助我们实现培训的目的。要用战略性的眼光去分析培训的任务，制定相应的指标，赋予合适的权重，才能使培训更好地达成目标；其次是帮助考核主体认识到评估的作用不只是为了评估，更重要的是要提高个人能力和实现组织目标。

完善考评制度。一方面，要建立培训档案制度，以档案作为社区工作者和讲师年终考核的参考依据。对社区工作者的考核要采用互评模式，既有助于提高社区工作者的水平，又能促进讲师队伍的进步，优化培训的整体效果。另一方面，要完善登记制度。社区工作者需要通过正式注册才能上任，而且在注册一年有效期内，需要完成相应的专业教育后才能申请续签注册。此外，还要逐步引入优胜劣汰机制，增强他们的学习紧迫感，形成良性竞争氛围。

通过奖励和惩罚双向措施，强化对社区工作者的培训考核。对于表现优秀者或者进步显著者，可以通过颁发荣誉证书，推优、评先等举措正向激励刺激他们的学习动力。同时对于培训连续几年不达标的，也要通过惩罚机制如年度考核定为不合格等措施来迫使他们端正自己参与培训学习的态度，取得更佳的培训成绩。

第五章 中国社区工作者队伍的履职评价与绩效激励

第一节 社区工作者队伍履职绩效评价

一、社区工作者队伍履职绩效评价的必然性

(一) 社区工作者队伍履职绩效评价的必要性

1. 推进城镇化和乡村振兴的需要

现阶段,我国的城乡社区治理已经取得相当的成效,但仍然存在一些问题,这些问题影响我国城乡社区治理现代化进程。在我国经济社会发展过程中,城镇和乡村必须相互依存、相互促进。城镇的发展需要乡村繁荣的支撑,乡村的振兴也需要城镇的辐射和带动。强化城镇化与乡村振兴的协同,能有力推动农业现代化,为打破城乡二元结构提供助力。城乡社区工作者队伍履职绩效评价能够实现城镇化和乡村振兴协同发展。依据当前实际情况,科学构建较为完善的社区工作者队伍履职绩效评价指标体系,才能有效推进城镇化和乡村振兴发展进程。

2. 提高城乡社区治理效率的需要

当前,社区是社会的重要基层单元,社区治理是城乡持续健康发展的重要基础,是新时代中国特色社会主义事业的重要组成部分。因而,在城乡建设与发展的过程中,社区治理承担着城乡建设的重要基础性工作。社区不仅是社会公众日常生活的主要场域,也是国家行使社会管理职能的基层承载者。社区治理是国家治理现代化体系的重要组成部分,社区治理的水平是国家治理能力现代化的重要体现。在国家治理现代化建设中,社区治理发挥着基础且至关重要的作用。而社区工作者队伍是城乡社区治理的重要主体,直接影响着城乡社区

治理效率。当前，我国城乡社区治理仍然存在一些问题，进行社区工作者队伍履职绩效评价，能有效总结社区工作者队伍的工作成效、反思社区工作者队伍失误及相应的改进后续工作等，促进制定科学有效的城乡治理决策，进而提高城乡社区治理效率。不断完善社区工作者队伍原有的履职绩效考核体系，实现社区服务的最优化提供，增强社区对人力资源的利用效率，促使落实政府各项工作。

3. 提高社区人才队伍效能的需要

虽然我国城乡社区治理起步较晚，但也已经取得了相应成果，特别是形成一些独具特色的城乡社区治理模式。相比而言，我国社区治理水平建设相对滞后，提升社区治理水平要通过社区工作者队伍的能力建设来实现。社区工作者队伍是社区工作的主体，科学有效的社区工作者队伍履职绩效评价体系能够有效促进社区人才队伍的建设。社区工作者队伍履职绩效考核是为了更好地促进人的全面发展。剖析社区工作者队伍履职绩效考核，既可以有效完善履职绩效考核体系，也可以提高社区工作者队伍能力和素质，实现社区工作者队伍的职业预期，不断强化社区工作者队伍的职业归属感和使命感，提升社区工作者队伍管理的透明度。建立科学有效的社区工作者队伍履职绩效评价体系能够解决传统社区工作者队伍履职绩效评价体系指标不够全面，测评数据难以有效采集等问题，提高社区工作者队伍履职绩效评价体系数据的真实性和可靠性，对履职评价指标客观量化和公开，增强评价结果的公平性和公正性。

4. 优化社区工作决策参考的需要

实现优化社区工作决策参考，完善社区工作决策方案，能够不断提升社区居民生活水平和质量，使得社区能够持续有序发展，不断完善基层社会治理体系，提升基层社会治理能力和作用。社区是为社区居民群众提供办事服务的新型社会组织，其服务水平的提升依赖于社区工作者队伍的积极性和主动性的发挥。优化社区工作者队伍履职绩效评价体系，有利于实现社区组织的战略目标，提升社区服务社会的能力和水平。同时，有利于完善社区人事制度。社区是当代社会的基本单元，社区建设水平是衡量当今社会现代化的重要指标。通过建立社区工作者队伍履职绩效评价体系对社区工作者队伍进行考核，使得社区工作各类人才的发现、使用、培养等方面趋向科学化和合理化，科学安排社区工作各类人才，为社区工作者队伍创造良好的成长环境，确保社区工作者队伍能够人尽其才。将社区工作者队伍管理工作提升到新的高度，能够实现社区的人力资源优化配置，科学有效的社区工作者队伍履职绩效评价体系能够为社区宏观政策的制定和微观人才的管理提供较坚实的参考依据。

（二）社区工作者队伍履职绩效评价的可行性

1. 政治可行性

习近平总书记强调："社区是基层基础。只有基础坚固，国家大厦才能稳固。社区是党和政府联系、服务居民群众的'最后一公里'。社会治理的重心必须落到城乡社区，社区服务和管理能力强了，社会治理的基础就实了。要推动社会治理重心向基层下移，把更多资源、服务、管理放到社区。"习近平总书记的这些重要论述，强调城乡社区治理在党和国家战略全局中的重要地位，要求以高度的政治责任感和强烈的政治担当大力推进城乡社区治理工作，为切实巩固基层基础、夯实党的执政根基提供强有力支撑。一直以来，党和政府高度重视社区服务工作，将社区服务作为构建城乡服务体系的重点内容。社区工作者队伍履职绩效评价能够促进社区持续健康发展，保障社区居民公平、有效享有基层社区服务，符合当前国家推进社区治理的要求。逐渐打造一支政治觉悟高、专业素养好、服务能力强、居民群众满意的社区工作者队伍，为城乡社区治理提供有力的人才支撑和智力保障。近年来，政府权力下放趋势不断深化，越来越多的政府工作下放到社区，社区在社会治理中的地位不断凸显，社区工作的关注度愈发增加，建立合理科学的社区工作者队伍履职绩效评价体系显得尤为必要。

2. 社会可行性

随着我国城乡社区建设不断推进，我国社区工作者队伍已经由过去居委会干部转型为当前的新兴职业主体。社区工作在实践层面和理论层面上，仍然处于不断探索的阶段。近年来，我国较为发达的地区对社区工作者队伍的履职绩效考核进行了相应的实践探索，但实际探索进程仍然较为滞后。随着经济社会的发展，政府和社区居民都希望社区工作者队伍以人为本，以服务为本，满足社区居民的实际需求。要发动社区居民参与到社区的建设中来，共同创造一个和谐稳定的社区环境。社区工作者队伍不仅需要做好自己的本职工作，也要为社区居民创造一个较为便利的环境。

当前，我国已建立大量社区服务管理中心，以便为社区居民提供相应的公共服务，为履职绩效评价实施提供重要的组织保障。近年来，随着我国社区工作者队伍日益壮大，如何管理好这支队伍也显得迫在眉睫。社区工作者队伍是履职绩效评价对应的实践者，科学合理的履职绩效评价制度是保障社区工作者队伍权益的重要手段。社区工作者队伍履职绩效评价的主要受益者是社区居民，社区居民是社区工作者队伍履职绩效评价的重要主体。

3. 技术可行性

当前，履职绩效评价已经广泛应用于政府、企业及其他领域，为社区工作者队伍履职绩效评价提供了可供借鉴的经验。现阶段，我国不断强化社区工作者队伍和社区服务机构培训，管理水平和能力得到不断提升，能够为社区工作者队伍履职绩效评价提供重要技术支撑。构建科学有效的社区工作者队伍履职绩效评价体系能够有效实现社区工作目标。给予社区工作者队伍合理的压力和动力，通畅社区各项服务业务流程，科学有效评价社区工作者队伍履职的成效与失误。将履职绩效评价结果作为社区工作者队伍调薪和晋升的重要依据，能够有效调动社区工作者队伍提供更加优质社区服务的积极性和主动性，创造良好的工作氛围。构建社区工作者队伍履职绩效评价体系，增强社区工作者队伍与管理者之间的沟通，使社区工作者不断加强学习，强化社区工作者队伍的综合素质和业务能力。借鉴履职绩效考核这一现代组织人事手段进行社区治理，可以有效拓展履职绩效考核的理论框架，将现代公共治理的履职绩效考核扩展至公共事务领域，不断完善公共事务领域履职绩效考核理论和实践运用。

二、社区工作者队伍履职绩效评价实践评析

近年来，我国城乡社区工作者队伍履职绩效评价工作得到不断发展，有效促进了城乡社区治理水平的提高。城乡社区数量大幅增加，城乡社区工作者队伍也不断壮大，社区社会工作服务能力逐步加强。中国社区发展协会2014年发布的我国首份社区发展年度报告指出，截至2013年末，我国居民委员会数量达到95014个，比上一年同期增长4.2%。而村民委员会数量达到589067个，比上一年度增长了592个，增幅约为0.1%。我国共有各类社区服务机构25.2万个，覆盖率36.9%，社区志愿服务组织12.8万个。2017年我国社区居委会数量为106491个，同比增长3.10%。截至2019年底，我国共有各类社区服务机构和设施52.8万个，其中社区服务中心站的数量为25.2万个，同比增长42.4%。但社区工作者队伍履职绩效评价实践仍然存在困境，主要包括履职绩效评价方法不够科学、履职绩效评价内容相对单

一、履职绩效评价结果指导性弱等。

(一) 履职绩效评价方法不够科学

近年来，社区工作者队伍已经成为我国社区建设的重要力量。随着经济社会的快速发展，社区工作者队伍履职绩效评价的重要性不断凸显。当前，我国社区工作者队伍履职绩效评价方法主要是工作汇报和工作述职。街道办事处主要领导对社区工作者队伍进行统一打分，依据相应的履职绩效评价指标相对较少，受到领导主观判断影响较大，社区工作者队伍履职绩效考核主体较为单一。同时，明确科学的社区工作者队伍履职绩效评价体系尚未建立。从履职绩效计划方面来看，计划量化程度较差，难以有效体现对社区工作者队伍综合能力方面的要求。社区工作者队伍履职绩效考核流于形式，难以发挥实际作用。在实际考核过程中，社区工作者队伍之间进行互相评价，但评价结果会受到社区工作者队伍之间人际关系的影响。由于目前社区工作者队伍履职绩效考核制度的不完善，使得考核结果的权威性和实际意义大大降低。

调研发现，城乡社区工作者队伍拥有的履职绩效收入情况不容乐观，将近一半的城乡社区工作者无履职绩效收入。在城市地区，52%的社区工作者表示目前月收入有履职绩效收入，47%的社区工作者表示目前月收入无履职绩效收入，1%的社区工作者并不知道目前月收入有无履职绩效收入（见图5-1）。农村地区50%的社区工作者收入包括履职绩效奖，49%的社区工作者收入不包括履职绩效奖，1%的社区工作者不知道收入是否包括履职绩效奖（见图5-2）。城乡社区工作者队伍收入未包括津贴所占比重较高，城市社区工作者队伍收入包括津贴人数低于不包括津贴人数，村干部收入包括津贴人数低于不包括津贴人数（见图5-3）。

从履职绩效评价方法方面来看，当前社区工作者队伍履职绩效主要由街道办事处领导决定。街道主管领导负责考核社区领导，社区领导负责考核社区工作者队伍。虽然街道办事处领导对社区工作者队伍工作表现有相应的了解，使得履职绩效评价有一定程度的客观性，但是这种履职绩效评价方法的科学性不足，缺乏明确的履职绩效考核标准。原因在于这种履职绩效评价方法受到决策者的个人喜好和信息不对称等因素影响程度较大，较易造成社区工作者队伍履职绩效考核的误差。此外，有些社区工作者队伍的履职绩效评价会积极听取社区居民的看法和意见，采取民主测评的考核方式。但这种履

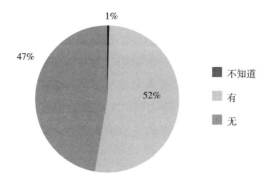

图 5-1　城市社区工作者队伍目前月收入有无履职绩效奖情况

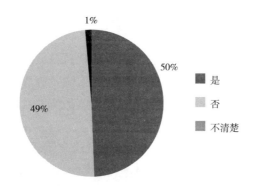

图 5-2　农村社区工作者收入是否包括履职绩效奖情况

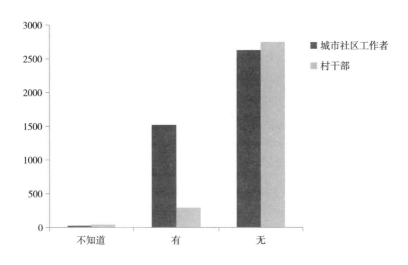

图 5-3　城乡社区工作者队伍收入是否包括津贴情况

职绩效评价方法仍然存在局限性，因为参加民主测评的社区居民并不是随机抽取，这样就会出现为了拉票而选择自己熟悉群众的情况，因而这种履职绩效评价方法也需要进一步调整。从调研情况看，城乡社区工作者队伍接受岗前培训工作有待加强。在接受调查的城市社区工作者中，接受岗前培训人数达到 3473 人，未接受岗前培训人数 680 人。在接受调查的农村社区工作者中，接受岗前培训人数达到 1744 人，未接受岗前培训人数 1340 人（见图5-4 和图 5-5）。

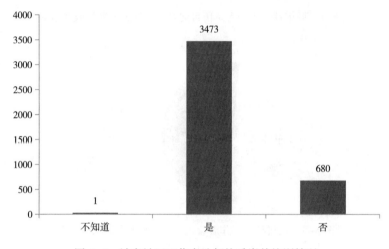

图 5-4　城市社区工作者队伍接受岗前培训情况

（二）履职绩效评价内容相对单一

从履职绩效内容方面来看，对社区工作者队伍履职绩效考核评价内容主要涵盖"德""能""勤""绩"四个方面。但涉及每个方面内容具体所占比例未有明确规定。总体来看，社区工作者队伍履职绩效考核内容流于形式，指标未能明确量化，且设置不科学，可操作性较弱。每个社区工作者队伍分工不同，其对应的职责也存在差异。部分社区工作者的工作内容较多，有些社区工作者的工作内容则偏少。采取相同的履职绩效考核内容对全体社区工作者进行评价，容易造成考核内容粗糙，难以有效细化，缺乏针对性，使社区工作者队伍履职绩效考核评价失去公平。现阶段，社区工作者队伍需要解决居民的切身利益问题。因此，履职绩效考核内容需要增强针对性，聚焦工作人员为民办

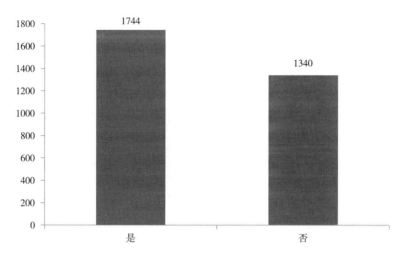

图 5-5　农村社区工作者接受岗前培训情况

事、居民满意程度等方面的考核。

（三）履职绩效考核评价结果指导性弱

从履职绩效考核来看，履职绩效考核结果对社区工作者队伍履职的指导意义较弱。社区工作者队伍履职绩效考核评价体系需要以战略目标为基础，否则难以有效体现其综合作用。第一，当前社区工作者队伍履职绩效考核内容难以有效如实反映社区工作者在考核期限内实际工作表现和工作成效，以及工作短板等状况，考核评价的科学性较弱。第二，社区工作者队伍履职绩效考核评价结束之后，对考评结果差异较大的社区工作者无相应奖惩措施，未能与在社区工作者的薪资水平和职业晋升相挂钩。第三，考核过程的反馈机制不畅。在实际考核过程中，社区工作者将自己的工作小结提交领导进行评定，评定结果应向下级反馈。由于反馈不及时，难以有效指导后续社区工作的开展。通过调研发现，城乡社区工作者队伍签订劳动合同人数总体较少，难以有效保障城乡社区工作者的应有权益。在接受调查的 4154 名城市社区工作者中，签订劳动合同人数达到 2573 人，没有签订劳动合同人数 1578 人，不知道是否签订劳动合同人数为 3 人。在接受调查的 3084 名农村社区工作者中，签订劳动合同人数只有 591 人，未签订劳动合同人数达到 2478 人，不知道是否签订劳动合同人数 15 人（见图 5-6）。

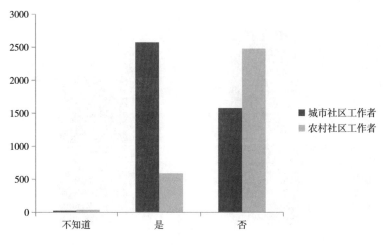

图 5-6　城乡社区工作者队伍签订劳动合同情况

　　当前，相较于其他行业而言，社区工作人员薪资水平相对较低。由于社区工作任务繁多，部分社区工作人员认为自己工作量与薪资水平不匹配，导致离职意愿较高，工作热情较低，薪资待遇难以有效满足他们对于未来的期望，履职绩效评价结果未能有效体现社区工作人员的切身利益。因此，部分社区工作者对履职绩效考核的结果并不重视。同时，社区工作者队伍履职绩效考核实施方面缺乏工作人员的自我评价，存在片面性，难以体现社区工作者队伍的工作表现和工作成效，不利于后续履职绩效水平的提高，导致考核评价后的改进效果不佳。社区工作者队伍履职绩效考核评价的重要目的是总结社区工作者队伍的工作成效、反思社区工作者队伍失误、改进后续工作等，进而提高工作效能。但目前社区工作者队伍履职绩效考核评价主要是上级对下级的垂直等级评价，造成考核结果指导性不强。通过调研发现，城乡社区工作者队伍对收入满意整体水平不高，职业归属感不强。具体而言，城市社区工作者队伍对收入评价一般的比例最高，其次为较满意状况，再次为较不满意和很不满意、很满意状况，不知道和拒绝回答的人数所占比重最低（见图 5-7）。大多数农村社区工作者同样对收入满意度评价一般，其次为较满意状况，再次为较不满意和很不满意以及很满意状况，不知道和拒绝回答的人数所占比重最低（见图 5-8）。

　　此外，城乡社区工作者队伍性别比例存在失衡、受教育水平总体不高，这一状况也影响社区工作者队伍履职绩效考核评价的开展在接受调查的人员中，

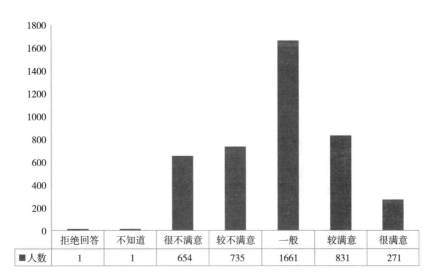

图5-7 城市社区工作者队伍收入满意度情况

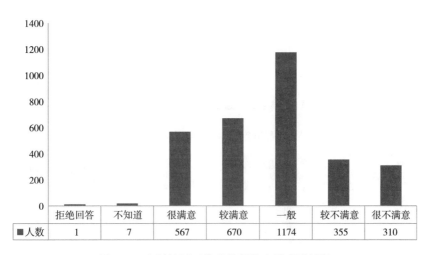

图5-8 农村社区工作者队伍收入满意度情况

城市社区工作者队伍男性所占比例为32%，女性所占比例为68%（见图5-9）。而农村社区工作者队伍男性所占比例为74%，女性所占比例为26%（见图5-10）。同时，城乡社区工作者队伍接受教育水平总体不高。城市社区工作者队伍本科学历人数最多，其次为大专学历人数，再次为高中、技校、职高、

中专、初中学历，硕士学历和没有上过学、小学、其他情况的人数较低。农村
社区工作者队伍高中、技校、职高、中专学历人数最多，其次为初中、大专，
再次为大学、小学学历，硕士学历和没有上过学、其他情况的人数很低（见
图 5-11）。

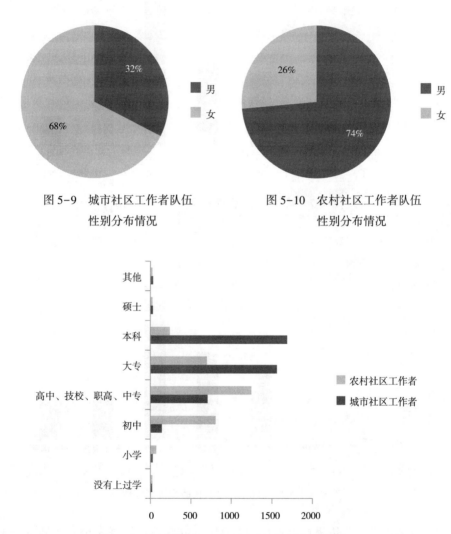

图 5-9　城市社区工作者队伍　　　　图 5-10　农村社区工作者队伍
　　　　性别分布情况　　　　　　　　　　　性别分布情况

图 5-11　城乡社区工作者队伍接受教育水平状况

第二节　社区工作者队伍履职绩效考核评价指标体系

一、社区工作者队伍履职绩效考核评价指标体系构建的指导思想

（一）推动全员参与

社区工作者队伍履职绩效考核需要全员参与，才能构建科学合理的社区工作者队伍履职绩效指标体系。第一，全员参与能够加强社区文化建设，促使较为良好的履职绩效考核文化氛围的形成。第二，全员参与能够提升履职绩效考核过程和结果的公开性、公平性和公正性，为社区工作者提供良好的价值取向，不断提高社区工作者队伍总体工作能力。第三，全员参与能够让社区工作者队伍明确其岗位职责和责权关系等，提高社区工作者工作的自觉性，使得社区工作者队伍履职绩效考核工作顺利进行。

（二）重视个人发展

履职绩效管理理论重视个人发展，个人发展包含物质方面的奖励（薪酬）和精神方面的奖励（嘉奖和升职）。首先，在设计社区工作者队伍履职绩效考核评价体系时，重视完善科学合理的社区工作者队伍激励机制。其次，需要合理分配物质激励和精神激励在社区工作者队伍激励体系中的比重。只有物质激励和精神激励协调推进，才能促进社区和社区工作者队伍共同发展。同时，改善社区工作者队伍的工作环境，提升社区工作者的获得感。增强社区工作者队伍的团队合作，旨在促进社区工作者队伍全面发展，提高社区工作者队伍的履职绩效。

（三）强化结果应用

充分利用考核结果有利于构建科学合理的社区工作者队伍履职绩效考核评价指标体系，利用考核结果需要坚持实事求是和公平对待。社区工作者队伍履职绩效考核结果是评价社区工作者队伍工作成绩的重要手段，促进社区工作者队伍工作能力的提高，从而促进社区和社区工作者队伍的长远发展。要将考核

结果与奖惩机制相结合，对考核结果进行系统分析，进而为社区工作者队伍制定职业规划提供参考，强化履职绩效考核结果的应用性。

二、社区工作者队伍履职绩效考核评价指标体系构建的基本原则

（一）科学性原则

社区工作者队伍履职绩效考核评价指标体系的设计全面反映社区工作者队伍履职绩效所包含的内容，能够有效体现社区工作者队伍履职绩效内容的重点。当前，社区工作者队伍的工作内容较为复杂，涵盖方面较广，综合性较强。因而，构建社区工作者队伍履职绩效考核评价指标体系要将较为复杂的内容进行科学合理的描述。

一是需要充分考虑履职绩效考核评价指标体系的可行性。依据履职绩效评价的内容设立指标数量，既需要全面，也要做到精简。科学合理设立具体履职绩效指标之间的层次关系。具体履职绩效指标设立要包括社区工作者队伍工作的各个方面。

二是社区工作者队伍履职绩效考核评价指标设立要符合社区现实情况，符合社区工作者队伍具体工作内容和工作目标，充分考虑广大社区工作者队伍的意见看法，以利提高社区工作者队伍履职绩效评价指标体系的实际使用价值，提高社区工作者队伍履职绩效评价方案的实施效果。

三是社区工作者队伍履职绩效评价过程需要社区工作者队伍的广泛参与，不断推动履职绩效评价主体呈现多元化。履职绩效评价主体应包括社区内部所有工作人员，只有社区工作者广泛认同履职绩效评价指标体系，评价过程才能更加有效地实施。

（二）导向性原则

总体而言，设立社区工作者队伍履职绩效评价指标的重要目的是为了履职绩效目标更加具体化和可操作化。

首先，充分考虑党和国家的大政方针，保持政策一致性。既要评价社区工作者队伍工作期间的成效与不足，也要确定社区工作者队伍履职绩效评价指标和权重。要能够指导社区工作者队伍后续工作开展，不断提高社区工作者队伍的综合能力与素质。需要依据社区工作者队伍工作的内容和形式等现实情况，也要

重点关注社区工作发展的长远目标，指导社区工作者队伍工作的有效开展。

其次，社区工作者队伍履职绩效评价的基本前提是必须坚持公平、公正、公开、透明导向。考核者对社区工作者队伍要坚持一视同仁，平等对待。要做到公平合理，公开透明，强化社区工作者队伍对履职绩效评价结果的认可程度。要及时将履职绩效评价结果告知社区工作者，充分解释履职绩效评价结果。要建立健全履职绩效结果反馈申诉机制，维护社区工作者队伍的正当利益，提高社区工作者队伍的工作热情和工作效率。社区工作者队伍履职绩效评价结果应当具有差异性和层次性，并依据考核结果建立有关的奖惩制度，使得考核结果与员工奖惩制度相挂钩，提高考核评价结果的实际价值。

（三）系统性原则

履职绩效评价指标设立需要重点体现社区组织和社区居民对社区工作者队伍的期望。各个履职绩效评价指标要反映社区组织和社区居民对社区工作者队伍的要求，指标之间的关系和各个指标的权重的设计要充分考虑系统性原则。

首先，通过层层分解履职绩效目标，层层分解的各个方面内容要体现下一级别的相关具体指标反映上一级别目标的要求，表达上一层级的履职绩效目标的总体构想，从而完善构建社区工作者队伍履职绩效评价指标体系。其次，通过设立定量指标强化履职绩效考核的客观性，改变考核主体单一主导的局面，提高评价的技术性和科学性。在一些指标难以衡量的部分需要保留主观评价，提高履职绩效考核的全面性和人文关怀。社区工作者队伍履职绩效评价是一个循序渐进的过程。既要注重履职绩效考核的执行方面，也要充分考虑指标体系的设立和评价结果的合理运用，提高评价体系的科学性。再次，确定履职绩效评价指标权重也需要坚持系统性原则。各个具体履职绩效评价指标设立都需要反映整体履职绩效目标。因而，确定履职绩效评价指标权重需要依据具体指标对于履职绩效目标的重要程度，权衡各个指标的作用以及重要性，最终确定评价指标权重。

（四）可操作性原则

构建社区工作者队伍履职绩效评价指标体系根本目的是应用于实践。因此，履职绩效评价指标体系的构建需要坚持可操作性原则。首先，定性和定量指标必须明确，能够以社区工作者队伍的工作表现来衡量。其次，设立评价指标需要具备普遍指导性，针对全体城乡社区而制定，而非某个或者几个社区。第三，在构建评价指标中，要充分考虑指标设立的数量和指标内容，坚持科学合理的原则。指标数量过少，难以有效体现社区工作者队伍履职绩效评价的总体目标，指标数量过多，使得履职绩效评价指标体系的应用价值下降。由于城乡社区工作者队伍履职绩效评价起步较晚，应当选择稳定性较强的指标。第四，鉴于社区工作者队伍的履职绩效考核评价目前尚无统一的部门开展相关具体工作，因而，评价结果的统计工作要尽可能简便易行，提高可操作性。

三、社区工作者队伍履职绩效考核评价指标结构与体系构建

依据我国城乡社区发展的现状，建构我国城乡社区工作者队伍履职绩效考核评价指标体系。结合城乡社区工作者队伍工作的实际，以科学性、适用性、稳定性为导向，从党务建设、社会治安、人民调解、计划生育、物业管理、集体经济事务、社区救助方面，构建我国城乡社区工作者队伍履职绩效考核评价指标体系（见表5-1）。另外，设立指标权重也显得尤为必要。履职绩效指标权重，主要是指有关指标在总体指标中所占的比重。一般而言，指标权重越高，说明该指标在社区工作中越重要；指标权重越低，说明该指标在社区工作中重要性越低。因而，要建立健全社区工作者队伍履职绩效评价指标体系，需要合理系统地对履职绩效指标权重进行设计。

表5-1 社区工作者队伍履职绩效评价指标体系表

目标层	一级指标	二级指标
社区工作者队伍履职绩效评价指标	党务建设	社区党员人数
		社区基层党组织数量
		社区党务专职工作者数量
		社区党建工作责任制度规章数量
		社区党建工作计划数量
		社区党员活动场所数量
	社会治安	社区党员服务区数量
		社区人口管理质量
		社区危险物品管理状况

目标层	一级指标	二级指标
社区工作者队伍履职绩效评价指标	社会治安	社区治安秩序管理状况
		社区交通道路管理状况
		社区消防安全管理状况
	人民调解	社区交通事故调解数量
		社区医疗纠纷调解数量
		社区劳动争议调解数量
		社区物业纠纷调解数量
		社区消费纠纷调解数量
		社区旅游纠纷调解数量
		社区电商纠纷调解数量
	物业管理	社区房屋建筑主体管理状况
		社区房屋设备、设施管理状况
	集体经济事务	社区环境卫生管理状况
		社区住宅区公共秩序维护状况
		社区车辆秩序管理状况
		社区物业档案资料管理状况
		社区集体经济收入金额
		社区集体经济支出金额
		社区集体经济财务公开状况
		社区集体经济社区从业人数
		社区股份合作公司培训有关人员数量
	社区救助	社区救助组织数量
		社区救助人数
		社区救助资金投入量
		社区救助人才队伍数量

为建立科学的社区工作者队伍履职绩效评价指标体系，我们邀请专家和学者合理设计社区工作者队伍履职绩效评价指标权重，结合社区工作者队伍工作的实际重点和难点，确保社区工作者队伍履职绩效评价体系设计更具科学性和可操作性。主要包括：第一，履职绩效指标权重坚持整体性。旨在充分发挥履职绩效考核的效用，合理系统地设置城乡社区工作者队伍履职绩效考核指标比重，使得各项指标权重加总为1。第二，依据社区工作者队伍工作实际内容，进行指标权重的设置。指标权重的设置，能够有效反映社区工作者队伍工作的重点和难点。对于社区工作者队伍履职绩效评价指标的重点内容，赋予较高的权重。对于非重点的社区工作者队伍履职绩效评价指标，适当减小权重。第三，明晰各个考核主体考核比重。以公开、公平、公正原则为导向，运用科学理论方法，依据考核主体对社区工作者队伍工作的了解程度，合理设置考核主体的比重。

（一）社区党建

现阶段，社区作为城乡社会治理的基本单元，也是党和政府联系、服务居民群众的"最后一公里"。社区党务建设是城乡社区建设的重要基础。近年来，社区已经成为城乡居民居住生活和公共服务的主要场所，社区居民的构成多元化，社区居民对生活的需求不断增加。新形势下，社区工作者队伍要做好服务社区居民工作，必须以社区党建提高城乡社区治理水平，满足城乡社区居民日益增长的各种需要。城乡社区党建水平直接关系着城乡发展水平的高低，也影响着社区居民的日常生活。同时，城乡社区党建是党的建设在基层的延伸和拓展，影响着党对城乡建设发展进程的领导。强化城乡社区党务建设，有利于密切城乡党群干群关系，推进党对基层事务的全面领导。

社区党务建设是社区工作者队伍建设的重要内容，优化社区党务建设指标有利于全面构建社区工作者队伍履职绩效评价指标体系。社区党务建设指标衡量具体内容包括：（1）社区党员人数；（2）社区基层党组织数量；（3）社区党务专职工作者数量；（4）社区党建工作责任制度规章数量；（5）社区党建工作计划数量；（6）社区党员活动场所数量；（7）社区党员服务区数量。

（二）社区治安

社区治安直接关系城乡社区的稳定发展。社区治安指社区政府组织和自治组织依靠社区居民，协同有关部门，对关乎社区的社会秩序和人民群众生活生产等活动进行治理。构建城乡社区安全体系能够推进城乡社区治安管理现代化进程，也有利于构建城市公共安全管理网络。社区治安是社区工作者队伍工作的重点内容之一，设置社区治安指标有利于全面构建社区工作者队伍履职绩效评价指标体系。社区治安指标衡量的具体内容包括：（1）社区人口管理质量：主要包括对户口、居民身份证、人口调查、常住人口、暂住人口、特殊控制人口等进行管理的情况。（2）社区危险物品管理状况：主要包括枪支，管制刀具，爆炸物品，剧毒物品等进行管理的情况。（3）社区治安秩序管理状况：主要包括公共场所治安管理，企事业单位安全防范工作的指导，查处社会丑恶现象等情况。（4）社区交通道路管理状况：主要包括对车辆、机动车驾驶员、交通安全设施等进行管理的情况。（5）社区消防安全管理状况：主要包括开展消防安全宣传，做好消防队伍的思想、组织、业务建设，指挥火灾扑救工作等情况。

（三）人民调解

社区人民调解，主要是指借助人民调解委员会，依据法律法规、社会道德规范，对社区纠纷当事人进行说服规劝，达成协议和消除纷争的活动。社区人民调解既是我国社会主义法治建设中的伟大创举，也是具有中国特色的法律制度。社区人民调解具有形式多样、方便灵活、制度完善、程序规范、纪律严格的特征。社区人民调解关乎社区居民的日常生活，影响着社区的稳定团结。开展社区人民调解能够预防和减少犯罪，提高社会生产力和推进社会主义精神文明建设，使得社区居民能够直接参加管理社会公共事务。

人民调解是社区工作者队伍的重点工作内容之一。社区工作者队伍参与社区人民调解，能够化解矛盾纠纷，提高人民调解效能，维护社会和谐稳定。设置人民调解指标有利于全面构建社区工作者队伍履职绩效评价指标体系。人民调解指标衡量具体内容包括：（1）社区交通事故调解数量；（2）社区医疗纠纷调解数量；（3）社区劳动争议调解数量；（4）社区物业纠纷调解数量；（5）社区消费纠纷调解数量；（6）社区旅游纠纷调解数量；（7）社区电商纠纷调解数量等。

（四）物业管理

社区物业管理，主要是指社区居民以合同的方式委托物业服务企业等，对社区居民的房屋及配套的附属设备设施等事项进行日常管理的活动。一般而言，社区物业管理有广义和狭义之分。从广义上看，社区物业管理是指对包括经济、政治、人口、环境等方面的社会系统进行的综合管理活动。从狭义上看，社区物业管理是指对城乡社区内部社会生活方面所进行的管理。随着我国城乡社区的不断发展，城乡社区物业管理的水平也得到较快地提高。但也存在一些问题：主体职责划分不明确，业主委员会成立和运行工作规范程度不高，行业监管力度不够等。这就需要社区工作者队伍积极发挥在社区物业管理中的作用，以利提高社区物业管理的水平和质量。

社区物业管理直接关系社区居民的日常生活，是社区工作者队伍工作的重点内容之一。设置物业管理指标有利于全面构建社区工作者队伍履职绩效评价指标体系。物业管理指标衡量具体内容包括：（1）社区房屋建筑主体管理状况；（2）社区房屋设备、设施管理状况；（3）社区环境卫生管理状况；（4）社区住宅区公共秩序维护状况；（5）社区车辆秩序管理状况；（6）社区物业档案资料管理状况。

（五）集体经济事务

社区集体经济是指在社会主义市场经济条件下，在社区范围内，以共同占有的资产与积累的资金为支撑开展多元化经营的社区合作经济。社区集体经济既是一种社区成员共同拥有的经济形式，也是我国城乡社区经济的重要组成部分。社区集体经济直接影响社区经济发展水平，也间接影响我国城乡经济社会发展水平。长期以来，我国社区集体经济以低端制造业、传统的物业租赁、低效的资源利用等为主，发展较为滞后，发展方式需要进一步转变，以利不断提升社区集体经济的发展水平。

社区集体经济直接影响社区居民的生活水平，是社区工作者队伍工作的重点内容之一。设置集体经济事务指标有利于全面构建社区工作者队伍履职绩效评价指标体系。社区集体经济指标衡量具体内容包括：（1）社区集体经济收入金额；（2）社区集体经济支出金额；（3）社区集体经济财务公开状况；（4）社区集体经济从业人数；（5）社区股份合作公司培训有关人员数量。

（六）社区救助

社区救助是指在非营利性的原则上，对社区弱势群体和生活贫困者提供救助服务，采取多种方式方法，改善社区弱势群体和生活贫困者生活状况。社区救助有关主体在不同层面发挥不同救助作用，劳动保障部门能够救助失业、生活无保障的社区居民，提供相应维持生活的工作岗位，维持失业社区居民的基本生活需要。公益性社会组织也能够在社区救助方面发挥重要作用，提供生活帮助，给予精神方面的鼓励，构建和谐的社区氛围。社区工作者队伍参与社区救助具有诸多益处：救助方式灵活多样，更加贴近社区弱势群体，能够精准地提高社区弱势群体和生活贫困者生活水平。社区救助影响城乡社区的稳定团结，是社区工作者队伍的重点工作内容之一。设置社区救助指标有利于全面构建社区工作者队伍履职绩效评价指标体系。社区救助衡量具体内容包括：（1）社区救助组织数量；（2）社区救助人数；（3）社区救助资金投入量；（4）社区救助队伍数量。

第三节　社区工作者队伍的绩效激励

一、社区工作者队伍绩效评价结果运用

（一）调整社区工作者队伍的岗位设置

通过社区工作者队伍履职绩效考核得出的结果，有利于发现社区工作者队伍有关岗位存在的问题，及时调整社区工作者队伍工作岗位设置。其一，将社区工作者队伍履职绩效考核结果作为晋升和降职的依据。对于考核优秀的社区工作者，采取相应的奖励措施。社区工作者队伍岗位设置要充分发挥个人才能，提高岗位设置的工作效率。发现社区工作者工作表现与岗位设置不适应，要查找原因并进行职位置换。对于能力较强的社区工作者能力未能充分发挥，能力较弱的社区工作者难以胜任现有职位的情况，需要科学合理地进行岗位置换，实现"人适其事，事得其人"。其二，职位置换还需要形成优秀社区工作者在各种岗位间轮换和交流的机制，旨在培养高水平的社区工作者。利用社区工作者队伍履职绩效考核得出的结果，有利于进行人力资源规划，及时更新原有的评价指标体系，应用于社区工作者队伍招聘录用，检验社区人力资源政策运行效果，促进社区人力资源建设，制订社区工作者队伍人力资源规划，编制

社区工作者队伍人力资源培训计划。

(二) 优化社区工作者队伍的薪酬管理

通过社区工作者队伍履职绩效考核得出的结果，既能够发现问题并及时纠正，也能提高社区工作者队伍工作的积极性，有利于建立社区工作者队伍薪酬管理制度。实行履职绩效考核结果与履职绩效工资相挂钩，通过薪酬管理制度实施，实现履职绩效考核作用的最大化，促进社区工作者队伍工作效率的提高。将薪酬划分为基本工资、履职绩效工资和年终奖金。依据履职绩效考核年度评定等级，将履职绩效工资分为优秀、称职、基本称职、不称职。每年依照履职绩效考核结果，对履职绩效工资进行动态调整。对于年度综合评定分数排名较前的管理岗和普通岗人员，发放全额年终奖。对于其他评定为基本称职及以上等级的人员，发放 60% 年终奖。对于评定为不称职等级的工作人员，不发放年终奖。将履职绩效考核成绩优异作为职务任命、职称评定、工资晋级的重要衡量指标。对年终履职绩效考核处于本岗位前三名的社区工作者，岗位基本工资晋升一级。而对年终履职绩效考核处于本岗位后三位的社区工作者，岗位基本工资降一级，且对其进行面谈和告诫。

(三) 强化社区工作者队伍的培训教育

社区领导应依据社区工作者队伍履职绩效考核结果，对每个社工进行针对性的培训，督促社区工作者明晰自身的优势与劣势，弥补自身业务能力短板，不断提升自身职业道德和业务水平。强化社区工作者队伍的责任心与集体荣誉感，进行自主学习和自我完善。打造良好的社区学习氛围，推进个人与社区共同成长的双赢局面。履职绩效考核能够评价社区工作者队伍优缺点，不断提高社区工作者队伍履职绩效水平。通过社区工作者队伍履职绩效考核结果，发现社区工作者队伍工作表现与组织要求的差距，从而进行有关的培训教育活动。通过有针对性的培训，不断开发社区工作者队伍潜力，提升社区工作者队伍工作能力。履职绩效考核能够衡量社区工作者队伍工作的成效，促进社区和社区工作者队伍共同发展。履职绩效评价是履职绩效管理系统的关键所在，是一个动态的、调整的过程，与社区工作者队伍职务升降、职位调动与履职绩效表现息息相关。依据履职绩效评价结果，较高履职绩效的社区工作者能够得到升迁，较低履职绩效的社区工作者通过培训，持续提高其工作能力。利用履职绩效考核结果，指导社区工作者队伍后续的工作开展。社区工作者队伍依据履职绩效考核结果，执行社区工作者队伍职业规划，强化自身职业生涯设计的学习和开发，不断提高社区工作者队伍的履职绩效。

二、社区工作者队伍的薪资待遇激励

（一）完善社区工作者队伍的薪酬结构

将履职绩效和薪酬联系起来，能够有效发挥对员工的激励作用。现阶段，在社区工作者队伍薪酬制度中，对履职绩效工资考核制度的重视程度不够。将履职绩效工资引入社区工作者队伍履职绩效考核体系，发挥履职绩效工资的最大效用，根据社区工作者对社区贡献的程度来确定薪酬的多少。完善社区工作者队伍的薪酬结构，薪酬由固定工资、履职绩效工资、福利和奖金构成，不断提高社区工作者队伍总体薪酬水平。一是由于社区工作者队伍工作的特殊性，应当设立特殊岗位津贴，实现薪酬制度的外部公平目标，提高社区工作者队伍的职业认同感。二是缩小社区工作者队伍内部薪酬差距。对于非在编社区工作者，应当改变传统单一的固定工资制，逐步建立工资和工龄相挂钩制度。依照在编社区工作者的工资增长机制，提高非在编社区工作者的薪酬待遇水平，不断缩小不同类型的社区工作者内部薪酬差距。

（二）确立社区工作者队伍的薪酬水平

依据亚当斯的公平理论，薪酬制度的制定，需要坚持外部公平和内部公平相平衡的原则。由于社区工作者队伍工作任务较为繁重，与公务员相比，薪酬制度的外部公平和按劳分配的原则未能得到有效体现。同时，要调控社区工作者队伍的工资标准与当地的经济发展水平和物价水平相适应，建立健全社区工作者队伍工资动态增长机制。实行薪酬分配在内部与外部上的公平制度，缩小不同岗位社区工作者薪酬的差距，不断提升社区工作者队伍的薪酬待遇水平最大程度发挥薪酬的激励作用。

三、社区工作者队伍的职业认同激励

(一) 开展社区工作者的职业生涯规划

重视社区工作者队伍的职业生涯规划非常必要，合理科学的社区工作者队伍职业生涯发展规划，能够帮助社区工作者实现个人职业目标，充分发挥自身价值所在。因此，需要引导社区工作者做好职业生涯规划，涵盖短期、中期、长期不同时期职业规划，明晰不同时期的职业发展目标，并为之努力奋斗。在社区工作者队伍职业生涯初期，要指导他们设计科学合理的职业生涯规划，选择正确合理的职业道路。要结合社区工作者个人自身的特点，制定社区工作者队伍职业发展规划，内容涵盖社区工作者队伍职业生涯发展目标、现有资源、所需条件等几个方面。利用职业生涯规划，社区工作者队伍能够明确自己职业生涯的发展目标方向，社区也较容易获取社区工作者在工作期间的成效、职业发展的方向目标。此外，职业发展规划有助于社区工作者在年终系统回顾和总结，并将个人工作成效及时上报给社区，社区将个人工作成效纳入履职绩效评价指标体系。

(二) 拓宽社区工作者的职业发展通道

现阶段，社区工作者队伍晋升渠道有限，职业发展空间不大。针对此种状况：其一，要将年度考核中较为优秀的社区工作者，优先考虑推荐为社区的后备干部，提升社区工作者队伍晋升通道。其二，提升非正式在编的社区工作者的晋升机会，在同等条件下优先录用社区非正式编制的优秀工作人员，使得他们有机会成为正式编制的社区工作者，提升其职业认同感和归属感。交流调配是组织人才的横向流动过程，要不断强化社区工作者队伍之间交流调配，利用此种制度，既可以为社区工作注入生机与活力，也可以为社区工作者队伍职业生涯开辟新道路。对履职绩效考核优秀的社区工作者，要让他们担任社区领导职务，提升其职业认同感。对于履职绩效考核较差的社区工作者，进行不同岗位置换。增加岗位的流动性，发挥鞭策和激励作用。与此同时，社区工作者队伍之间也需要强化交流合作力度，改变原有的工作环境、工作氛围，提升工作新鲜感，提高工作热情。岗位交流机制在成熟企业内部较为常用，社区引入岗位交流机制，有利于促进社区和社区工作者队伍共同发展。

当前，社区也应为社区工作者队伍开辟职业发展通道，更好地发挥职业激励作用。在进行职业生涯规划时，一方面，进行社区工作者队伍人才的纵向培养，建立健全职务与职级晋升的评价体系，制定科学的岗位晋升制度。另一方面，进行人才的横向培养，建立教育培训与岗位轮换相结合的培养模式，丰富社区工作领域，建立健全岗位匹配制度。职务晋升既能有效促进社区工作者队伍的自我认同，也能有效提高社区整体履职绩效水平。

四、社区工作者队伍的组织参与激励

（一）提高社区工作者队伍的参与程度

上级有关部门可以派遣年轻干部到基层社区挂职锻炼，实际参与社区管理工作，使其明白社区工作者队伍的工作难点，将相关难点反映到上级主管部门，并协助社区工作者队伍开展社区工作。此举也有助于上级部门充分掌握社区工作者队伍的工作情况，营造稳定团结的社区工作环境。社区人事部门应加大对社区工作者队伍人才的培养力度，给予优秀的社区工作者队伍一定的奖励与支持，为社区工作者队伍开展工作提供相关服务，提高社区工作者队伍的参与程度。在实施社区岗位交流机制中，需要重点关注社区岗位交流的人员范围。

社区网格员是社区工作者队伍的重要力量，承担着多重社区管理和服务的工作，必须改变传统的社区网格员的履职绩效考核制度。对社区网格员的履职绩效考核结果进行排名，并及时公布，给予优秀的社区网格员现金奖励和精神奖励，并将考核结果与薪酬福利、晋升提拔、休假培训等指标相挂钩，营造良好的社区网格员竞争氛围。同时，建立健全社区网格员常态交流机制，避免社区网格员长期固定管辖网格所形成的工作惰性，通过岗位轮替培育社区工作人员丰富的岗位工作经历，提高社区工作者队伍综合工作能力。

（二）提高社区工作者队伍的贡献程度

提高社区工作者队伍的贡献程度十分必要，而社区工作者队伍履职绩效评价指标体系能够有效反映社区工作者队伍的贡献程度。基本工资、福利等传统的激励方式，能够让社区工作者队伍获得应有的回报，认同社区工作者队伍本身对社区所做出的贡献。科学合理的激励措施应聚焦社区工作者队伍本身的发

展需求，实现社区发展与社区工作者队伍利益密切相连。通过社区工作者队伍的导向激励，不断激发社区工作者队伍的工作兴趣，使得社区工作者队伍产生内在成就感，提高社区工作者队伍工作的自主性、参与感。社区的文化关乎社区工作者队伍的责任感、使命感，若社区工作者队伍对自身岗位工作兴趣和热情较低，社区履职绩效考核体系难以有效发挥应有的贡献。

五、社区工作者队伍的岗位培训激励

（一）分析社区工作者队伍的培训需求

岗位培训既能提高个人能力和素质，也能促进社区发展。岗位培训既是社区开发人力资源的必然要求，也是社区工作人员增加知识容量和接受教育提升的重要方式，能够提升自身素质，更好胜任岗位要求。因此，社区应当高度重视社区工作者队伍岗位培训。现阶段，社区工作者队伍的培训力度不够，培训目标不明确，培训激励效果较为有限，因而进行社区工作者队伍培训激励显得尤为必要。

进行社区工作者队伍培训，需要分析社区工作者队伍培训需求，社区要依据实际情况对社区工作者队伍进行有针对性的培训，进而达到较好的培训效果。首先，要明确社区对社区工作者队伍的培训要求。其次，掌握社区工作者队伍个人的专业水平和需求状况。通过分析社区工作者队伍个人的能力和素质，对照所担任的社区岗位要求，明确社区对社区工作者队伍的培训计划。

（二）建立社区工作者队伍的培训体系

培训激励能够为社区培养优秀人才，推动社区各项工作不断进步。在设计社区工作者队伍培训体系时，需要从培训内容、培训方式等方面，科学系统地设计社区工作者队伍培训体系。近年来，社区培训过度重视数量、培训过程、基本操作技能方面，对提升社区工作者队伍能力的作用较为有限。因此，需要建立社区培训监督体系。通过人事档案记录社区工作者队伍培训情况，对每一次培训进行打分，将社区培训纳入社区工作者队伍推优评先的考核指标，对于在社区培训中表现优秀的社区工作者，给予相应的奖励。表现较差的，在年度考核评定时给予一定的绩效扣减，通过奖励和惩罚双向强化社区工作者队伍培训的监督和考核。利用正向激励的方式，提高社区工作者队伍的培训热情，利用反向刺激的方式，提升社区工作者队伍的培训效率，使得岗位培训的作用能够有效发挥。

合理评估培训效果。在进行社区工作者队伍培训时，密切关注社区工作者的意见看法，制定科学合理的培训反馈机制，充分掌握社区工作者对于培训情况的反馈。在培训前，通过实地调查等方法，掌握社区工作培训的实际需要。在培训中，全面掌握社区工作者队伍培训效果的及时反馈。在培训后，系统评估社区工作者队伍培训的真实效果，更好地指导后续培训工作的开展。对于在社区工作者队伍培训过程中所发现的问题，要及时进行整改，完善社区工作者队伍培训制度，更好地发挥培训激励作用。

六、社区工作者队伍的职业发展激励

（一）拓宽社区工作者队伍的晋升通道

目前，社区工作者队伍晋升通道较为有限。大多数社区工作者队伍开展职业规划的意识较差，未有明确的职业发展目标，有明确的职业发展目标，因而社区工作者对所承担的岗位的归属感和认同感较低，所以社区要指导社区工作者制定职业规划，提升其的归属感和认同感。对于履职绩效考核优秀的社区工作者，优先考核提拔担任社区领导岗位，考核较差的，进行谈话劝诫。

建立健全社区工作者队伍进入退出机制。对于在岗位表现较为优秀的社区工作者进行重点培养，对于岗位表现较差的，可综合考虑采取降职、解聘等方式予以调整。在聘用社区工作者时，应当设定有关的考核条件，旨在选拔适应社区工作岗位的优秀人才，不断优化社区工作人才队伍。建立社区工作者队伍服务水平星级晋升通道，通过服务水平星级评定，社区工作者队伍能够取得较高的薪酬待遇，促使个人价值的实现，也能让社区工作者队伍不断提升自身的服务水平。

（二）强化社区工作者队伍的能力建设

首先，及时调整和补充社区工作者。按照社区居民数量比例，配备社区工作者数量。现阶段社区工作者数量相对不足，导致所提供的服务难以满足社区居民的要求。大部分社区工作者的工作强度大、工作压力大，难以满足社区岗位的所有要求，职业认同感较低。其次，重视选优配强。选拔工作能力较强的

人才招聘进入社区工作者队伍。招聘社区工作者时，要按照实际情况提高招聘门槛。对于社区领导干部的选拔，应当考虑由政治素养、业务能力较强的人才担任。

其次，建立健全社区工作者队伍职业化机制。不断提高社区工作者队伍的工作能力，提升社区工作者队伍的服务水平。建设社区工作者队伍专业人才库，鼓励参加社会工作者职业水平考试，使其获得职业水平等级证书，能够持证上岗工作。倡导社区工作者考取助理社会工作师、社会工作师资格证。在社区工作者队伍晋升提拔中，强化社区工作者队伍量化考核运用，提高量化考核结果的可信度。以多种方式激发社区工作者队伍的工作热情和兴趣，不断提高社区工作者队伍的工作能力和业务水平。

第六章　中国社区工作者队伍的薪资福利和组织保障

习近平总书记多次强调，要真情关爱基层干部，帮助解决实际困难，要撑腰鼓劲、关爱宽容，体现组织的温度，激励干部增强干事创业的精气神。在国家治理体系与治理能力现代化建设的过程中，城乡社区工作者发挥着重要的作用，他们是基层党政和基层社区的衔接者，是基层公共服务产出的组织者，是基层社会矛盾的协调者，是构建基层治理共同体的参与者。改革开放以来，随着我国社会主义市场经济体制的建立和完善，虽然大多数社会组织根据相关法律法规建立了以岗位为基础的薪酬管理制度，但对于城乡社区工作者来说，该领域分配模式单一，激励机制不足，薪资普遍较低，福利保障不到位，薪酬体系建设较为滞后，不但影响了城乡社区工作者的社会地位，同时也对社区工作者的队伍建设带来了一定制约，最终影响到社区工作者自我成就感和社会认同度。据 2020 年社区工作者队伍调查，城乡社区工作者的基本收入情况及收入满意度情况如下，见表 6-1 至表 6-3。

表 6-1　城市社区工作者月收入水平

月收入（元）	占比（%）	累计百分比（%）
0-3000	45.3	45.3
3001-6000	46.8	92.1
6001-9000	6.0	98.1
9001-12000	1.4	99.5
12001-15000	0.4	99.9
15001-18000	0.1	100.0

表6-2　农村社区工作者年收入水平

年收入（元）	频数（个）	频率（%）	累计百分比（%）
0-50000	2840	92.1	92.1
50001-80000	125	4.1	96.2
80001-100000	49	1.6	97.8
100001-120000	12	0.4	98.2
120001-150000	20	0.6	98.8
150000以上	11	0.4	99.2
其他	27	0.8	100.0

表6-3　城乡社区工作者收入满意度情况

项目（单位:%）	很满意	较满意	一般	较不满意	很不满意	不知道
城市社区工作者	6.5	20	40	17.7	15.8	0.0
农村社区工作者	18.4	21.7	38.1	11.5	10.1	0.2

由上表可知，城市社区工作者的月收入在3000元以下的占被调查者总人数的45.3%，月收入在3001元至6000元的占被调查总人数的46.8%，即绝大多数被访者的月收入都在6000元以下，6000元以上的仅占被调查总人数的7.9%；而农村社区工作者的年收入绝大部分在80000元以下，80000元以上的占少数。在接受调查的4154名城市社区工作者中，对收入较满意和很满意的比例仅占被调查对象的26.5%，认为收入一般的占40%；在接受调查的3084名农村社区工作者中，对收入较满意和很满意的共占40.1%，认为收入一般的占38.1%。收入是否满意是对个人收入的主观感受和评价，但能够反映出其收入期望与实际收入感受之间的差距。相较而言，农村社区工作者的收入满意度比城市社区工作者的收入满意度稍高，但整体上，城乡两类社区工作者收入满意度有待提升。

单纯地统计收入的多少无法衡量出实际的收入水平，上述调查项目对城市社区工作者的收入与居住地其他人的收入做了横向比较性调查。见表6-4。

表6-4　城市社区工作者收入相比同居住地他人高低情况

变量	频数（个）	频率（%）	有效百分比（%）	累计百分比（%）
拒绝回答	2	0.0	0.0	0.0
不知道	1	0.0	0.0	0.1
很低	818	19.7	19.7	19.8
较低	1446	34.8	34.8	54.6
一般	1783	42.9	42.9	97.5
较高	97	2.3	2.3	99.8
很高	7	0.2	0.2	100.0
合计	4154	100.0	100.0	—

可以看出，与同居住地的其他人收入相比，有54.5%的城市社区的被调查者认为自己的收入比其他人收入要低，仅2.5%的被调查者收入比同居住地的其他人高，42.9%的人认为收入一般。

城乡社区工作者犹如社会和谐的润滑剂，在维护基层社会稳定、组织公共服务、推动精神文明建设、促进基层治理等方面的作用不可或缺。提升社区工作者的薪资福利，加强社区工作者的组织保障，完善多元化的薪资统筹机制，杜绝违法所得，建立离退社区工作者的保障机制，在新时代中国特色社会主义现代化建设中具有重要的意义。

第一节　社区工作者的薪资结构与工作保障

一、建立适应发展的社区工作者薪资体系

长期以来，社区工作者的薪资体系不能随着各地经济发展水平和社会的实际需求而适时调整，收入较低是普遍现象，无法解决社区工作者队伍的后顾之忧。2016年6月，民政部颁布《关于加强和改进社会组织薪酬管理的指导意见》，提出加强和改进社会组织薪酬管理的必要性、总体要求和基本原则，进一步明确了社会组织薪酬标准，并对社会组织薪酬兑现、规范薪酬管理、薪酬正常增长机制、社保公积金缴存机制、薪酬管理工作的组织领导等方面提出规

范要求。2017年《国务院关于加强和完善城乡社区治理的意见》在城乡社区工作者队伍建设方面提出，对于"获得社会工作职业资格的给予职业津贴"，将社区工作者职业的专业化与职业津贴挂钩。两个《意见》对城乡社区工作者的薪资保障具有重要的指导意义。第一，根据现实发展需要，按需设岗、以岗定薪；第二，将合理确定城乡社区工作者薪资待遇作为人才激励及保障的重要措施之一，激发社区工作者的工作动力和活力；第三，各地根据经济社会发展水平，制定并适时调整城乡社区工作者薪资福利指导标准；第四，加强组织领导和联合推进，确保社区工作者薪资福利落实。

城乡社区工作者的薪资福利水平长期偏低和增长缓慢，直接影响其参与社会治理和社会服务的长期发展。根据国家指导精神，建立与社会发展相适应的城乡社区工作者薪资与组织保障机制刻不容缓。

（一）优化城乡社区工作者薪资福利结构，减少城乡差距

2016年民政部《关于加强和改进社会组织薪酬管理的指导意见》中提出，从业人员实行岗位绩效工资制，薪酬由基础工资、绩效工资、津贴和补贴等部分构成。2020年社区工作者队伍调查项目对城乡社区工作者的薪资体系做了调查，其中，城市社区工作者的薪资体系总体上包括基本收入和福利两部分，见表6-5至表6-7。

表6-5　城市社区工作者月收入构成情况

项目 （单位:%）	基本工资	薪级	绩效	津贴	奖金	加班费	其他收入
有	91.1	39.4	52.3	36.6	48.4	12.5	8.3
无	8.7	60.2	47.3	63.3	51.4	87.3	91.5
不知道	0.2	0.5	0.4	0.2	0.2	0.2	0.2

由上表可知，城市社区工作者月收入包括：基本（保底、岗位）工资、薪级（技能）工资、绩效（业绩）工资、津贴（降温费、取暖费等）、奖金（如年终考核奖）、加班费等，其中，拥有基本工资、薪级工资、绩效工资、津贴和奖金的被访者占所有被访者的比例较高，可知这几项是构成他们收入的重要组成部分，加班费和其他收入较少。

城市社区工作者所在机构所设福利和自己所享受到的福利情况见表6-6

和表 6-7。

表 6-6　城市社区工作者所在机构所设福利情况

项目 (单位:%)	养老 保险	住房 公积金	住房 补贴	医疗 保险	工伤 保险	大病统筹 保险	工作餐	带薪 年假
有	88.3	61.5	5.5	84.7	70.2	49.5	21.8	60.3
无	11.6	38.5	94.2	15.2	29.1	49.1	78.2	39.5
其他	0.1	0.0	0.3	0.1	0.7	1.4	0.0	0.2

项目 (单位:%)	定期 体检	商业 保险	失业 保险	节假日	探亲假	哺乳假	病假	职业 年金
有	66.2	7.1	69.5	89.9	74.6	82.2	90.8	9.6
无	33.6	92.5	30.1	10.0	24.7	16.8	9.1	89.2
其他	0.2	0.4	0.4	0.1	0.7	1.0	0.1	1.2

表 6-7　城市社区工作者享受的福利情况

项目 (单位:%)	养老 保险	住房 公积金	住房 补贴	医疗 保险	工伤 保险	大病统筹 保险	工作餐	带薪 年假
本人有	82.6	58.4	3.8	81.9	65.3	44.9	21.5	55.4
本人无	4.7	2.8	1.6	2.5	3.7	3.4	0.3	4.6
其他	12.7	38.8	94.6	15.6	31	51.7	78.2	40.0

项目 (单位:%)	定期 体检	商业 保险	失业 保险	节假日	探亲假	哺乳假	病假	职业 年金
有	64.9	6.5	62.4	83.5	55.2	45.5	81.4	8.5
无	1.3	0.6	5.2	5.7	13.1	22.5	7.6	0.9
其他	33.8	92.9	32.4	10.8	31.7	32	11	90.6

可以看出，城市社区工作者所在机构所设的福利项目主要有养老保险、住房公积金、医疗保险、工伤保险、大病统筹保险（补充医疗保险）、带薪年假、定期体检、失业保险、节假日、探亲假、哺乳假和病假，相应地，城市社区工作者所享受到的相关福利的比例也较高。因所设置的福利项目中住房补贴、工作餐、商业保险（单位补贴或购买）和职业年金较少，相应地，城市社区工

作者所享受到的几类福利的比率极低。

农村社区工作者的薪资体系也包括两部分，基本收入包括：职务补贴、专项补贴、绩效奖、津贴、加班费；福利包括：养老保险、定期体检、医疗保险、工伤保险、大病统筹保险、生育保险、带薪年假、失业保险、住房公积金、商业保险、职业年金、住房补贴等（见表6-8和表6-9）。

表6-8　农村社区工作者收入构成情况

项目 （单位：%）	职务 补贴	专项 补贴	绩效	津贴	加班费	经济 发展奖	分红	其他 收入
是	85.2	17	49.3	9.5	10.5	8.9	3.7	3.7
否	12.6	81.5	49.3	89.1	88.6	89.3	95.5	95.6
不清楚	2.2	1.5	1.4	1.4	0.9	1.8	0.8	0.7

表6-9　农村社区工作者享受到的职业福利情况

项目 （单位：%）	养老 保险	住房 公积金	住房 补贴	医疗 保险	工伤 保险	大病统筹 保险	带薪 年假
是	38.6	7.9	1.0	25.6	15.1	13.9	11.8
否	59.5	91.9	98.9	74.0	84.1	84.8	87.6
不清楚	1.9	0.2	0.1	0.4	0.8	1.3	0.6

项目 （单位：%）	定期体检	商业保险	失业保险	生育保险	节假日	职业年金
是	33.5	3.6	9.9	12.0	41.1	3.3
否	66.1	95.9	89.3	87.2	58.4	94.9
不清楚	0.4	0.5	0.8	0.8	0.5	1.8

根据调查，享有职务补贴和绩效的农村社区工作者在被访者中所占的比例较大，可知这两项是他们实际收入的重要组成部分，享有专项补贴、津贴、加班费、经济发展奖、分红和其他收入的占被访者的比例较小；福利待遇方面，享受到养老保险、医疗保险、定期体检和法定节假日的人数在所有被访者中所占的比例较高，而享受住房公积金、住房补贴、工伤保险、大病统筹保险、带薪年假等福利项目所占的比例极低。

从薪资结构看，城市和农村两类社区工作者的薪资体系结构有一定差别，对比见表6-10至表6-12。

表6-10 城乡社区工作者基本收入类别对比情况

项目 (单位:%)	基本 工资	薪级	绩效	津贴	奖金	加班费	职务 补贴	专项 补贴	分红
城市	有	有	有	有	有	有	无	无	无
农村	无	无	有	有	有	有	有	有	有

表6-11 城乡社区工作者福利项目对比情况

项目 (%)	养老 保险	住房 公积金	住房 补贴	医疗 保险	工伤 保险	大病统筹 保险	工作餐	带薪 年假
城市	有	有	有	有	有	有	有	有
农村	有	有	有	有	有	有	无	有

项目	定期 体检	商业 保险	法定 节假日	探亲 婚假	哺乳假	病假	职业 年金	失业 保险	生育 保险
城市	有	有	有	有	有	有	无	无	无
农村	有	有	有	无	无	有	有	有	有

表6-12 城乡社区工作者所享有的主要福利项目比例对比情况

项目 (单位:%)	养老 保险	住房 公积金	医疗 保险	工伤 保险	大病统筹 保险	带薪 年假
城市	81.7	58.3	81.9	65.3	44.9	55.4
农村	38.6	7.9	25.6	15.1	13.9	11.8

项目 (单位:%)	定期 体检	失业 保险	节假日	探亲假	哺乳假	病假
城市	64.9	62.4	83.5	55.2	45.5	81.4
农村	33.4	9.9	41.1	无	无	无

养老保险、医疗保险、定期体检和法定节假日是农村社区工作者所享受到的主要福利项目，通过对比发现，农村社区工作者享有这几类福利项目所占的

比例明显低于城市社区工作者所占的比例，以城市社区工作者所享有的主要福利项目与农村社区工作者所享有的相应福利项目对比，农村社区工作者所享有的福利待遇劣势更加明显。

对于收入是否合理的问题，调查结果也有反映，见表6-13。

表6-13　城乡社区工作者收入或薪酬是否合理情况

项目 （单位:%）	非常 合理	比较 合理	无所谓	较不 合理	很不 合理	拒绝 回答	不知道
城市社区工作者	2.7	31.5	14.9	37.6	13.2	0.1	0.0
农村社区工作者	12.5	39.8	19.8	18.9	8.8	0.0	0.2

由上表可知，在被调查的城市社区工作者中，约有34.2%的被调查者认为收入是合理的，而认为不合理的占50.8%，超过被调查者的一半；在被调查的农村社区工作者中，共有52.3%的被调查者认为收入是合理的，27.7%的被调查者认为收入不合理。对收入是否合理的评价，能够在一定程度上反映出对收入的满意度。农村社区工作者收入的满意度比城市社区工作者的满意度稍高，二者具有一定的关联性。

综合以上情况，可以得出如下结论：

（1）城乡社区工作者薪酬福利体系有一定差异，城市社区工作者的福利待遇相较农村社区工作者的福利待遇普遍具有明显优势；

（2）同类主要福利项目中，城市社区工作者比农村社区工作者所享受到的福利优势更为明显；

（3）农村社区工作者对收入的合理性评价比城市社区工作者对收入的合理性评价稍高，但总体来说收入的合理性有待提升。

不可否认，因城乡之间及地域之间的差异，城市和农村社区工作者的薪资结构不可能做到完全一致。各地需建立科学的城乡社区工作者薪资福利体系结构，特别是在同类福利项目方面，应尽可能减少并逐步消除城乡社区工作者在薪酬福利上的差距。

（二）适应社会发展总体水平及工作强度，提升薪酬待遇

城乡社区工作者薪酬体系结构和实际水平关系着社区工作者队伍建设和基

层社会建设与治理的成效。现实中，由于各地经济发展水平不一，各基层单位的情况复杂，城乡社区工作者薪酬结构与总体收入水平并没有完全与社会发展总体水平相适应。目前社区工作者的薪资收入大多参照一定的职务和级别等发放，武汉市有关城市社区工作者薪酬管理办法就是一个典型代表。

2020年武汉市委办公厅、市政府办公厅发布了《武汉市社区工作者管理办法》，强化社区工作者薪酬保障，创新提出四岗18级岗位等级序列，比较具有代表性。四岗分别是社区正职、副职、委员、社区干事，18级岗位等级序列为：社区干事1-12级，委员3-14级，副职5-16级，正职7-18级，对应"社区干事——社区'两委'（党委、居委会）委员——社区'两委'副职——社区正职"，按照年人均收入不低于上年度全市城镇单位职工平均工资标准，将社区工作者的报酬设为基本报酬、绩效报酬、奖励报酬三部分，其中，基本报酬占本岗位等级应发报酬的80%；绩效报酬占本岗位等级应发报酬的20%，依据年度考核结果确定，并适当拉开差距；奖励报酬，即年度考核优秀的，多发放1.5个月报酬，年度考核合格的，多发放1个月的报酬。在福利方面，该《办法》规定，社区工作者享受"五险一金"待遇，各区应为社区工作者单独或者集中购买大病救助险、意外伤害险，组织免费体检待遇。此外，可根据社区工作者个人实际情况，享受一定的学历津贴、职业津贴，符合条件的社区工作者还可依法享受职工带薪休假和工会会员福利。

《武汉市社区工作者管理办法》值得借鉴，该《办法》的创新之处在于，提高了党员群众评议在社区工作者考核中的权重，提出等级晋升与年度考核结果挂钩的薪酬机制；打破了长期以来社区工作者岗位的"天花板"，对于表现特别突出的，通过面试和考核，专项招聘为基层事业单位人员；同时，在福利待遇上也更加科学化和人性化，将社区工作者职位的重要程度融入薪酬福利之中。

总之，社区工作者薪酬待遇，不能采取一刀切或固化模式，应多方参照，遵循以下原则：第一，效率兼顾公平。城乡社区工作者薪资体系的确定和调整以激发活力和提升工作质量为前提，既要坚持效率又要维护公平正义，在薪资待遇上充分体现以人为本的原则，维护城乡社区工作者的正当权益，不能使其成为"被遗忘的群体"。第二，薪资定期调整。城乡社区工作者的薪酬体系不能一成不变，而要根据城乡社会环境特别是当地经济发展的实际水平的变化而定期调整。

（三）建立社区工作者薪资自然增长机制，强化职业认同

据 2020 年 7 月对城乡社区工作者的调查，近三年城乡社区工作者薪资自然增长在被调查者中所占比例的情况，见表 6-14 和表 6-15。

表 6-14　城乡社区工作者最近三年收入变化情况

项目 （单位:%）	增加 很多	略有 增加	基本 未变	略有 下降	下降 很多	不知道
城市	4.3	50.9	38	4.7	2	0.1
农村	5.1	44.6	46.2	2.2	0.8	1.2

表 6-15　城市社区工作者过去三年中总共加薪次数统计

变量	频数（个）	百分比（%）	有效百分比（%）	累计百分比（%）
拒绝回答	1	0.0	0.0	0.0
不知道	43	1.0	1.0	1.1
0	1429	34.4	34.4	35.5
1	1333	32.1	32.1	67.5
2	729	17.5	17.5	85.1
3	582	14.0	14.0	99.1
4	15	0.4	0.4	99.5
5	13	0.3	0.3	99.8
6	7	0.2	0.2	100.0
11	2	0.0	0.0	100.0
合计	4154	100.0	100.0	——

可知，城市社区工作者最近三年收入基本未变的占 38%，有增加的占 55.2%，还有 6.7% 的被访者存在收入下降情况；农村社区工作者最近三年收入基本未变的占 46.2%，有增加的占 49.7%，有 3% 的收入有所下降。城乡社区工作者近三年薪资收入基本不变的还有相当大的比例，其中，农村社区工作者近三年收入基本未变的比例明显高于城市社区工作者，收入增加的人数比例

也低于城市。总的来看，城乡社区工作者薪资的正常增长不明显。

城市社区工作者职位一般为社区书记或主任、社区"两委"委员（书记、主任除外）、专职社区工作人员，城市社区工作者有别于通过国家统一考核录用的有正式编制的公务员，他们是通过基层公开选举或公开招聘的形式，被各街道（镇）或社区的"两委"一站（党委、居委会、社区服务站）选用。作为社区工作的一员，其职业荣誉感和个人存在感都与其实际的薪资待遇直接关联。鉴于该类群体工作的特殊性，基层政府、街道办事处、职能部门、社区组织或其他与社区工作者签订劳动合同的相关单位，要根据当地整体薪酬水平和当地人力资源部门的工资指导线，与社区工作者就薪资水平自然增长问题进行协商沟通，确保社区工作者薪资自然增长。一般来说，多地有关社区工作者的薪酬待遇管理办法或措施，以不低于当地城镇单位职工平均工资标准设定城市社区工作者的薪资福利体系，并随当地城镇单位职工平均工资的增长而增长，已成为城市社区工作者薪资福利的自然增长机制。

农村社区工作者职位一般为村党支部书记、村委会主任、村"两委"委员（兼会计、文书）、专职会计、文书、村务监督委员会成员，他们基本上是由村级直接选举产生，其基本薪资一般由基层政府部门统筹，津贴补贴由村集体统筹。

2018年国家出台《关于调整提高村干部补贴及离任村干部荣誉金的通知》，对村干部的工资问题作出规定，即村支部书记的工资不低于当地农民人均可支配收入的2倍，村委会主任收入不低于村支部书记工资的70%，其他村干部薪资不低于村委书记工资的50%。这一规定将农村社区工作者的基本工资福利与当地农村经济发展水平关联了起来，即当地农村经济发展水平越高，村干部的收入就有可能越高，农村经济发展水平的提高成为农村社区工作者薪资福利自然增长的条件。在乡村振兴的背景下，在全面实施乡村建设行动的要求下，建立农村社区工作者的薪酬待遇的正常增长机制，需要基层政府部门的大力支持。

二、建立社区工作者薪资的组织保障机制

（一）基层政府主导负责，多个部门联合推动

近年来，全国各地都比较重视城乡社区工作者特别是村（居）"两委"成

员的薪资待遇提升和保障工作，出台了系列相关政策意见和实施办法。无论是城市社区工作者还是农村社区工作者，在薪资待遇问题上，基层政府和民政部门都有义务给予大力支持和引导，将社区工作者薪资问题纳入社区工作者队伍建设的总体规划，将由政府负担的社区工作者队伍建设经费纳入财政预算，不断加大财政投入，将薪资保障作为激励社区工作者有效参与基层治理和基层服务长效机制的关键点。

对于在村委会和居委会的社区工作者来说，无论是居委会和村委会的选举工作，还是居委会和村委会的日常工作，民政部门是直接牵头负责的部门，自然也是监督的部门，在城乡社区工作者的薪资待遇方面，亦应履行好应有的职能。同时，组织部门、财政部门也要负起相应的责任，统筹一般性转移支付等现有资金渠道，在制定城乡社区工作者报酬补贴方面要给出具体的方案，支持社区工作。纪检部门要督查检查，就各社区有关薪资补贴的发放和提高待遇政策的落实情况进行专项督查，防止虚报、冒领、挪用、贪污等违法违纪现象的发生。统筹指导，组织协调，督促检查，通过多部门的联合推进，保障社区工作者的薪资及发放，有效促进社区人才队伍建设。

（二）建立薪酬保障制度，"补助+统筹+自筹"结合

与企事业单位就业者不同，城乡社区工作者的单位归属感不强，需建立多方筹措的薪酬保障制度。从现实情况看，在城乡社区工作者薪酬待遇制度方面，要建立健全以省市补助、县级统筹、村（居）集体收入自筹相结合的薪酬保障制度，各级政府要将基层工作者的补助资金列入年度预算，与社区建设、社区工作者队伍建设协同一致，逐渐加大城乡社区工作者队伍建设相关资金的投入力度。对于经济发展水平不同的地区，各级财政要根据当地实际区别对待，对相关的实施意见、工作方案或实施细则给予具体说明。例如，广东省《关于加强和改进村民委员会建设的实施意见》规定，"对年集体收入在3万元以下的贫困村村委会工作经费补助每村每年2万元"。对不同情况区别对待作出统一规定或说明，有利于相关政策的执行，充分体现出相关政策制定的原则性和执行的灵活性的有机结合。

三、建立社区工作者薪资多元化统筹机制

城乡基层社区工作者与基层群众密切接触，直接参与社区治理与服务，工

作繁忙已是常态化，但是，因收入偏低而影响社区工作者尽职尽责的情况不在少数，提高城乡社区工作者的薪资待遇水平，是进行职业激励、提高工作质量的重要手段。必须将城乡基层社区工作者的实际工作质量与薪资待遇挂钩，越是在一线工作，越需要在津贴福利待遇上体现出其工作的价值。

中共中央办公厅 国务院办公厅 2010 年印发的《关于加强和改进城市社区居民委员会建设工作的意见》中提出："要将社区居民委员会的工作经费、人员报酬以及服务设施和社区信息化建设等项经费纳入财政预算"，"社区居民委员会成员、社区专职工作人员报酬问题由县级以上地方人民政府统筹解决"。《中华人民共和国居民委员会组织法》规定："居民委员会成员的生活补贴费的范围、标准和来源，由不设区的市、市辖区的人民政府或者上级人民政府规定并拨付；经居民会议同意，可以从居民委员会的经济收入中给予适当补助"。《中华人民共和国村民委员会组织法》规定："村民委员会办理本村公益事业所需的经费，由村民会议通过筹资筹劳解决；经费确有困难的，由地方人民政府给予适当支持。"当下村（居）"两委"成员的薪资补贴主要来源于政府财政和村（居）经济收入两部分，薪资提升缓慢且有限。《关于调整提高村干部补贴及离任村干部荣誉金的通知》中，没有具体说明社区工作者具体的薪资筹措渠道。现实中，其他被选聘的农村"两委"以外的工作人员的薪资一般是由村集体自筹解决。为保证社区工作者的薪资待遇与经济社会发展水平相适应，需构建多元化的薪资统筹渠道，除了上级政府给予的必要补贴，还可采取其他方式进行多方筹措。如图 6-1 所示：

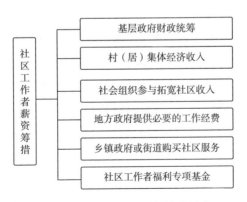

图 6-1　社区工作者薪资筹措渠道

（一）积极发展本地经济，提高集体经济收入

因城乡社区工作者的薪资待遇与本地经济发展水平挂钩，因此，提高本地经济收入有利于社区工作者收入的提高。农村社区可以在乡村振兴战略的背景下，在实施乡村建设行动的要求下，在基层党组织的领导下，抓住机遇，大胆改革探索多种形式的农村经济发展形式，发展特色农业，充分运用互联网等科技手段拓宽农副产品的销售渠道，在此基础上形成规模经营，不断提升村集体经济收入，不断提高农村社区工作者的津贴、福利。城市社区一般占有较好的区域优势，资源、信息更为丰富，可充分利用社区资源，发展集体企业、房屋租赁、土地开发等，积极吸引社会资本，提高本区经济收入。

（二）吸引社会组织参与，拓宽社区收入渠道

党的十九大提出，要打造共建共治共享的社会治理格局。打造共建共治共享的格局，需要鼓励和引导社会组织在社区建设方面积极发挥作用。一方面为国家为社会组织的建立与发展营造良好的制度环境、法制环境和社会环境，培育社会组织良好的运行能力，促使社会组织健康成长；另一方面，基层政府及其派出机关可通过对社区宣传、规划、治理等方式，在提升社区自治能力的同时，吸收更多的社会组织参与社区经济建设，拓宽收入渠道，提高社区的经济实力。根据社区工作者的贡献，进行一定的绩效奖励。

（三）基层政府提供经费，减轻社区经济负担

多年来，城乡基层政府及其派出机关不断推进服务型政府改革，在转变职能和工作方式上深入探索，在对城乡社区工作进行指导、支持和帮助的同时，履行社会管理和社区公共服务职责。城乡社区组织特别是村民委员会和城市居民委员会，是沟通社区群众与基层政府的桥梁，是表达群众利益和执行群众决定的部门，在日常的工作中，也承接和协助乡镇政府和街道大量的行政工作。《村民委员会组织法》（2018）规定，村委会的主要职责中，除了办理本村各项事务，还要"协助乡、民族乡、镇的人民政府开展工作"，《居民委员会组织法》（2018）规定，居民委员会的工作，除了办理本居住地区居民的公共事务和公益事业等事务，也要"协助人民政府或者它的派出机关做好与居民利益有关的公共卫生、计划生育、优抚救济、青少年教育等项工作"。普遍来

看，我国基层工作较为繁琐，工作量大，需要城乡基层群众自治组织和社区工作者的大力支持。2010年《关于加强和改进城市社区居民委员会建设工作的意见》中明确指出，"凡依法应由社区居民委员会协助的事项，应当为社区居民委员会提供必要的经费和工作条件"。为城市社区居民委员会提供必要的工作经费，虽然不能对基层社区工作者进行直接的福利补贴，但却能在一定程度上减轻居委会的经济负担，减少工作开支，最终的受益者将是基层群众。同时，基层政府为居委会提供必要的经费，也可提高社区工作者的工作积极性，促进社区工作者队伍建设。

（四）乡镇政府或街道出资，专项购买社区服务

政府以项目形式购买服务，是当下社会工作服务机构承担社会服务的基本形式，这为城乡社区工作者拓宽资金来源渠道提供了启示。现实中，基层工作繁忙而琐碎，"上面千条线，下面一根针"，面对上级政府的各种任务，社区工作者传达、执行、协助，几乎成了常态化的工作。对于社区工作者来说，协助上级政府部门工作是分内之事，但对于社区工作事务之外的其他事项，除了社区工作者正常协助之外，其余的可按照项目化的形式由政府购买服务。2017年《中共中央　国务院关于加强和完善城乡社区治理的意见》中明确提出，要"依法厘清街道办事处（乡镇政府）和基层群众性自治组织权责边界，明确基层群众性自治组织承担的社区工作事项清单以及协助政府的社区工作事项清单；上述社区工作事项之外的其他事项，街道办事处（乡镇政府）可通过向基层群众性自治组织等购买服务方式提供"，同时，该《意见》也提出，基层政府要制定"政府购买城乡社区服务等相关配套政策"。可见，政府购买服务有明确的国家政策依据。近些年，在国家构建和谐社区和谐推进社区建设的过程中，各地政府通过公开招标、项目发包、项目申请、委托管理向社会组织购买社区服务十分常见，也是政府在基层服务工作中的创新性探索，资金预算和支出不断增加，相关的配套政策逐渐完善和成熟。政府购买社区服务项目主要涉及社区卫生服务如居民健康档案管理、慢性病筛查和预防、传染病防治、健康知识教育宣传、特殊人群和重点人群的管理与服务等与社区居民切身利益息息相关的项目。购买服务的形式，在国内一些城市社区已有一定的经验。2017年昆明市盘龙区开展"政社互动"，通过购买服务的方式委托基层群众自治组织承担部分社会服务管理，在创新基层治理和公共服务新机制的同时，促

进了政府治理、社会治理与居民自治的良性互动，对于推进和谐社区建设起到了重要的作用。由基层政府或其派出机关通过购买的方式向城乡社区提供专项工作经费，既解决了政府服务基层社区的职能，基层社区工作者也可根据绩效适当提高收入，理论上是可行的。一些地方已将由基层政府向社会组织或基层群众自治组织购买社区服务常态化和制度化。

（五）设立福利专项基金，争取社会关爱支持

2017 年《中共中央　国务院关于加强和完善城乡社区治理的意见》明确提出，"不断拓宽城乡社区治理资金筹集渠道，鼓励通过慈善捐赠、设立社区基金会等方式，引导社会资金投向城乡社区治理领域。"城乡社区工作者队伍建设是社区治理的一个重要方面，在社区工作者薪资筹措上，可设立社区工作者福利专项基金或离退社区工作者关爱基金，对达到一定年限者、生活困难者，给予关爱帮扶。

四、杜绝社区工作者非法、违法所得机制

城乡社区工作者特别是村"两委"成员因在村里务农而不能像其他村民一样可以外出务工，加之其收入补贴有限，一些地方的社区干部和专职人员，为了获得更多的收入，以或明或暗的方式获得非法收入，如集体收入不入账、集体土地赔偿款不分配或不全额分配，进行私分、扣押或迟发拆迁补偿金私自赚取利息，征收安置费、违规报账等等，形式多样，名目繁多。例如，2008年陕西省汉中市某村干部以"跑路费"的名义扣除移民搬迁补助款；2014 年，陕西省兴平市某村村委会干部在换届选举时，在已领取乡政府发放补贴的情况下，以发工资的名义私分公款 10 余万元；2013 年，广东省揭阳市惠来县东陇镇某村伪造"有关部门联系工作及资料开支"单据在村财务列支；2016 年广东省揭阳市锡场镇某村干部集体收受村民的"感谢费"；2017 年江西省安远县龙布镇某村干部贪污、骗取危房改造补助资金，侵吞村民上交的建房规划费、审批费，巧立名目违规收取村民建房用地管理费等数十万元。除此以外，还有利用日常经费报销，虚报冒领，贪污侵占集体资金等情况。

城乡社区工作者违法违规，损害集体利益，群众反映强烈。虽然这些案例涉及的金额不大，但暴露出来的干群关系紧张、基层社会矛盾等问题却不容忽视。必须建立相应的机制，从根本上杜绝社区工作者非法、违法所得。

（一）建立村（居民委员会）小微权力监督清单

长期以来，由于对基层工作者的权力监督无力和监督虚化等原因，城乡社区工作者非法所得、侵害群众利益的不正之风十分常见，甚至出现严重的腐败现象，防治难度较大。之所以对城乡社区工作者行使权力监督不力，归根结底在于基层社区工作者的权力界限不明晰，群众对基层工作者手中到底有多少权力及权力如何运行认识不够。在干群关系中，基层干部长期处于主导地位，群众对基层干部无法监督或无法有效进行监督，由此而造成干群关系的紧张不在少数。近些年，小微权力监督通过互联网、大数据等手段对城乡社区工作者依法依规享有的重大决策、重大活动和事项以及村资金、资产、资源等村务管理服务权力进行监督管理，通过晒出村级干部的权力事项清单进行监督，收到了较好的效果。小微权力监督的出现，为基层群众认清基层社区工作者的职责和权力提供了平台，为群众行使监督权力提供了思路。2018 年中央一号文件提出，"推行村级小微权力清单制度，加大基层小微权力腐败惩处力度"；2019年，中共中央办公厅、国务院为办公厅印发的《关于加强和改进乡村治理的指导意见》提出："规范乡村小微权力运行，明确每项权力行使的法规依据、运行范围、执行主体、程序步骤。建立健全小微权力监督制度，形成群众监督、村务监督委员会监督、上级部门监督和会计核算监督、审计监督等全程实时、多方联网的监督体系。"该《指导意见》为村级权力监督指明了方向。建立小微权力监督清单，是杜绝基层社区工作者非法、违法所得的重要措施。

1. 以问题为导向，建立小微权力监督清单

由乡镇政府或区政府部门牵头，农业农村部门、民政部门、纪律检查部门等部门协作，解决将哪些小微权力纳入监督范围的问题。一般应以问题为导向，对基层重大事项、基层服务事项及其与基层群众生产生活密切相关的权力事项进行全面梳理，并结合当地实际，重点关注最容易产生"微腐败"的问题，诸如低保审批、五保审批、危房改造、乡村规划和农田保护审批、惠农资金、征地补偿、救济发放、村（居民委员会）财务管理、村（居民委员会）务公开之类的小微权力列入清单的重点监督内容，厘清城乡社区工作者的职责权限，让权力事项更加透明。此外，还可对基层干部的廉洁履职的"不准"做的具体事项作出明确规定，形成负面清单。

2. 方便群众办事，编制小微权力监督流程

为了方便群众监督，促使城乡社区工作者规范履职，上级纪律部门要充分发挥监督作用，督促基层政府部门或其派出机关编制小微权力监督流程图，明确各项基层工作的名称、实施部门、办事流程、权力运行操作规范、权力运行流程、追责机制、投诉部门等内容，一方面方便基层群众了解所办理事项的步骤，另一方面，促使基层社区工作者照章办事，避免其拖拉、推诿甚至刁难等现象的发生，真正做到让城乡社区工作者的权力在阳光下运行。

3. 加大查处力度，检查监督清单所涉事项

小微权力监督清单旨在约束和防止城乡社区工作者工作中违法违规滥用职权甚至以权谋私，为了保障权力监督清单的顺利执行。为此，必须有相应的督查机制，由上级纪律部门、政府部门、民政部门等部门联合成立专项督查小组，定期或不定期对清单所涉事项进行检查和督查，将清单制度的运行情况和检查结果与基层社区工作者的考核定档、评优评先挂钩，加大违法违规事项的惩罚力度，提高社区工作者违法违规的成本。

4. 落实权力监督，建立小微权力监管平台

为了提高权力使用的透明度，增强权力监督的有效性，推动权力在阳光下运行，多地已经和正在打造智慧监管平台项目，利用互联网信息技术，建立了集服务、监督为一体的智能化政务平台，探寻有效落实权力监督的创新机制，实现群众对社区工作者的零距离监督。平台通过信息公开、民众监督、领导看板等手段对小微权力进行实时有效的监管，让监督延伸覆盖至"最后一公里"。例如，浙江省宁海县是小微权力清单制度的发源地，其首创的村级小微权力清单智慧监管平台走在了全国小微权力监督的前列。

2014年，浙江省宁海县在全国首创推行"村级小微权力清单36条"（以下简称"36条"），在广泛征求意见的基础上，梳理规范村级组织和村干部的权力清单，并逐条绘制出运行流程，强化关键环节的监管，把小微权力关进制度的"笼子"。"36条"包括村级重大事项决策、项目招投标管理、资产资源处置等19条村级公共权力管理事项；村民宅基地审批、计划生育审核、困难补助申请、土地征用款分配等17条便民服务事项，基本涵盖村级组织和村干部行使村务权力的全部内容。清单之外再无权力，"36条"给村干部的权力套上"紧箍咒"，让村干部"干净"做事，更让老百姓看得明白。2018年，"36条智慧运行系统"应运而生，系统涵盖了村级重大决策、村级采购、村级集

体资源等 11 个条块。具有留痕、查询、预警、提醒等功能，可实现对全县村级集体工程项目和资产资源实施情况的实时监管，每一个行政行为都有章可循。①

宁海县的小微权力监管平台建设作为"宁海经验"被写入浙江省委全会决定，2018 年村级小微权力清单制度被写进中央一号文件。宁海的经验被多地学习和效仿，纷纷开发建立小微权力监管平台 App。总的来看，该类平台涉及重大决定、三资管理、涉农补贴、用工管理、救助救灾、村民服务、村务公开、OA 审批、监督管理等模块，把涉及群众切身利益、村级容易出现违纪违规问题的权力事项全部纳入平台统一管理，通过线上流程管控，使权力清单从纸上到网上，审核审批从线下到线上，群众监督从无形到有形、从粗放到精准，推动权力运行的程序化和规范化，让群众监督更加便捷，通过手机随时查看重要事项办理流程，降低基层干部腐败的机会，增强基层群众的信心。

（二）完善村（居）非生产性开支监督管理制度

非生产性开支范围一般包括村干部报酬、交通差旅费、招待费、外出学习考察费、报刊费、会务费、通讯费、培训费、日常办公费等各项费用。因城乡社区工作者的具体职务的不同及各地经济发展水平的差异，各地有关非生产性的开支也有所不同，若没有相应的监管制度，极易造成非生产性开支的混乱。上级政府、各镇或街道党（工）委、政府（或其办事处），要将城乡社区非生产性开支纳入监督管理的范围，参照当地实际状况提出指导性意见，出台当地有关村（居）、街道有关非生产性开支监督管理的条例或办法等政策，对城乡社区工作者各类非生产性开支的支出方式、监督管理及责任追究进行明确规定。

1. 规范补贴发放形式

对于城乡社区工作者报酬的开支，除了由上级规定发放的基本报酬外，村（居）集体可根据当地经济发展的实际状况给予工作补贴，或以固定工资补贴的形式发放，或以务工补贴的形式发放，一般实行二选一，不能重复发放，禁止超标准发放，同时也要禁止巧立名目发放各类补贴、奖金，更不允许负债发放村干部补贴。

---

① 载 http：//www.dxscg.com.cn/xczx/201911/t20191128_ 6422943.shtml。

2. 规范补贴发放流程

对于各类非生产性开支，无论选择哪种补贴形式，享受补贴的对象及人数、补贴的标准等须先由村（居）"两委"提出补贴方案，报乡镇政府或上级政府有关部门审核审批同意后，提交村（居）民代表会议讨论后执行发放，相关人员名单、发放金额及发放事项要在发放前进行公示。如果违反发放流程，视为违规发放。一般来说，补贴的发放需与年度业绩考核挂钩，乡镇基层政府或街道根据对农村社区工作者的年度业绩考核结果，结合党员评议、群众测评情况确定不同等次，对社区工作者发放奖励性报酬。

3. 严格经费支出制度

对村（居）级公用经费中的各项支出应明确具体标准，实报实销，同时要控制非生产性支出，针对社区干部公款吃喝的不正之风，要严格执行工作餐制度和用餐标准，实行村（居）级行政公务"零接待"制度。对于特殊情况确需招待的，严格控制陪餐人数和就餐标准，就餐标准应予以明确规定。

4. 实行责任追究制度

社区工作者违规违法，要进行追责。浙江永嘉、广东蕉岭等地明确规定，村级非生产性开支要严格执行村务监督委员会预审、村"两委"负责人"联审联签"及费用公开等制度，尽力做到公正、透明，接受村民监督，群众反响良好。镇（街道办事处）主要领导为村级非生产性开支工作的第一责任人，分管农经领导和"三资"服务中心负责人为直接责任人，若因不履行或不正确履行监管职责，造成村级集体组织非生产性开支失控的，按照有关规定追究镇（街道办事处）相关领导和责任人的责任。村干部违规，镇（街道办事处）领导被追责，有效防止了村官腐败现象的发生。

同时，也应该看到，这类制度虽然效果比较明显，但其负面影响也不容忽视。（街道办事处）镇领导长期对村委会干部的监督监控，容易造成乡镇基层政府对村（居民委员会）事务过多的行政干涉进而导致基层群众自治的行政化，应注意协调基层政府和村（居民委员会）"两委"的良性互动关系。

五、建立离退休社区工作者的收入保障机制

民政部2016年《关于加强和改进社会组织薪酬管理的指导意见》仅对从业人员的薪酬待遇作出规定，没有对如何保障作出详细规定，也没有对离退休社区工作者的薪资待遇作出相应的指导说明。那么，对于离退城市社区工作者

的薪酬，应当按照国家事业单位的有关规定执行退休薪资，或就业单位根据社会经济发展和整体工资水平，综合多种因素确定退休薪资，并保证发放到位。长远来看，在城市离退社区工作者的薪资待遇问题上，应建立规范的财务制度，完善相应的薪酬体系和保障，在社区工作者薪酬待遇满意度较低的情况下，让离退休者有所值，让从业者看到希望。

（一）明确的政策安排

对于农村社区工作者，《关于调整提高村干部补贴及离任村干部荣誉金的通知》规定，离退休村干部只要缴纳满 3 年以上养老保险，年满 60 周岁就可以领养老金。该《通知》为离退社区工作者的薪资福利提供了政策性保障。该政策的落实，不但能够大幅度提高离退村干部的待遇，同时也让现任村干部看到希望，免去后顾之忧，激发村干部的工作热情。

全国各地多级政府近些年也纷纷出台政策，对离退村（居）干部的薪资津贴问题作出规定。由于城乡离退休工作者的薪资与当地经济发展水平及社区收入有关，各地情况不一，所以，有关政策在城市各区基层政府、街道、乡镇都需要专门出台政策或做出明确规定，避免仅做原则性的说明，实操性要强，同时，政策中要说明，补贴数额要根据地方经济发展的实际水平不断作出调整。

（二）明文的具体规定

对于离退社区工作者的薪资福利，要在政府文件中给予明文规定。经多方参考，课题组认为，相关的政策安排应涉及以下方面：离退职数核定、补贴资格和任职年限、补贴标准、补贴程序、统筹统一发放等。

1. 明确职数核定范围

职数核定的范围一般是经选举产生的村党组织成员和村委会工作人员、城市基层社区书记或主任、社区"两委"成员、专职社区工作者。党组织书记、村委会主任、社区书记、社区主任为正职，其他人员为副职。

2. 规定享受补贴档次

连续任职或累计任职的年数，要给予明确规定。对男性满 60 周岁、女性满 55 周岁的正常离任的村（居）"两委"成员及其他专职工作者，划定连续任职年数或累计任职年数的不同档次，根据任职年数的档次范围，给予相应的生活补贴。若国家出台政策对退休年龄进行调整，则享受离退工作者生活补贴的年龄也相应调整，与国家规定保持一致。

3. 规定享受补贴标准

一般根据任职年限分出若干档次，根据每一档次连续任职或累计任职的年数，按照不低于在职社区工作者的基本报酬标准的百分比进行核定发放。

4. 严密享受补贴程序

符合补贴条件的离退社区工作者先由个人申请，乡镇、街道党委审核，上级政府、组织部门、财政部门、民政部门联合审批发放。

5. 统一发放专项经费

经审核符合条件的离退社区工作者的补贴由民政部门或财政部门下拨专项经费到乡镇（街道），统一发放；对于不是村"两委"成员的农村社区工作者如专职会计、文书、村监委会成员，其离退补贴由乡镇政府和村级转移支付经费统筹发放。

第二节　社区工作者的补贴与福利待遇

一、提高社区工作者的津贴、补贴与福利

（一）提高最低工资标准，调整提升津贴福利

2010 年，中共中央办公厅、国务院办公厅印发的《关于加强和改进城市社区居民委员会建设工作的意见》规定，城市社区工作者的收入来源于上级政府财政补贴和社区收入，"其标准原则上不低于上年度当地社会平均工资水平。社区居民委员会成员和社区专职工作人员按国家有关规定参加基本养老、失业、基本医疗、生育、工伤保险，有条件的地方逐步落实住房公积金政策"。为全面提高村干部补助福利，2018 年，国家出台的《关于调整提高村干部补贴及离任村干部荣誉金的通知》新增了多项福利，包括：医疗方面，村干部可享受定期体检，费用由乡财政报销；养老方面，养老保险缴费实行个人补助和财务补助，以及团体缴费相结合的方式，财务补助和个人补助每年的费用不得低于 2800 元。这一规定，为农村社区工作者的津贴福利提供了切实保障。

在制度实践方面，广东省积极探索，不断提高贫困村村干部的补贴标准。2013-2015 年，将欠发达地区贫困村干部补贴逐步提高到人均每月不低于 2000元，其中，2013 年为人均每月 1300 元，2014 年为人均每月 1600 元，2015 年为人均每月 2000 元。所需资金由省、市、县、村按 4.8∶1.6∶1.6∶2 的比例负担。

近些年，各地政府部门就城乡社区工作者或社区专职工作人员的报酬出台了不少政策，不断调整提升社区工作者的最低工资标准和津贴福利。但总体上来说，社区工作者对收入的满意度并未明显提升。国家对社区工作者的职业身份没有明确的规定，在从业人员的职业归属感较为模糊的情况下，适时增薪，提高最低工资标准和津贴福利，对于工作繁琐、压力过大、事务多头的社区工作者来说有益无弊。

（二）完善绩效津贴制度，建立补贴激励制度

绩效工资是以实际工作量和成效来确定酬劳的工资制度，是这些年企事业单位工资待遇改革的内容之一，该种制度是对工作人员工作量认定和肯定的重要方式，在激发工作人员工作积极性方面起到很好的作用。绩效工资一般由岗位津贴、奖励津贴，各种补贴、福利组成，不同的地方的计算方法和发放数额千差万别。城乡社区工作者中，社区"两委"成员的收入大部分依赖财政拨款，其工资待遇有较好的保障，而对于公开选聘的在编的其他社区工作人员，则较多地依赖村（居）集体收入。因基层社区工作较为繁杂忙碌，在其薪资待遇中应很好地体现出绩效收入，收入与其实际工作强度和工作量成正比关系，避免因收入不公或过低造成社区工作人员的流失，导致工作队伍的不稳定。所以，要坚持按劳分配的原则，不断完善以工作量和工作效益为基础的绩效补贴制度，由乡镇政府或街道根据村（居）"两委"干部和其他社区工作者年度岗位考核情况发放，在实践中建立更加科学的、合理的绩效工资体系，真正体现出基层社区工作者的工作价值。

（三）杜绝巧立名目行为，禁止违规发放补贴

据调查得知，社区工作者的薪资待遇除了基本工资外，还有多种名目的津贴、补贴和福利，各类津贴、补贴因职务和职责的不同亦有所不同。因各地经济发展水平不一，城乡社区工作者薪资整体水平偏低，现实中一些地方为了提

高收入，存在巧立名目违规发放的情况。

2013 年 7 月至 2014 年 10 月间，福建省莆田市平海镇某村"两委"干部和土地协管员，以发放土地工作费和垫付党费为名，滥发补贴 2 万多元；2016 年 3 月，广东省揭西县某村书记和报账员以代办医保报销手续、新农保等相关业务工作补贴的名义，违规领取由镇拨付给村的"党员代理服务站"工作补助经费。2019 年，海南省定安县虚构打扫卫生、治安防范工作等误工补贴发放福利。

类似事件屡见不鲜，对于巧立名目发放补贴，需从政策上加以约束限制和防范。在被查出的案件中，有关违规侵占或违规发放补贴的手段隐蔽而多样化，名目繁多，严重影响了集体财务，必须从制度上杜绝。

1. 完善村级民主理财监管制度

因民主理财制度不完善、报账制度不严格而故意虚假报账套取集体资金的现象不在少数，在城乡基层特别是农村地区，办事看人情、看面子的风气依然浓厚，应规范基层民主理财监督制度，特别是村级非生产性财务开支的监督管理，对于各类入账报销应做出尽可能详细的规定。比如，村（居）办公楼已安装办公电话的，通讯补贴要根据情况适当减免；要实行规范的报账制度，对日常报销尽可能做出详细规定，交通差旅之列实行凭票报销。河北省邯郸县的"三段章"民主理财制度是一个典型案例。

河北省邯郸县兼庄乡的"三段章"民主理财制度，从群众一句牢骚发轫，经过 6 年的完善，逐步形成一项系统的村级民主理财监管机制。兼庄乡每个村选出 3 至 7 个专门理财小组和一个人数与之相应的民主监督小组，为了防止村民代表签字被模仿，理财小组的审核章一分为三，分别由 3 名村民代表保管，只有 3 人当场全部同意后盖章才有效。村级财务下账报销时，须经理财小组成员逐笔审计，分别盖章，三章合一后村支书方能签字批准，会计方可记账。"三段章"管住了村干部"一枝笔"，村民因财务问题上访案件明显减少。

"三段章"制度，由农民自己创造，是基层民主理财监督制度的创新之举，学界和政府相关部门给予了高度评价。

2. 实行补贴核算集体决策制度

社区工作者的各类补贴方法，实行集体决策制度，对于涉及村（居）集体的重大事项、有重大资金支出的项目、涉及群众切身利益的项目，要召开村（居）民大会或小组代表会议讨论决定。坚持"以收定支，按劳定补"的原则，根据居民人均纯收入、误工天数、工作考核等实际情况，由村（居）集体核算协商。

3. 严禁专项资金预算列支补贴

农村社会发展过程中，在退耕还林、强农惠农、社保、扶贫等方面有多项专项资金，专项资金一般都来源于财政和政府相关部门，根据专项工作需要进行分配安排，其用途为专门的事项，报账与核算都需要单独进行。但现实中，有关农村发展和城市基层社区发展专项资金往往因管理不善、监督不力、审计不到位等原因致使专项资金在使用上管理混乱，甚至有巧立名目发放津贴的现象。一般来说，专项资金应专款专用，严禁使用混乱。2009 年 3 月，温家宝总理在政府工作报告中曾经提出，"财政资金运用到哪里，审计就跟进到哪里"。为防止农村发展和城市社区发展方面专项资金的混乱使用现象，应建立专门的跟踪审计和评价制度，一方面，将以往资金使用的事后监督转变为事前、事中和事后全程监督，对准备使用和正在使用的专项资金，及时跟进；另一方面，也要追究违规使用专项资金的责任，对以专项资金发放补贴的，要实行责任追究，情节严重者构成非法侵占集体资产的，要按相关法律法规处理。

二、清除社区工作者队伍的灰色谋利空间

灰色收入是无法确定其合法性的收入，包括三种情况：第一，现行法律制度对某些收入或者某些情况没有做出明确的界定，是合法还是非法的边界不清楚；第二，收入来源是合法，但是没有纳税，为了逃税隐藏了的收入；第三，收入来源非法，但是没有足够的证据认定它是非法的。灰色收入一直备受争议，由于它的隐蔽性和形式的多样性，灰色收入往往能够躲避税务部门的监管和基层群众的监督。城乡社区工作有一定的灰色谋利空间，特别是在农村或经济条件较好的社区，灰色收入空间更大。一些村干部打着为民谋利的旗号进行集体财产私下租赁和经营、土地使用权的转让、巧立名目收费、违规发放各种福利等，从中谋取私利；也有利用职务之便，收取或接受他人的业务费、中介费、辛苦费、咨询费、顾问费等，有些是实物性的，如接受他人的礼品馈赠，生病住院、婚丧喜庆、建房乔迁、子女升学参军、老人生日做寿等家庭事项中收受的各种礼金等，名目繁多。城乡社区工作者的灰色收入现象与灰色谋利空间的存在，暴露出一些基层社会问题，对干群关系和社会的公平分配都将带来严重的挑战，甚至引发腐败，"灰色收入的存在，实际上是在把财富从低收入

者向高收入者方面转移，加剧了收入的贫富分化"。因此，必须清除社区工作者的灰色谋利空间。

（一）适当提升正当收入，体现工作实际价值

灰色收入与严重的经济犯罪或官员贪污相比，金额都比较小，可谓是蝇头小利。长期以来，城乡社区工作者的正常收入普遍偏低，追求蝇头小利的动因无非是弥补正当收入的不足。由于目前法律不健全以及基层监督力量的不足，城乡社区工作者特别是村（居）"两委"成员的灰色收入还存在一定的空间，灰色收入的风险较低，侥幸心理和不拿白不拿的心理导致了灰色收入屡禁不止。可适当提升基层社区工作者的基本收入、津贴和补贴，合理设置绩效工资，将其收入体现出其工作的实际价值，降低因收入过低而谋求灰色收入的几率。

（二）规范不当得利行为，加强廉政法治教育

从暴露出来的案件来看，一些地方社区"两委"干部的灰色收入甚至超过了正常的工资收入，各种名目的收入积少成多而乐此不疲，或利用职务之便不当得利，或滥用职权侵害群众权益从中谋利，或工作作风和纪律松懈违法违规，最终伤害的是普通民众的利益。

2011 年中共中央办公厅 国务院办公厅发布的《农村基层干部廉洁履行职责若干规定（试行）》的通知中明确规定了谋取不当利益的一些行为，如，利用职务之便，索取、收受或者以借为名占用群众财物、或者吃拿卡要，违规收取费用或者谋取私利，公款报销应有个人负担的费用，设立小金库侵吞截留、挪用、坐支公款，以职务之便为亲属谋利等。同时，该《规定》也明确禁止了滥用职权侵害群众合法权益的行为，如，非法征占、侵占、"以租代征"转用、买卖农村水土资源，侵占、截留、挪用、挥霍或者违反规定借用农村集体财产或者各项强农惠农资金、物资以及征地补偿费，干预、插手农村集体资金、资产、资源的使用、分配、承包、租赁以及农村工程建设等事项，违反规定扣押、收缴群众款物或者处罚群众等行为。滥用职权，为灰色收入创造了空间和机会，应坚决加以规范。

2017 年中共中央、国务院关于加强和完善城乡社区治理的意见中提出："加强社区工作者作风建设，建立群众满意度占主要权重的社区工作者评价机

制，探索建立容错纠错机制和奖惩机制，调动社区工作者实干创业、改革创新热情。"社区工作者的作风包括对社区工作者思想作风和工作作风的约束，要强调社区工作者踏实务实的意识，以群众需求、群众满意为导向，认真履行工作职责，不忘为民服务的初心，牢记为人民服务的使命。要不断地对城乡社区工作者进行廉政教育，及时、准确了解基层干部的思想动态，将社会主义核心价值观贯穿于廉政教育及城乡社区工作者队伍建设的全过程，激发社区工作者的责任性和道德感，促使他们在为基层服务的同时，带头营造积极向上、健康有序的社会氛围。

除了工作作风和廉政教育，还要提升城乡社区工作者的法治意识。因多数城乡社区工作者文化水平相对较低，法制素养不够强，权力寻租设租、违规事件时有发生，应在健全法律制度、完善村规民约方面限制灰色收入的空间，减少基层村（居）干部权力寻租设租的机会，明确社区工作者的权力清单，让权力的运用在阳光下进行。

（三）加快公开村（居）务，发挥群众监督作用

基层民主制度是我国基层群众自治制度，主要包括民主选举、民主决策、民主管理与民主监督。基层民主监督，一直是我国基层民主发展的重要环节，近些年，城乡基层自治制度的改革创新中，多地村（居）务监督委员会相继成立，在监督基层"两委"成员中发挥了重要作用。但也有些地方监督委员会形同虚设，有监督组织而没有实际的监督行动，监督途径和形式有限，造成监督不力，使得基层监督处于弱化或虚化状态。基层民主监督的落实关系到基层民主建设的成败，加强群众监督、探索监督形式并使之制度化是实施基层民主建设、预防和规范城乡社区工作者灰色谋利空间的重要举措。

《村民委员会组织法》规定，村民委员会及其成员应当遵守宪法、法律、法规和国家的政策，办事公道，廉洁奉公，热心为村民服务，接受村民监督；村民委员会实行村务公开制度，对于政府拨付和接受社会捐赠的救灾救助、补贴补助等资金、物资的管理使用情况、涉及本村村民利益、村民普遍关心的事项等都要接受村民的监督。《居民委员会组织法》规定，居民委员会办理本居住地区公益事业所需的费用，收支账目应当及时公布，接受居民监督。法律对基层群众自治组织接受群众监督的内容做了明确的规定，监督范围较广。对于监督的实施，可以依法成立村务监督委员会或其他形式的村务监督机构负责村

民民主理财，监督村务公开等制度的落实，可以向乡镇政府或者县级人民政府及其有关主管部门反映，举报、信访、上访是较为常见的监督基层干部的方式。

群众举报、信访、上访，大多因为基层干部办事不公或有关集体利益的事务隐瞒不报。因此，可采取以下监督措施：

第一，将需公开的事项列出清单，将村（居）务、财务等晒到位。公开社区的各项公共事务，是村（居）委会的分内之事，基层工作者特别是村委会或居委会，要将涉及经济事务的所有信息向村（居）民进行公开，避免因信息不对称而造成灰色谋利空间。

第二，防止对集体事务的选择性公开。现实中有些基层干部为了规避监督，只公开部分集体事务，而将一些有利可图的事务进行部分隐瞒，企图虚报冒领、瞒天过海。事实证明，村务居务晒得越多，基层干部灰色谋利空间就越小，基层群众对社区工作人员的信任度就越高，上访信访的事件也就越少。

第七章　中国社区工作者队伍的劳动关系状况

社区工作者作为扎根于城乡基层社会治理的基本人力资源力量，承担了大量社区工作，是处理社区事务、缓解社区冲突、协调社区关系的主要工作人员。随着社区日益发展，社会治理重心逐渐向基层社区下移，社区工作任务量上升，治理难度也随之增加，社区工作者也在基层社会治理中日益扮演着更加重要的角色。

从事社区工作作为一种职业化服务活动，除了需要遵循相应的职业操守和服务规范，还需要明确社区工作者的权利与义务，严谨把握在法律关系内的不同主体之间的互动规范和服务准则。社区工作者需要兼顾的服务主体包括政府、社会组织、社区居民、家庭等。如何科学地梳理不同服务主体之间的需求差异，这就需要社区工作者严格按照法律规范所要求的权利义务精准把握、科学预判，提供符合法律规范和职业伦理的专业化社区服务。一方面有助于减少社会风险和成本，另一方面也提高了社区工作者参与社会治理的专业性和社会认可度。当然，对社区的职能赋权，优化职能部门与社区之间的联动机制，也有利于推进社区工作者的科学化管理进程。

习近平总书记曾指出"发展是第一要务，人才是第一资源，创新是第一动力"，强调人才在发展过程中的作用，建设和谐、专业、高效的社区工作者队伍既是现阶段社区基层治理的现实要求，也是未来引领社区基层治理的重要力量。因此要建设和谐、专业、高效的社区工作者队伍，促使社区工作者真正投身于社区工作和社区建设，我们必须建立起和谐的社区工作者劳动关系，明确社区工作者的权利与义务。从服务对象的角度来看，明确权利义务可以有效地保障服务对象的法定权益和合理需求，使得社区工作者所提供的社会服务更科学、更规范。同时，社区工作者作为一种职业从业者，需要具有充分的劳动保障权、休息娱乐权、自由择业权、职业培训权、劳动报酬权等权利，以此提高社区工作者的从业保障水平，建立科学的、稳定的、本土化和发展性的社区工作者队伍。此外，社区工作者无论是在基层政府组织从事社会管理服务，还是在专门的社会机构从事项目服务，都应该遵守党和政府以及社会组织所设定的职业操守和服务理念。

为准确掌握社区工作者劳动关系现状，为建设起和谐、有效的社区工作者劳动关系打下基础，本章对国内外劳动关系理论进行梳理和分析，从社区工作者队伍建设调查问卷入手，对现在社区工作者劳动关系现状进行描述和归纳，分析其中存在的问题，并探讨可能的解决方案与对策。

第一节　社区工作者劳动关系的研究状况

一、劳动关系的界定

"关系"指的是事物之间相互作用、相互影响的状态，劳动关系即是在人的劳动过程中产生的关系。劳动关系历史悠久，关于劳动关系的主题研究也甚多，但学术界目前尚未对劳动关系有统一明确的定义。从广义上来说，由于劳动关系是在劳动生产过程中产生的，劳动关系可定义为人们在生产资料基础上进行劳动过程中产生的社会关系，也属于生产关系的一部分；从狭义上来说，劳动关系是指劳动者和用人单位之间在进行劳动生产的过程中产生的劳动关系。《中华人民共和国劳动法》第一条规定其目标在于"保护劳动者的合法权益，调整劳动关系，建立和维护适应社会主义市场经济的劳动制度"，第二条规定适用于劳动法保护的是与用人单位形成劳动关系的劳动者，和国家机关、事业组织、社会团体建立劳动合同关系的劳动者。可见在法律层面，虽然没有对劳动关系下明确的定义，但为了明确其适用范围和保障人群，实现其法律目标，还是主要将劳动关系规定为"劳动者和用人单位之间在实现社会化劳动过程中产生的社会关系。"

劳动者和用人单位之间形成的除了劳动关系以外，还会形成其他社会关系，比如签订劳动合同等书面文件、进行劳务——物质交换在实际情况中会形成雇佣关系，但劳动关系和雇佣关系有所不同。有学者认为劳动关系由雇佣关系演变而来，这是受到西方雇佣关系发展演变史的影响，欧洲国家工业化社会发展初期形成的雇佣关系主要受司法调整，然后逐渐走向劳动关系；有学者认为劳动关系是雇佣关系的一种，因为当劳动者和用人单位之间形成了雇佣关系，也就构成了受法律保护的劳动关系，劳动关系是在法律层面受保护的雇佣关系，因此二者之间构成从属关系；有学者认为劳动关系和雇佣关系并不相干，是并列的社会关系，并没有从属之分，这种观点主要建立在法律分类的基础上，根据现代法律分类，雇佣关系属于民事法律关系调整的范围内，而劳动关系属于劳动法也就是社会法律关系调整范围，二者从法律范围来看，不存在从属关系。

劳动关系本质上是一种契约关系，随着社会生产力的发展和社会分工的逐渐形成，人与人之间的契约关系得以建立起来。社会分工在提高社会生产力水平的同时，也加深了人与人之间的契约联结。而劳动关系，就是劳动者和用人单位之间建立起的契约，劳动者付出自己的部分劳务活动，用人单位让渡部分物质资产产权，以互相满足彼此的需要。

在实际生活中，由于用人单位一般拥有较强的资源实力和经济实力，劳动者常在劳务纷争中处于劣势地位，劳动法的制定就是为了保护劳动者的合法权益，对劳动关系加以调整。然而由于相关法律法规不够健全、实际操作过程中法律程序缺乏等问题，劳动关系的认定在社会生活中存在一定的困难，因此，除了签订正式的劳务合同以外，2005 年国家劳动和社会保障部颁布的《关于确立劳动关系有关事项的通知》规定："用人单位招用劳动者未订立书面劳动合同，但同时具备下列情形的，劳动关系成立：（1）用人单位和劳动者符合法律、法规规定的主体资格；（2）用人单位依法制定的各项劳动规章制度适用于劳动者，劳动者受用人单位的劳动管理，从事用人单位安排的有报酬的劳动；（3）劳动者提供的劳动是用人单位业务的组成部分。"进一步明确了劳动关系成立的多种情况，以在不同的实际条件下保障劳动者的合法权益。

二、西方劳动关系的研究发展

关于劳动关系的研究始于十九世纪，经过百年来的发展，西方针对劳动关系的学术研究主要分为五大学派：（1）新保守派；（2）管理主义学派；（3）正统多元论学派；（4）自由改革主义学派；（5）激进派。这些学派的观点有其相似之处，它们都承认劳动关系的双方之间存在目标和利益的差别，这些学术观点的主要区别体现在以下四个方面：（1）对雇员和管理方之间的目标和利益差异的重要程度，认识各不相同；（2）在市场经济中，对这些差异带来的问题提出了不同的解决方案；（3）对双方的力量分布和冲突的作用持不同看法，尤其是对冲突在劳动关系中的重要程度，以及雇员内在力量相对于管理方是否存在明显劣势这两个问题上存在明显分歧；（4）在工会的作用以及当前体系所需的改进等方面各执一词。

西方学者对于劳动关系的研究主要受到当时的社会环境和资本主义经济制度的影响，从不同的角度切入劳动关系，着重于不同的方面对劳动关系加以研究，针对劳动关系双方的地位差异、工会所能发挥的作用、如何构建和谐的劳动关系等问题给出不同的回答。这些理论研究和学术观点没有严格的对与错，都是其社会环境和社会制度的产物，各个学派各有其优点，也各有局限性，这些学派共同组成了当代西方劳动关系理论体系，同时这些理论也并非纸上谈兵，劳动关系理论的应用也取得了丰富的实践经验，部分劳动关系理论的应用取得了很好的效果，部分也暴露出其实践上的缺陷。

三、中国劳动关系的研究状况

劳动关系与社会经济的发展密切相关，新中国成立以来，我国经济社会的发展经历了几次大的变革，因此，学术界关于我国劳动关系的讨论常常与经济社会的发展变迁联系在一起。中国劳动关系的转型与中国经济社会的转型是一脉相承的。

大致从 1978 年起，我国经济社会开始由传统计划经济体制向社会主义市场经济体制转变，从 1978—1984 年以农村改革为主，到 1984—1988 年企业改革，扩大对外开放，再到 1988—1991 年的治理整顿，最后从 1992 至今对社会主义市场经济体制的坚持、推行、深化，我国已经逐渐摸索并建立起社会主义市场经济体制，并且取得了举世瞩目的经济发展成就，中国经济社会进入转型期，相对应的，中国劳动关系逐渐由传统计划经济体制时期的国家与劳动者之间的较为单纯的劳动关系变得更加复杂，我国社会劳动关系也进入了转型期。

姚先国指出，中国劳动关系正在经历着根本性的变化：从传统计划经济条件的劳动关系转向以市场为导向的劳动关系；从劳资双方利益一致、相互合作的劳动关系转向劳资双方利益对立、既冲突又合作的劳动关系；从较为单一的国有企业与职工的劳动关系转向复杂多样的各种所有制企业与不同身份工人的劳动关系。中国的劳动关系具有多重性质，它既是一种劳动者付出劳务、管理方付出物质资源，双方进行交换的经济利益关系，也是一种人身关系，因为劳动者要付出自己的劳务，在某种程度上也让渡了自己部分的人身自由，它是劳动者与管理方之间的平等自由交换，但在实际上由于管理方（企业）往往掌握更强的管理权利，在工作中会形成上下级的隶属关系。也正是因为如此，有些学者认为我国的劳动关系已经和西方各国的劳动关系类似，同样具备劳动关系双方地位相差大、劳动关系相关法律不完善，劳动合同不完备等问题。但是中国的社会发展有其特殊性，由于中国经济社会是由传统计划经济体制向社会主义市场经济体制发展而来，那么中国经济社会必定存在着复杂多样的各种所有制企业，如国企经历了多次的改革，企业产权所有制非常复杂，在一定程度上也造成了劳动关系的复杂化。周长城在 2000 年进行的针对中外合资企业劳资关系的调查显示，在中外合资企业中，管理方不尊重劳动者的情况时有发生，劳动关系并不和谐，劳动冲突日益浮现。戴建中则指出，在私营企业产生的劳动关系冲突中，劳动者往往处于不利地位。

除了经济社会的转型带来的劳动关系变化之外，中国城乡的二元结构也使得城乡劳动关系存在城乡不平等的歧视现象，进一步加深了我国劳动关系的复杂程度和不和谐程度。随着经济社会的发展，企业之间的合作方式和工作方式也逐渐多样化，对劳动者的工作方式提出了新的要求，劳动形式的多样化也进一步带来了劳动关系的复杂化，我国劳动法虽然明确将劳动关系作为法律调整对象，但是由于劳动派遣等多样化的劳动形式的出现，给实际劳动过程中劳动关系的确认、维护等工作带来了新的难题，这种劳动关系难题出现在各行各业，造成了很多劳动关系争议和劳动关系矛盾。

2015 年颁布的《中共中央　国务院关于构建和谐劳动关系的意见》中强调，"劳动关系是生产关系的重要组成部分，是最基本、最重要的社会关系之一。劳动关系是否和谐，事关广大职工和企业的切身利益，事关经济发展与社会和谐……我国正处于经济社会转型时期，劳动关系的主体及其利益诉求越来越多元化，劳动关系矛盾已进入凸显期和多发期，劳动争议案件居高不下，有的地方拖欠农民工工资等损害职工利益的现象仍较突出，集体停工和群体性事件时有发生，构建和谐劳动关系的任务艰巨繁重。"在此基础上，党的十八大明确提出要构建社会主义和谐劳动关系，指出"在新的历史条件下，努力构建中国特色和谐劳动关系，是加强和创新社会管理、保障和改善民生的重要内容，是建设社会主义和谐社会的重要基础，是经济持续健康发展的重要保证，是增强党的执政基础、巩固党的执政地位的必然要求"。可以窥见,尽管我国现在还面临很多劳动关系问题,但仍然在坚持努力构建中国特色社会主义的和谐劳动关系,保护劳动者的合法权益。

综上所述,本文在劳动关系的概念界定上,采用《劳动法》与《劳动合同法》对劳动关系的定义:劳动关系是用人单位与劳动者在劳动过程形成的社会关系。通过劳动关系主体上的界定,明确《劳动法》中所调整的劳动关系,有助于社区工作者在服务中,更好地厘清政府、社区工作服务机构、社区工作者三者在劳动过程中的关系。

第二节　中国社区工作者劳动关系的现状与问题

进入新时代以来,我国城乡社区社会逐渐恢复活力,民政部会同全国社区建设部际联席会议成员单位印发的《城乡社区服务体系建设规划(2016—2020年)》指出:"要推进城乡社区综合服务设施建设,力争到2020年,实现城市社区综合服务设施全覆盖,农村社区综合服务设施覆盖率达到50%。"在推进社区综合服务设施建设的同时,还要"强调社区服务均等化、智能化、多元化,提出要开展城乡社区服务信息化建设、城乡社区服务人才队伍建设、城乡社区社会组织培育发展等重点工程。"党的十九大报告指出,城乡社区要发挥社会组织作用,实现政府治理和社会调节、居民自治良性互动。在加强和创新社会治理领域,要建立共建共治共享的社会治理格局。随着市场经济的发展,基层社区已成为我国民主政治建设的主阵地。社会组织作为当代基层治理的一支重要力量,在政治、经济、社会领域发挥着重要作用。

从城市社区工作者队伍来看,1965年至2020年,社区工作者队伍不断壮大,从样本数据来看,20世纪六七十年代每年只有几个人加入社区工作者队伍,到近几年每年都有数百人投身于社区工作,人员队伍的壮大进一步推动社区工作的发展。城市社区工作者主要由两类人员组成,一类是居民委员会工作人员,如社区书记、主任、"两委"成员等,约占68%,还有一类是街道各条线聘用在社区的工作人员,这类工作人员主要包括政府公务员、事业单位编制人员、签订了劳动合同的合同工、经过专业培训专门进入这个社区工作领域的专业人员等等,约占30%。约62%的城市社区工作者与各单位签订了劳动合同，签订单位种类也呈现出多样化趋势，包括街道办事处、相关职能部门、社区组织等。城市社区工作者的数量增多，劳动关系逐渐合同化、法律化，社区工作种类增多，相对应的，社区工作压力也逐渐加重，相关部门对社区工作者的管理难度上升。

农村领域的社区工作者人数近些年来呈快速上升趋势，性别以男性为主，占比达到了 73.6%，同时 90.7% 的农村社区工作者兼任村党组织书记、村委会主任、"两委" 委员、监委会委员及会计、文书等工作。在受教育程度上，以初中、高中、大专学历为主，总体社区工作者队伍专业化人才水平不高。农村社区工作者队伍中的党员占比较高，达到 80.6%。在劳动关系合同化、法律化方面，80.4% 的农村社区工作者没有签订劳动合同，缺少劳动关系的法律保障。总体来说，农村社区工作者虽然数量总体呈上升态势，但主要以村干部为主，受教育程度不高，劳动关系合法性不足，承担农村社区工作压力较大。

社区工作者作为劳动者与社区相关机构签订劳动合同，构建起劳动关系，受到相关法律的调整和保护。社区工作的不断增加需要越来越多的社区工作者积极参与，而社区工作者的队伍壮大同时也进一步推动社区的发展，但是在队伍壮大和社区发展的同时，我们也面临着一系列随之而来的问题。近年来，随着社区工作进一步推进、城市和农村社区工作者队伍的规模逐渐变大，发展中的问题也逐渐浮现出来，如城乡差异大、社区工作者待遇低、专业化水平不足等问题，已经严重影响到了社区工作者的队伍建设、专业认同和职业化发展。

一、社区工作者的城乡差异过大

城市和乡村的社区工作者在工作环境、工作内容、工作待遇等方面的差异较大是社区工作实践中客观存在的问题。中国劳动力市场上不仅存在相当大的工资收入城乡户籍差异，而且在就业岗位、福利待遇、工作条件、劳动合同、工会参与等劳资关系各方面也是如此，这确实是一个必须引起重视的经济、社会问题。大的劳动力市场存在的城乡劳动关系不平等问题也同样折射在社区工作这一领域上，在以下几个方面得以体现：

（一）劳动合同签订比例相差大

劳动合同是法律层面确立劳动关系的重要法律文件，也是切实保护劳动者权益的重要凭据。近年来，因未签订劳动合同或劳动合同到期后的劳动关系是否存在问题引起的劳动争议屡见不鲜，虽然《关于确立劳动关系有关事项的通知》的颁布规定了劳动合同未签订的情况下可以确立劳动关系存在的几种情形，但在实际劳动争议中仍面临举证困难、劳动关系难以认定等问题，因此劳动合同仍然是最具法律效力、最能够保护劳动者切身权益的法律文件。而在社区工作者群体中，城市和农村社区工作者合同签订比例相差较大，在城市社区工作者中，虽然面对管理机构混杂、聘用标准、管理机制不统一等问题，但62%的社区工作者都与各单位签订了劳动合同，正式在法律方面确认了劳动关系。而在农村社区工作者中，只有19.6%的社区工作者签订了劳动合同，城乡社区工作者劳动合同签订差异较大，这种不平等的状态不利于切实保护社区工作者的利益，暴露出社区工作者劳动关系在法律确立层面的不足，也不利于建设和谐稳定的城乡社区工作者队伍。

（二）薪资待遇水平不平等

在城市社区工作者中，91.1%的社区工作者有基本工资，52.3%的社区工作者有绩效奖励，36.6%的社区工作者有津贴补贴，48.4%的社区工作者有奖金，12.5%的社区工作者有加班费，月收入基本在数千元左右，部分社区工作者月收入可高达万元。而在农村社区工作者中，只有58.7%的社区工作者有劳动收入，85.2%的社区工作者收入里包括基本补贴，17%的社区工作者收入里包括专项补贴，49.4%的社区工作者收入里包括绩效奖，9.5%的社区工作者收入里包括津贴，10.5%的社区工作者收入里包括加班费，很多农村社区工作者参与工作甚至没有劳动收入，城市社区工作者和农村社区工作者薪资水平差异很大。除了薪资水平之外，在社会保障方面差别也很大，在城市社区工作者中，88.3%的城市社区工作者有养老保险，61.5%的城市社区工作者有公积金，84.7%的城市社区工作者有医疗保险，70.2%的城市社区工作者有工伤保险，49.5%的城市社区工作者有大病统筹保险，66.2%的城市社区工作者有定期体检，69.5%的城市社区工作者有失业保险，在社会保障、保险方面种类较为全面，并且覆盖范围较广。相比较而言，农村社区工作者的社会保障则匮乏很多，其中只有38.6%的农村社区工作者有养老保险，7.9%的农村社区工作者有住房公积金，25.6%的农村社区工作者享受医疗保险，15.1%的农村社区工作者享有工伤保险，13.9%的农村社区工作者享有大病统筹保险，33.4%的农村社区工作者享有定期体检，只有9.9%的农村社区工作者有失业保险，

12%的农村社区工作者有生育保险，相比较来看，农村社区工作者社会保障、保险覆盖范围小，能够享受各种保险的只是很少一部分社区工作者，城市社区工作者和农村社区工作者在社会保障覆盖范围上相差较大。除了薪资和社会保障方面，还有福利待遇差别，在城市社区工作者中，60.3%的城市社区工作者有带薪年假，89.9%的城市社区工作者有节假日，74.6%的城市社区工作者有探亲假，82.2%的女性城市社区工作者有哺乳假，90.8%的城市社区工作者有病假，假期种类较多且多数人可以享受假期。而在农村社区工作者中，41.1%的农村社区工作者享受法定节假日休假，11.8%的农村社区工作者可享受带薪年假，假期种类较少且只有少部分人可以享受福利假期，二者相差较大。综上所述，城市社区工作者和农村社区工作者在薪资收入、社会保障、工作福利三个方面均存在待遇不平等、水平相差较大的问题，城乡社区工作者的差别待遇不利于建设和谐的社区工作者队伍，不利于提高农村社区工作者的工作积极性和主动性，也不利于建设新时代高水平专业化的社区工作者队伍。

（三）专业化水平相差较大

随着社会的发展，城市和农村社区工作都日益复杂化，对社区工作者的专业化程度要求越来越高，对社区工作者需求的专业技能也越来越多，但是目前城乡社区工作者的专业化水平相差较大。在城市社区工作者中，82.1%的城市社区工作者在入职社区工作时被提出学历要求，37.9%的城市社区工作者在入职时被提出工作经历要求，42.9%的城市社区工作者在入职时被提出专业背景要求，35.9%的城市社区工作者有相关的工作技能证书，83.6%的城市社区工作者接受过岗前培训，在受教育程度上，约20%的城市社区工作者受教育程度是小学、初中、高中、中专、技校，37.6%的城市社区工作者受大专教育，约42%的城市社区工作者受教育程度是本科或硕士研究生，总体受教育程度较高。而在农村社区工作者群体中，48.9%的农村社区工作者在成为村干部时被提出学历要求，23.6%的农村社区工作者在成为村干部时被提出专业背景要求，51.3%的农村社区工作者在成为村干部时被提出从业经验要求，50.6%的农村社区工作者在成为村干部时受到户籍限制，56.5%的农村社区工作者参加过岗前培训，在受教育程度上，约69%的农村社区工作者受教育程度是小学、初中、高中、中专、技校，22.7%的农村社区工作者受大专教育，只有约8%的农村社区工作者受教育程度是本科或硕士研究生，总体受教育程度偏低。虽然相比较而言，城市社区比农村社区面临更加复杂的工作环境和更加繁重的工作任务，对城市社区工作者的专业化水平和能力要求更高，而农村社区工作受当地社会风土人情、人际关系影响更大，因此往往对农村社区工作者工作经验、户籍限制更多，而在专业化水平和能力方面要求不高。但是随着城市化进程的发展和乡村振兴战略的实施，农村社区也承接了更多的上级政府资源和工作任务，对新时代农村社区工作者的要求也不断提高，加大对于农村社区工作者的技能培训，提升专业化水平，缩小城乡社区工作者专业化能力水平差距，是新时代城乡社区发展的必然要求。

二、社区工作者专职化与兼职定位的冲突

《居民委员会组织法》规定，社区居民委员会是居民自我管理、自我教育、自我服务的基层群众性自治组织。不管是城市社区还是农村社区，在法律层面都是群众自治的场所，然而在实际生活中，长期以来我国对社区的管理都是自上而下的行政管理，上级政府将工作任务下发到街道办事处，街道办事处名义上对居民委员会工作进行"指导"，但实际上往往将工作任务下发到居民委员会社区工作者手中，将社区作为政府工作的执行机构，社区工作人员也是政府工作的执行人员。然而在实际社区生活中，由于劳动合同签订率不高，缺少正式的公务员、事业单位编制等原因，很多社区工作者虽然承担了绝大部分的社区工作，但是却得不到应有的待遇，很多基层政府和街道办事处仍然将社区工作者职位定位于兼职工作，这与社区工作者逐渐全职化的趋势相冲突，这种冲突主要体现在以下几个方面：

（一）专职工作与补贴性工资的冲突

由于社区工作日益增多和工作环境日益复杂，社区工作者的工作逐渐走向全职化，这从社区工作者的工作状态、加班情况、额外收入等情况可以看出。在城市社区工作者中，91.1%的社区工作者有基本工资，部分城市社区工作者享有津贴、补贴等福利，95.1%的社区工作者认为工作并不清闲，87%的社区工作者上个月进行了加班，81%的社区工作者上个月在周末进行了加班，54.5%的社区工作者在节假日加班，90.7%的社区工作者并不将社区工作作为临时过渡的工作选择，而是作为长期坚持的工作职位，91.5%的社区工作者除了社区工作所得收入以外，没有其他收入。在农村社区工作者中，约40%的社

区工作者认为工作时间过长，农村社区工作者很多分管了村内的农业、工业、计生、妇联、党建、教育等方方面面的工作，多方面承担了政府工作，在维持农村社区正常运转的同时促进农村社区的发展。然而在农村社区主要还是将社区工作者职位定位于兼职工作，只有58.7%的农村社区工作者有村干部收入，剩余的社区工作者虽然承担了大量的工作，但是却没有得到应得的工资，只能得到微薄的务工补贴，社区工作者的付出没有得到应得的工资补偿和应有的公平待遇，不利于社区工作者队伍的长期发展。

（二）专职工作与岗位临时性的冲突

由于社区工作者一部分是居委会工作人员和村干部，一部分是签订了劳动合同的合同工和通过其他招聘形式录用的相关工作者，所以在社区工作者群体中，基本是专职社区工作的劳动者。社区虽然是居民自治机构，但是在实际工作中承担了大量基层政府的下派工作，且社区工作者没有基层政府工作者的合法编制和身份，部分社区工作者甚至没有签订劳动合同，这使得社区工作者工作的不稳定性和不确定性上升。在城乡社区工作者中，晋升渠道缺乏是城乡社区工作者共同面临的问题，除此之外，社区工作者岗位缺乏长远的发展前景和机会，在日常工作中缺少培训机会等现象也比较突出，难以提高社区工作者队伍的专业化水平。

社区工作者全职化趋势和兼职定位在很大程度上限制了社区工作者队伍的发展速度和发展水平，社区工作者承担了大量的行政任务和社区工作，但是却得不到公平的薪资和培训机会，工作回报率低、发展前景不明朗，晋升机会少，很大程度上影响了社区工作者队伍的扩大和专业化水平的提升。

三、社区工作者用工形式不规范

当出现劳动关系争议时，社区工作者往往处于不利地位，这是由于双方的劳动关系地位不平等所导致的，造成劳动关系不平等的原因有很多，比如劳动管理方享有更多的社会资源和权力，劳动者缺乏反抗力量和能力等，但在社区工作领域中，社区工作者难以使用法律武器维护自身合法劳动权益的重要原因就在于社区用工形式不规范。

社区对社区工作者的用工形式不规范主要体现在两个方面，一是劳动合同签订不完全的问题。在前文中提到，62%的城市社区工作者都与各单位签订了劳动合同，在农村社区工作者中，只有 19.6% 的社区工作者签订了劳动合同，劳动合同签订的缺失意味着很大一部分社区工作者的劳动关系没有在法律上得到确认，社区工作者合法的劳动权利难以得到保障，社区相关部门对社区工作者的工作安排和任务派遣缺乏合法性，一旦出现劳动争议，社区工作者难以维权。二是劳动合同的签订单位不一，包括街道办事处、社区组织、区职能部门等等，聘用社区工作者的单位、部门不一，薪资待遇也不一样，缺乏统一的聘用标准和管理规范。虽然社区工作者工作已经逐渐专职化，但实际上社区工作者队伍并没有建立起科学统一的标准和规范，这既不利于相关单位对于社区工作者的管理，也不利于社区工作者工作的开展和合法劳动权益的保障。

四、社区工作者的工作环境复杂

社区工作者的工作环境和普通工作不同，由于社区工作者的工作范围主要在社区内，面对的服务对象主要是社区居民，因此基于社区生活现实的考量，政府通常要求社区工作者在社区治理中应当具备组织社区居民参与能力、社区服务供给能力、社区文化引领能力、社区依法办事能力、社区矛盾预防化解能力、社区信息化应用能力等"六大能力"。同时要在居民中具备感召力和感染力，具备专业能力和专业知识，能够掌握有关社区社会工作的专业理论与知识、并将其应用于实践中分析评估社区问题，提升与居民之间的沟通能力，保证社区工作者与居民之间的沟通顺畅，从而确保在社区工作实践中处理各种突发问题。对社区工作者工作能力的高要求也从侧面反映了其工作环境的复杂性，以及工作的困难度。

在城市社区工作者中，超过 50% 的城市社区工作者在工作过程中遭遇言语冲突，近 10% 的城市社区工作者在工作过程中遭遇肢体冲突，近 8% 的城市社区工作者在工作过程中会遭受羞辱，40% 左右的城市社区工作者会遭遇驳面子的工作情况，近 40% 的城市社区工作者经常对工作产生烦躁情绪，部分社区工作者经常会觉得身心疲惫。类似的情况也同样出现在农村社区工作者群体中，42% 左右的农村社区工作者表示在工作过程中遭遇言语冲突，约 5% 的农村社区工作者在工作过程中遭遇肢体冲突，约 20% 的农村社区工作者在工作过程中遭遇言语威胁，约 30% 的农村社区工作者在工作过程中遭遇驳面子的情况，8.9% 的农村社区工作者在工作过程中遭遇打击报复等情况。以上调查情况说明，这种工作环境的复杂性和危险性并不单单存在于城市社区或农村社区，社区工作者在进行社区服务、调解社区矛盾的过程中可能遭遇不友好的对待，大大影响了社区工作者的安全。

五、社区工作者的薪资待遇低且不平等

上文中曾提及城乡社区工作者的薪资福利待遇不平等，但实际上不只是城乡社区工作者之间面临不平等问题，整个社区工作者群体都面临薪资福利水平低且与同行业对比存在不平等现象的问题。

在城市社区工作者中，月收入由零到近两万元，月收入差距大，很多社区工作者只能拿到数千元薪资，33.4%的城市社区工作者对自己薪资感到不满意，40%的城市社区工作者对薪资感到一般，37%左右的城市社区工作者认为自己的薪资收入低于同行业社区工作者，50.8%的城市社区工作者认为自己的薪资收入不合理。在农村社区工作者中，只有58.7的村干部有村干部收入，并且这份收入并不高，大部分农村社区工作者还缺乏必要的退休福利，72.4%的农村社区工作者没有相应的离任或退休待遇，76.7%的农村社区工作者无法享受民政局发放的离任津贴、村组织发放的退休补贴、党组织发放的离任补贴、人社部门发放的退休金等离任待遇。城乡社区工作者都面临着薪资待遇水平低且与同行业对比起来的不平等、不均衡现象。从当前社区人才待遇标准来看，存在着区域、部门、个体之间的薪酬差异，社区工作者待遇普遍较低，缺乏稳定的社会保障机制。尽管国家对社会工作人才队伍建设的资金投入逐年增加，但是从一线社区工作者的实际情况来看，很多待遇方面的政策机制还不完善，与社区工作者专业人才相匹配的职业发展保障措施有待加强。尤其是分级财政管理制度对社区工作者专业人才投入较少、薪资较少、前景不明、社会认可度不高成为影响社区工作者人才队伍稳定性发展的拦路虎。大学生是社区工作者人才队伍建设的重要补充力量，从职业认可的角度，大学生往往因为社区工作者工资较低、工作辛苦、晋升困难、无法实现职业理想与社会抱负而选择其他行业。

近年来，虽然政府对于基层社区的投入不断加大，社区工作者队伍的力量不断壮大起来，但是相对应的社区工作者薪资福利增长机制却没有很好地建立起来，从样本数据来看，约55%的城市社区工作者表示过去三年中薪资收入有所增加，50.8%的城市社区工作者表示只是略有增加，薪资收入增加幅度不大，38%的城市社区工作者的薪资收入基本保持不变，还有约7%的城市社

工作者表示薪资收入下降。在农村社区工作者中，49.7%的农村社区工作者表示过去三年中薪资收入有多增加，44.6%的农村社区工作者表示只是略有增加，薪资收入增加幅度很小，46.2%的农村社区工作者的薪资收入基本不变，而约3%的农村社区工作者薪资收入下降。总体来说，尽管大部分社区工作者的薪资待遇水平都是保持不变或略有上升，但社区工作者大幅增加的工作量和工作压力并没有在薪资待遇上得到对等的回报。从社区工作者管理单位来看，薪资待遇水平低和不平等不利于单位对于社区工作者的管理，也难以激发社区工作者的工作热情和主动性；从社区工作者角度看，较低的薪资待遇水平和不平等的薪资待遇不利于对社区工作专业人才的培养和稳定，从长期来看不利于专业化社区工作者队伍的建设。

第三节　构建社区工作者和谐劳动关系的对策

一、建立健全相关法律法规体系

（一）加强劳动法监督制度

城市社区工作者和农村社区工作者都是服务于社区的普通劳动者，他们付出了自己的劳动，应当在法律的保护下合法取得自己的劳动收入，然而在城市社区工作者和农村社区工作者中，签订劳动合同的比例相差较大，签订的劳动合同规定的劳动薪资和福利待遇相差也较大。在城市社区工作者中，过半的社区工作者与各个单位签订了劳动合同，而在农村社区工作者群体中只有很少一部分社区工作者签订了劳动合同，劳动合同不能全覆盖使得社区工作者在面临劳动争议等问题是缺少最直接的劳动关系法律依据。同时社区工作者群体也面临收入水平差距过大的不平等问题，长久以来不利于社区工作者队伍的建设。因此，应当加强对现有劳动法规的执行力度，完善劳动法对实际社区工作者劳动关系的监督制度。严格签订并执行劳动合同，是保障社区工作者合法权益非常重要的一部分，规范且合理签订的劳动合同能够在法律层面清晰地明确社区工作者和社区相关机构（街道办事处、相关职能部门等）之间的权利义务关系。也就是说，从法律角度确立起社区工作者与社区相关机构之间的劳动关系，完善相关机构与社区工作者之间的协商协调制度，为建构起和谐的劳动关系打下基础。

（二）加强社区工作者安全保障立法

2006 年颁布的《国务院关于加强和改进社区服务工作的意见》中提出，要充分发挥社区居委会在社区服务中的作用，加强领导和政策指导，强化社区服务监管，进一步加强组织领导、加强社区服务工作队伍建设、加强社区服务的统筹规划和政策指导、加强对社区服务活动的监督管理，但是在社区工作者工作安全等方面的法律政策文件制定上存在明显不足。

在社区工作中，社区工作者经常需要入室入户，与社区居民直接接触，面对面进行沟通和交流，在进行社区调解时，需要直面社区内部可能会发生的各类言语冲突和肢体冲突，虽然社区居民之间造成肢体冲突和人身伤害的发生概率较低，但部分社区工作者反映在工作过程中受到言语攻击、肢体冲突甚至人身威胁，同样对社区工作者的人身安全形成了隐患。社区工作者在进行入户家访、信息搜集、社区服务等工作的过程中与社区居民的直接接触难以避免，再加上随着城市化进程的发展，社区人口流动速度加快，社区人员流动带来的环境不稳定性随之上升，在这种情况下，社区工作者的人身安全保障显得尤为重要。

因此，必须加强关于社区工作者安全保障方面的立法工作，在法律层面加强对社区工作者安全的保护，提升社区工作者工作安全感，为社区工作者营造出和谐、安全的工作环境，减少威胁社区工作者安全的不稳定因素，完善社区工作者安全保障的法律制度。

二、创新社区工作者队伍建设的方法

2021 年 3 月 5 日，《中华人民共和国国民经济和社会发展第十四个五年规划和 2035 年远景目标纲要》提出，"十四五"时期是我国全面建成小康社会、实现第一个百年奋斗目标之后，乘势而上开启全面建设社会主义现代化国家新征程、向第二个百年奋斗目标进军的第一个五年。"十四五"规划强调要增进民生福祉，提升共建共治共享水平。社区的共建共治共享离不开社区工作者的努力，而面临日益复杂的社区环境和层出不穷的社区问题，我们需要建设更加专业化的社区工作人才队伍，能够适应愈加复杂的社区环境，以专业的知识和能力解决社区问题，促进社区的和谐发展和进步。2017年6月出台的《中共中央 国务院关于加强和完善城乡社区治理的意见》指出，将社区工作者队伍建设纳入国家和地方人才发展规划，把城乡社区党组织、基层群众性自治组织成员以及其他社区专职工作人员纳入社区工作者队伍统筹管理，建设一支素质优良的专业化社区工作者队伍，不断提升社区治理水平。

（一）建立起社区工作者培养机制

随着社区的不断发展和社区工作的日益丰富，越来越多的劳动者愿意投身于社区领域从事社区工作。社区工作纷繁复杂，部分社区工作者持有社区工作相关职业资格等级证书，如当地社工员资格、国家助理社工师资格、国家中级社工师资格、高级社工师资格等等，然而64.1%的社区工作者认为自己取得的职业资格等级证书并不适用于实际社区工作，这是由社区的独特性决定的，社区是社区居民生活的基本单位和基本场所，每个社区都有其独特的生活特色和文化风气，取其共性的社区工作理论知识不能完全适应实际的社区生活是必然的，因此社区工作者只掌握相关的职业理论并不足以应对社区工作中的种种突发情况和事件，需要建立起社区工作者长期培养机制，帮助社区工作者适应不断变化的实际需求，应对不断升级的社区工作难题，加大对于社区工作者的培训力度，通过多种形式提升社区工作者的专业能力。

理论是实践的向导，工作经验丰富的社区工作者在面临愈加复杂的社区环境和社区工作时也需要专业知识的引领和熏陶，尤其是在现有社区工作者队伍中，很多社区工作者从事社区工作已有数年甚至数十年之久，他们一般学历水平不高，但是他们长期以来扎根于社区，具有丰富的社区实践工作经验，针对这部分社区工作者，应当建立起专业知识培训机制，帮助他们掌握重要的社区工作理论和专业知识，让他们在实践工作中将理论与实际工作更好地融合起来，建立起更加专业，也更加贴近社区工作实际的专业队伍。

提高社区工作者队伍的职业素质和专业水平需要建立严谨、科学的教育培训制度，以法治思维和方式优化社区工作者培育环境。现阶段对社区工作者培训的深度和广度还不够，进一步提高社区工作者队伍的质量，需要通过严格立法，建立完善的政策机制。一方面，常态化开展社区工作者教育培训；另一方面，有针对性地建立适合不同发展阶段的社区工作者的细化教育方案。其中，社区是社区工作者培育的关键场域，社区治理需要减负，把繁重的考核任务转化为多样性的社区公共服务实践，通过社区工作与居民参与的双向互动、合作共享，营造社区队伍建设的社区培育系统。

（二）丰富社区工作者培训内容和教学形式

社区工作受社区居民的影响，涉及到社区生活的方方面面，社区工作也因此而非常纷繁复杂，对于社区工作者掌握的知识全面性和能力提出了很高的要求，事实上，很多社区工作者非常希望能够接受多方面知识能力的培训。以城市社区工作者为例，75%的城市社区工作者希望能够参与党务管理学习，84.8%的城市社区工作者希望参加公共管理学习，91.2%的城市社区工作者希望参加社区民意学习，以更多地了解社区舆情和社区民意，保证沟通顺畅，93%的城市社区工作者希望参加社区治理学习，87%的城市社区工作者希望参与环境治理学习，还有很大一部分城市社区工作者希望参与党风廉政学习、征地拆迁学习、领导力学习、违建学习、文化建设学习、法律法规学习等等，类似的学习需求在农村社区工作者群体中也有所体现，说明了社区工作者对各种多样社区生活相关知识的学习需求。因此，为了切实提升社区工作者的工作能力和专业化水平，必须丰富社区工作者的培训内容，从多个方面提升社区工作者的工作能力和工作适应性，培养多样化的社区专业工作者。

随着信息技术的发展和智能技术的应用，智慧技术逐渐走进基层社区，通过"互联网+"技术，可以从多个渠道通过多种形式对社区工作者进行培训，比如网课、线上培训、线上视频教学、线上打卡等方式督促社区工作者接受专业知识和职业能力培训。在社区工作实践方面，可以通过案例讲解、实际案例智慧、现场教学、老社区工作者带新社区工作者的一对一教学模式等方法进行教学，让社区工作者快速适应社区工作实践，学习如何在实际社区生活中进行社区工作。理论教学与实际经验教学相结合，智能技术应用与实践教育相结合，丰富的培训内容和多样化的教学形式共同培养出一支以理论为指导，以实践为抓手的既具备专业知识和专业能力，又适应社区生活和社区工作实践的专业化社区工作者队伍，双管齐下，切实解决社区工作中的难题。

三、营造社区工作者健康工作环境

什么是社区工作者应该享有的健康的工作环境？首先应明确，社区是社区居民长期生活和活动的基本单元和场所，社区委员会是社区居民自我管理、自我服务、自我监督的自治组织，街道办事处和上级政府对社区委员会的工作进行指导，但社区委员会在法律上并非上级政府在基层社区的派生机构，因此上级政府和有关部门都应认识到，社区委员会是居民的自治组织，并不是政府的下级组织，政府部门不应该对社区委员会下达行政指令和强制性的行政任务，上级政府不应干涉社区自治，要根据相关的管理规定及办法制定社区的工作清单及服务事项清单，不得将原本属于街道办事处的工作职责分派到社区完成。对于确实需要由社区协助完成的工作，应通过签订购买服务协议等形式，为社区提供必要的经费支持及技术指导，不可以签订"责任书"及"军令状"等命令式的要求社区完成行政性工作。应当将保障社区居民自治作为重心，将社区工作者从繁杂的社区行政工作中解脱出来。社区工作者应该承担社区自治的相关工作内容，不应该过多承担上级政府分配的行政任务，应当合理为社区工作者"减负"，为社区工作者营造良好的工作环境。

从样本数据来看，在城市社区工作者中，95.1%的社区工作者认为工作并不清闲，87%的社区工作者上个月进行了加班，81%的社区工作者上个月在周末进行了加班，54.5%的社区工作者在节假日加班。而在农村社区工作者中，社区工作逐渐走向专职化，农村社区工作者也付出了大量的休息时间和节假日时间用于社区工作中。繁重的社区工作给城乡社区工作者都带来了巨大的工作压力，工作时间变长，工作强度变大，然而相对应的薪资福利待遇却难有增长，面对这样的工作环境，许多社区工作者难以为继，只能选择离职。这种工作强度与薪资待遇不匹配的工作环境长期来看不利于社区工作者队伍的建设，在损伤社区工作者身体的同时侵害了社区工作者合法得到休息和假期福利的权益。为社区工作者营造健康的工作环境，不仅要社区工作者真正服务于社区居民，实现居民自治，还要合理为社区工作者减轻负担，降低工作强度和工作压力，面对增多的社区工作，不仅要保证社区工作的合法、合理性，如果现有工作者不足以应对社区工作，应当适当扩充工作队伍，保证健康的社区工作环境，保护社区工作者的身心健康。

在建立起合理的工作环境的同时也要营造职业文化，推进社区工作者的职业认同与社会认可。营造尊才重才的社会环境，通过完善薪资制度、晋升制度等人才保障制度，以及通过各项政策法规切实保障社区工作者发展的社会福利措施的稳定性、科学性，双管齐下营造新时代尊才重才的社会环境，增强社区工作者人才发展的凝聚力与吸引力。利用好数字治理迅速发展的优势，通过各类信息平台，加大对社区工作者服务理念、服务方法、经验成果、先进事迹等方面的宣传。突出社区工作者的职业素养、专业特点和社会功能，以此来营造全社会尊重人才、发展人才、吸引人才、培育人才的良好氛围。此外，还可以大力推进居民社区服务志愿者建设，使得社区居民可以在社会治理的参与中感受社区工作者从事社区服务的专业性、技术性、科学性、人本化特点，在提升社区居民参与社会治理的体验感的同时，营造出社会关心、认同和支持社区工作者队伍建设的良好氛围。

四、建立完善社区工作者失业救济制度

社区工作者的失业困境在前文中其实也有提及，失业保险未能实现全覆盖，在城市社区工作者中，约70%的社区工作者享有失业保险，而在农村社区工作者中，只有9.9%的社区工作者享有失业保险，没有失业保险的社区工作者无法享受失业保障，而社区工作者也几乎没有失业、离任之后的补贴待遇，这使得社区工作者不敢失业、不敢离任，只能顶着巨大的工作压力继续工作，长期以来社区工作者对社区的归属感容易减弱，对于社区工作的热情和积极性也较难维系，虽然还在继续进行社区工作，但是从工作质量、工作效率、工作满意度上来说会难以达到标准合格线，长此以往并不利于建设积极向上的社区工作者队伍。因此应当确立起社区工作者的失业救济制度，加强对社区工作者的失业救济，帮助他们走出就业困境。

合理调整社区工作者的收入，制定人性化的工资福利制度，建立工资收入自然增长机制。一是适当提高目前社区工作者的工资，将月收入提高至本地同行业薪资平均水平。薪资水平是员工个人的经济保障，鉴于当前社区工作的繁重情况，以及社区工作的特殊性对社区工作者的责任意识、组织协调能力等提出较高要求，应提高社区工作者月收入至全市同行业薪资平均水平，以适应社会建设的发展要求和居民群众的服务需求。二是建立社区工作者薪资等级制度及收入增长机制。结合实际物价水平和社区工作者的实绩，逐步提高工资报酬和相关福利。激励社区工作者为社区建设多做贡献。三是完善福利制度。根据国家的各项法律、法规，保障社区工作者与政府工作人员享有同等福利。四是建立合理加班补助制度。建立完善、合理、规范的加班补助制度，确保社区工作者得到与工作量相匹配的加班补助。根据劳动部门设置的职工加班补助的标准，在合理的情况下，建立社区工作者加班补助制度，更好的激发社区工作者

的工作热情。

　　社区工作者在实际工作中不仅要承担上级政府的行政任务，还要承担社区居民的各种生活琐事，需要进一步加强对他们的社会保障力度和社会福利制度。从就业、失业、生活、医疗、工作等多个方面提升社区工作者的社会保障力度，将有效激励社区工作者积极面对复杂的社区工作环境，提高社区工作者的工作满意度和工作积极性。

结论　打造"四化"社区工作者队伍的对策建议

习近平总书记在主持中央政治局常委会会议审议《关于加强和改进城市基层党的建设工作的意见》时，强调要推进社区工作者队伍职业体系建设，要凝聚人才，吸引有志于这项工作的同志参与进来。习近平总书记的重要论述，为推进社区工作者队伍建设提供了根本遵循，这鞭策我们深入探索政策措施，从根本上解决社区工作者身份、待遇、出路等问题，让他们有存在感、尊严感、荣誉感，使这一行成为社会尊敬、令人羡慕的职业。

通过以上对社区工作者队伍发展的历史考察及各章的专题分析，我们发现社区工作者队伍在当前发展逻辑中凸显出的权责不对等、组织科层化、职业低认同、专业化转型动力不足，专职化发展受阻等问题，与当前这支队伍顶层设计所要求的专职化、专业化、规范化、高素质化的建设方向出现了一定偏差。在梳理了各地经验做法，吸取其探索成果精髓的基础上，我们建议立足高素质化、规范化、专职化、专业化四个发展方向，明确社区工作者身份定位，从队伍人员的入口到出口、从物质保障到精神奖励、从职级晋升到选拔任用、从人才培育到专业素养提升等作出体系性的制度安排。

第一节　坚持党对社区工作者队伍
建设的全面领导

社区治理是社会治理的基本单元，是巩固党执政基础的重要基石，是满足人民日益增长美好生活需要的重要载体。建设一支适应时代发展、满足群众需求、结构科学合理、素质专业优良、治理效能优异的社区工作者队伍，有利于提高社区治理现代化水平，满足群众多元化的服务需求，是构建"党委领导、政府负责、社会协同、公众参与、法治保障、科技支撑"的社会治理新格局的人才保障。

一、加强基层党组织对社区工作的领导

社区党组织在社区中充当了居民组织者、关系协调者、服务能力提升者和治理推动者等重要角色，是多元协同治理的领导力量，是社区居民由冷漠无视社区公共事务向合作奉献转变的重要组织者和领导者。当前社区工作的关键是要建设"以党建为核心，强化政治引领"的基层社区治理模式，通过建党强党实现固本强基，充分发挥基层党组织的政治优势、组织优势与资源整合优势，使其领导功能和引领作用更加彰显。

社区欲实现科学、安全、有效、精准的多元共治，形成社区治理共同体，关键要靠社区党组织的领导。习近平总书记指出："党的工作最坚实的力量支撑在基层，经济社会发展和民生最突出的矛盾和问题也在基层，必须把抓基层打基础作为长远之计和固本之策，丝毫不能放松。"社区囊括的基层自治组织、社会组织以及其他社会力量众多，在组织和人员整合上，若没有党组织坚强领导体系、组织机制、有力的决策部署能力，以及强大的社会力量凝聚功能，社区力量便难以汇成社区治理合力。因此，上至街道党（工）委，下到社区党组织，再到各小区、楼栋党支部，须加强自身建设，塑造成以党委为核心的坚强领导集体，坚持统一谋划，科学部署社区治理和社区工作者队伍建设问题，突出党对社区的全面领导，为社区治理、社区工作者建设树立"主心骨"、确立"定海针"。通过党建重心"下沉"到社区党委，社区深入到家庭和个体，搭建参与平台，引领广大群众的各类社会组织参与到共建共治体系中来，构建"一个大党委、多个党支部、若干党小组"的组织领导框架，实现党对社区的全要素、全方位、全过程领导与组织覆盖，全面推动社区工作者队伍建设中权责关系的有效厘清，畅通人员晋升制度对接渠道，搭载国家与社会的协作平台，精准聚焦工作方向，细化工作任务责任，构筑科学有序的工作体制机制和工作目标，这些都要依靠党组织统一的行动部署与谋划安排。因此，扣紧基层党组织建设闭环，建立起基层党组织完备高效的责任领导体系与治理体系，是推动社区工作者队伍建设的核心要素。

二、坚持党建引领社区工作者队伍建设

社区工作者在制度机制各个方面的问题，归根结底，是基层群众自治体系

与各级政府、尤其是基层政府部门的权责配置制度不适应、不科学所致。因此，需在基层社会治理改革发展中找准正确的体制设计方向。

首先，党建引领是社区工作者队伍建设的生命线。唯有毫不动摇地在社区工作者队伍建设工作中坚持党的建设、发挥党的领导与引领作用，才能循着正确的政治方向，才能合理地调整社区工作者与街道（乡、镇）之间权责关系，营造出支持与尊重社区工作者的良好社会氛围。唯有充分发挥基层党组织的组织整合优势，才能推动街道行政管理与社区自治参与的有序协同互动，进而带动社区工作者队伍建设的发展。

其次，发挥党在社区工作者队伍建设中组织领导优势的同时，引领社区工作完善分类管理。政府及相关职能部门（如党建、民政事务、人口计生、综合治理、劳动保障、社区环境）等对口单位在社区层面上唯有建立起统一的管理平台，实行行政准入清单制度，对不同身份性质的社区工作者进行分类管理，建立健全权责对等制度，才能使社区各项工作有效衔接、减少重复劳动、提高工作效率，才能为作为人才管理枢纽工程的社区工作者队伍建设构建良好的工作生态。

第二节　科学规划社区工作者人员范围与职责定位

一、明确社区工作者的人员范围

新时代社区工作者队伍建设，首要问题是明确社区工作者身份范围，并广而宣之，让全社会、全体居民理解、认可社区工作者的内涵。夯实社区工作者"四化"建设人才支撑体系，首先需要明确社区工作者队伍的人才口径，才能建立科学有效的选拔任用招录机制。坚持将社区党组织、群众自治组织成员、指定基层政权部门统一聘用在社区从事社区党建和社区服务管理的全职工作人员，纳入社区专职工作者范畴，其他社区辅助性、公益性岗位人员不纳入这一人才口径。

对于社区工作者党组织负责人，应当按照《中国共产党章程》《中国共产党基层组织选举工作暂行条例》对候选人进行选举或任命；当选后或被任命为社区党组织成员的社区工作者，应当及时与街道（乡、镇）签订服务协议，办理相关手续，纳入社区工作者范畴管理；对于社区居（村）委会中的社区工作者，应当按照《中华人民共和国城市居民委员会组织法》《中华人民共和国村民委员会组织法》和当地有关规定对候选人进行选举，当选人员应当与街道（乡、镇）签订服务协议，办理相关手续，纳入社区工作者管理范畴。建立基层政府可以招聘社区工作者的部门权限清单，有权公开招聘社区工作者的部门应当按照国家法律法规及思想政治要求及社区工作胜任素质技能要求，会同乡镇主管部门公开招聘社区工作者，与业务部门签订服务协议，办理相关手续，纳入社区工作者管理范畴。其他社区辅助性、公益性岗位人员不纳入社区工作者队伍，以市场配置为基础，按照市场的方法来合理配置社区工作人才资源，但应按兼职性社区工作人员加强管理，有效发挥兼职社区工作者作用。

对社区工作者队伍实行员额管理，综合考虑社区规模、人口密度、服务半径、居民构成、特定人群服务要求、工作任务等因素，科学合理规划社区工作者员额。原则上，社区常住人口每200至300户配备一名社区专职工作者，3000户以下的社区控制在15名工作者以内，超过3000户的社区控制在20人以内，并实行动态调整。

二、明确社区工作者的职责任务

社区工作者队伍的"四化"建设要求需要明确社区工作者的职责任务。

从事社区工作是一种职业化的服务行为，它除了需要遵循相应的职业操守和服务规范外，还需要明确社区工作者的权利与义务，严谨把握在法律关系内的不同主体之间的互动规范和服务准则。社区工作者需要兼顾的服务主体包括政府、社会组织、社区居民、家庭等。如何科学地梳理不同服务主体之间的需求差异，这就需要社区工作者严格按照法律规范所要求的权利义务精准把握、科学预判，提供符合法律规范和职业伦理的专业化社区服务。这将有利于减少社会风险和成本，提高社区工作者提供服务的专业性和社会认可度，有效地保障服务对象的法定权益和合理需求。

同时，社区工作者作为一种职业从业者，在提供服务中充分享有劳动保障权、休息娱乐权、自由择业权、职业培训权、劳动报酬权等权利，充分享有职业权利才能提高社区工作者的从业保障水平，建立科学的、稳定的、可持续发展的社区工作者队伍。因此，科学规范地划分社区工作者的岗位职责，是其队伍建设的基础条件。因地制宜地根据不同社区的规模、环境、人口、资源等方面的因素来综合考量，科学设置社区工作者岗位，明确社区工作者的职责范围、人员数量、服务理念、考核标准、监督机制，明确社区工作者汇报关系，即在社区"两委"领导下开展工作，接受街道（乡、镇）和基层职能部门指导，明确职责任务是主要承担组织社区党建和居（村）民自治事务、协助基层政府及其派出机构开展与居民利益密切相关的公共事务、做好联系服务群众工作三大范围内的具体任务，这是科学建设社区工作者队伍的基础性条件。

职责任务制度设计上做到以下几点：一是转变基层政府主导方式，从传统的行政命令向政策制定、绩效监督、项目评估为主转变。推动基层政府购买社会组织的服务，实现单一主体服务向多元主体协同服务的转变。二是明确社区工作者责任清单。在权责对等关系上，应注重法治理念、法治思维，强调工作范围与内容的权责而非地域权责。面对社区治理工作"责任清单"不够细、"任务清单"不够实的问题，积极帮助他们逐一梳理，细化明确任务清单。一方面为社区工作者减负，另一方面引导社会力量参与社区治理与服务。三是对社区工作岗位进行科学地工作分析。科学合理地分析社区实际需求是实现社区工作者岗位开发的基础，对岗位设置必要性进行充分评估，确保社区工作者岗位设置科学合理并便于管理。理清工作职能，明确工作分工，在制度上避免社区工作的过度行政化。四是建立社区工作者与居民的有效沟通和互动渠道。通过各种线上线下手段，在居民和社区工作者之间建立有效的沟通互动机制，及时了解居民基本情况，收集意见建议和服务需求，及时解决问题并分类归档。积极引导居民参与社区服务和治理，有效缓解"社区干，居民看"的治理难题，打造"人人有责，人人尽责"的责任共同体。

第三节　推动社区工作者队伍规范化建设

一、规范社区工作者的选任招聘

规范社区工作者入口关是社区工作者队伍规范化建设的第一步。建立严格的职业准入门槛，明确选拔标准，严格考试制度、严格职业准入，既要把握好数量关，也要把握好质量关，既要"招够人"，又要"招好人"。一方面，确保社区工作者队伍有足够的与工作任务匹配的工作者数量。社区在科学细致的人员规划和岗位设置的基础上，确定工作者数量需求；主管部门在统一吸纳社区工作者时，应当拓宽选任招聘视野，科学合理制定相应的选任招聘条件，在保证人员质量的前提下尽可能简政放权，放宽无意义或不必要的限制，引导社区有意向的人员形成较高的应任预期和工作意愿。另一方面，提升社区工作者队伍的质量。在人员的选任招聘机制上需要严格审慎地开展选任招录工作，确保引进个人素质高、责任意识强、工作效率高、服务水平强的优秀社区工作人才。

总体而言，应出台国家层面的社区"两委"干部人选条件审查办法，引导各地严格落实社区"两委"成员人选标准和资格条件，依法组织选举。在2021年第七届村居委换届选举中，全面推行城乡社区党组织书记、村（居）委会主任、村（社区）经济合作联社主任"一肩挑"工作，推动村（居）"两委"成员交叉任职，优化班子结构。除少数地区不具备专职条件外，城乡社区"两委"成员一般实行专职，其中书记、主任必须专职的办法。除去社区"两委"专职成员选任外，社区专职工作者不足员额面向社会公开招聘、择优录取，原则上招聘政治素质优良、大专以上学历、年龄不超过40周岁人员的本地居民，对考取社工师人员、社会学及其相关专业高校毕业生、复员退伍军人、本社区居民可适当放宽年龄限制，并在同等条件下优先录用。

二、规范社区工作者的薪酬福利体系

建立科学合理的社区工作者薪酬待遇机制是加强社区工作者队伍建设的重要问题之一。当前首要的是对社区工作者的待遇水平、工资结构、增长机制做出调整，以解决当前普遍反映的工资水平偏低，薪酬结构、机制不合理的问题。从长远看，需要科学分析社区工作职位的具体情况，根据社区工作"是政府的政府管，可自治的居民做，能购买的市场供"的原则，对于担负社区领导、协调职能的岗位和人员，论证研究将其纳入政府工作人员序列，以利于做到强化责任、责权统一；对于担负实现社区居民自治职能的岗位和人员，探索通过政府设立专项经费，由居民会议通过规范程序和考核办法的方式，最终决定其待遇水平；对于政府提供服务延伸的岗位和人员，进一步转变政府职能和实现方式，探索通过向社会组织购买的方式，由市场决定其待遇水平。

总体而言，应采取学历、资历、资格、业绩、岗位等多种指标相结合的方

案建立科学合理、按劳取酬、自然增长的多层次动态调整薪酬体系。社区工作者总体工资待遇平均水平，原则上应当不低于当地职工平均工资水平，与岗位职责、工作年限、职业水平、工作实绩等挂钩，在薪酬结构上，应包括职务工资、专业技术等级工资、综合补贴和绩效工资，应保障社区工作者参加职工基本养老、医疗、失业、工伤、生育等社会保险的权利，享受独生子女费和住房公积金，以及国家和当地规定的休息休假权利。对退休的选任人员应当制定合理的工作补贴。

具体而言，一是要提高岗位基础工资。目前不少地区以地方最低工资标准为基数的"三岗十八级"的薪酬待遇标准并不科学，除少数发达省份外，社区工作者薪酬满意度有待提高，不具有吸引力的工资导致了一些社区工作者职业认同感不高。建议参照社会平均工资水平并结合本地经济发展以及消费水平，适当提高社区工作者的岗位基础工资，提高社区工作者的岗位认同感。从人才队伍稳定，增加社区专职工作岗位的吸引力，体现社区工作专业人才价值的角度看，合理的社区专职工作者总体待遇应不得低于所在地区全额拨款事业单位的待遇水平，高于当地城乡单位就业人员年平均工资。

二是建立适当的绩效奖励机制。绩效工资是深化收入分配制度的重要内容，其目的是形成合理的分配制度，打破平均主义，从而实现多劳多得的效果。根据社区工作者考核办法建立适当的绩效奖励制度，比如按照优秀、良好、合格、不合格四个级别，确定年度绩效奖励等级，绩效奖励按年度岗位基础工资总额的10%—20%确定，并实行差异化发放，有效调动社区工作者的工作积极性。

三是给予相应的岗位津贴。目前的岗位津贴主要是工龄工资以及特殊岗位津贴，随着工作者专业性工作在社区服务、社区治理中优势与作用越来越明显，近几年各地陆续推出了社会工作职业资格证书补贴，但是标准不一，建议统一资格补贴。同时规范社区工作者的岗位津贴，比如学历、相关资格证书、职务、特殊补贴（人口普查、创文创卫、应急管理等），建立统一的标准与规范，激发社区工作者学习与成长的动力。

四是落实必要的社会保障和福利。参照城镇在岗职工标准，为社区工作者足额办理城镇职工"五险一金"，激发社区工作者内在动力，吸引留住优秀人才，让更多人人愿意扎根社区、奉献社区。根据国家的各项法律、法规，保障社区工作者享有与政府工作人员同等福利，落实免费体检、带薪休假、调休补休等待遇。

五是建立合理加班补助制度。建立完善、合理、规范的加班补助制度，确保社区工作者得到与工作量相匹配的加班补助。根据人社部门设置的职工加班补助的标准，在合理的情况，建立社区工作者加班补助制度，更好的激发社区工作者的工作热情。

三、规范社区工作者的管理考核体系

首先，规范工作管理体制，探索工作分析科学化、清晰化。对社区工作者的岗位进行权责一致的工作分析是规范社区工作者工作管理的前提条件。建立安排社区工作者工作责任时必须配套提供相应的人力、物力、财力及其他保障的制度。一方面，切实推进工作管理科学化。当前社区工作者工作压力大多是由权责失衡所致，应当严格执行党委政府各单位部门工作任务下放社区的准入制度，切忌将原来不属于社区的工作层层下压到居委会。若需要社区协助落实的任务，则必须为社区工作创造相应的工作条件、给予相应的工资资源。另一方面，坚持社区工作者工作责任有限化与社区全响应机制平衡，保证其法定的休假时间和私人生活空间，改善无限责任、工作不断、全年无休的现状。逐步减轻社区工作的行政色彩，让社区工作重点回归居民群众的实际需求、实实在在为民服务，实现社区的规范化管理。

其次，加强绩效管理，要以社区工作者的岗位职责和所承担的工作任务为基本依据，建立社区工作者五年岗位目标责任制，将目标责任作为考核评价的重要内容，考核结果作为社区工作者调整岗位、调整等级、薪酬待遇、奖励惩戒、续聘解聘等的重要依据，采用科学合理的绩效激励和效能评估手段，发挥考核的导向作用和绩效激励杠杆作用，提升基层队伍的稳定性和主观能动性。在设计指标时应当注重社区工作的过程，而不是只重视结果。应考虑到各项工作的难度、工作量等因素将社区各项工作进行量化，从而对每一个社区工作者的劳动成果进行评定和计量。街道对社区考核、社区对普通社区工作者考核应广泛听取社区工作者的意见和建议，将其合理意见反映在绩效考核指标当中。

三是制定社区工作者的工作质量评价标准。第一，推行"星级社工"评价制度。建立健全以合同、岗位职责为依据，以社区工作者能力、业绩及社区居民满意度为核心评价要素，从职业素养、专业知识及服务行为等内容作为社区工作者的岗位评价指标体系；第二，实施"三分考评"制度。构建起以"分类目标管理""分线量化考核""分层激励保障"为主体的考评体系，结合社区的实际情况，紧盯"干好干坏一个样""同岗不同责"等问题，加强精准考核，将考核结果与个人待遇直接挂钩；第三，完善日常考核制度。坚持定期考核与日常考核相结合，资格考试、业绩考核和同行评议相结合，定性考核与定量考核相结合，组织评价、群众评价和"第三方评价"相结合，对在岗社区工作者履职尽责、学习进修和职业发展等情况进行综合考核评价；第四，强化居民对"社区工作者"的满意度评价。从自下而上的角度，建构社区居民对社区工作者的满意度评价体系，尤其应关注服务态度、服务标准、服务及时性、服务获得性等方面的满意度评价；第五，强化考核结果的运用。将绩效考核评价结果作为基础依据，成为薪资福利分配的主要考量标准，让不同绩效的社区工作者享受不同的薪资待遇水平。比如对未按时完成工作任务、居民合理投诉等行为，可通过扣除当月部分绩效工资的方式予以惩戒；对于主动承担工作任务，获得省市区表彰等优秀表现，适当提高当月绩效工资，从而发挥考核的激励作用，形成进取的组织氛围。第六，组建考核工作督导组，深入各个街道社区进行常态督导和专题督导，切实推动社区工作者的能力建设发展。第七，规范退出机制。对连续两年或累计3年考核不合格的，或者有严重违反法律法规和社区管理制度行为的，或者连续3年考核基本合格经岗位调整与培训后仍不能胜任工作的，应当依法解除劳动合同。

此外，针对日益严重的社区工作者高流失率问题，需要深刻洞悉离职流失的各方面因素，强化人员离职的硬性与软性制度约束。在硬性制度方面，合理适度地设置离职退出门槛。在《劳动法》的框架下，既要健全保障措施，即明确劳动关系、切实保障社区工作者享有的基本权益不打折扣，又要调整劳动合同中有关工作时限的承诺和违约条款，避免享受到特殊工作福利后立即转身走人的不良现象，对已经进入社区工作者队伍中的人员形成规则约束；在软性制度方面，必须肯定社区工作者的职业地位、明晰其职业身份、提升社会认同，加大社区工作的普及与宣传力度，营造良好的舆论氛围和社会大环境。职业身份认可度直接影响到社区工作者的从业热情、动机以及自我效能感、获得感和归属感，是稳定社区工作者队伍的精神源泉。

第四节　推动社区工作者队伍的专职化

社区工作者队伍向专职化、专业化方向发展是社区治理体系升级和完善的必由之路。专业化保证了社区工作者工作的科学性、有效性；专职化则提升社区工作者队伍的归属感和稳定性。与过去兼职性、志愿性社区工作者相比，党的十九大以来，我国专职性的社区工作者队伍发展迅猛，然而在队伍专职化转型初期，社区志愿者管理队伍仍然保留着许多非专职化的特征，阻碍了社区工作者队伍专职化发展趋势，引发了当前社区工作的诸多问题。深化社区工作者队伍管理制度的改革，有效供给专职化管理制度，是建设专职化社区工作队伍的必需条件。

一、建立社区工作者完整的职业发展体系

科学合理设立社区工作者职系职级，健全职业发展体系。当前社区专职工作者分为三岗十八级的模式较为普遍：一岗是社区正职（社区书记、主任）；二岗是社区副职（社区副书记、副主任）；三岗是社区专职工作者。根据岗位职责、工作年限、文化程度、专业水平、工作绩效等综合因素，探索建立社区正职、副职和一般人员三个岗位共18级的等级序列，确立系列，形成层级、拉开梯次，并与待遇水平科学衔接，为社区工作者规划职业发展目标，使那些有志于长期从事社区建设事业的人才"工作有干头，事业有奔头"，将岗级与工资待遇相对应。

健全社区工作者档案管理制度。按照档案管理有关法规，街道（乡镇）应健全完善社区工作者的工作档案。档案内容主要包括：社区工作者本人基本情况、在社区工作起始时间、岗位变化情况、考核评议、培训和奖惩等情况。社区工作者档案关系由所在区指定的服务机构代理。将档案作为保障社区工作者人员流动的管理机制。按照便于服务和管理的原则，兼顾居住地变化等实际情况，各区、街道（乡镇）可以根据工作需要和社区工作者本人意愿依法依规办理社区工作者流动事宜。依据档案记录，社区工作者跨区、跨街道（乡镇）流动，其工作年限、岗位系列、工作职级应予以累计计算。

将职系职级考核作为提高能力门槛，建立淘汰机制，完善"退出"机制的工具。对于多次年度考核不合格的、严重违反社区管理相关规章制度或有其他违纪违法行为的、不履行服务协议约定义务，经教育仍不改正的、工作严重失职，给街道（乡镇）、社区和社区居民利益造成重大损害的、不能胜任工作，经过培训或者调整工作岗位后，仍不能胜任的以及符合国家和当地相关法律法规规定的其他退出情形的社区工作者，依法依规按程序解除服务协议，始

终保持社区工作者队伍的生机和活力。

打通社区工作者职系职级与党政人事管理的接口。各级政府应积极推动研究制定专项政策，鼓励政府部门、事业单位、国有企业在公开招录人员时，切实地将社区工作经历作为优先条件之一，拓展社区工作者的发展路径，使社区工作岗位体现应有价值。例如，可适当加大从社区党组织书记中招录公务员和事业编制人员力度，注重把优秀社区党组织书记选拔到街道（乡镇）领导岗位。

二、建立社区工作者的评优推先体系

探索建立社区工作者表彰制度，制定国家级社区服务人才荣誉管理办法，指导地方每两年组织评选社区工作者，表彰先进典型。根据社区工作者的工作实绩和群众评价，对工作业绩突出、居民群众满意度高的社区工作者进行表彰奖励，在评先评优中对优秀社区工作者予以倾斜，充分调动广大社区工作者的积极性；通过报刊、电视、网络等媒体大力宣传报道社区工作者中的典型人物、先进事迹，展现广大社区工作者的职业风采和良好形象，提高社区工作者的社会认同度和职业荣誉感，努力在全社会形成重视、关心、支持社区工作者队伍建设的良好舆论氛围和社会环境。深化关爱机制，对社区工作者关爱支持机制进行制度创新。

开展社区工作人才的政府特殊津贴评比。针对业绩突出的社区工作者，适当增设表彰奖项，给以精神或物质奖励，进一步树立典型，激发广大社区工作者的工作热情和积极性，使得基层社区工作者可以通过自己的努力获得向上流动的机会，增加社区工作者的荣誉感与归属感。鼓励各地对长期服务社区的优秀社区党组织书记、优秀社区居委会主任，在其退休时给予荣誉表彰和一次性物质奖励。

三、增进社区工作者的职业认同感

营造社区工作者职业文化，首先需要营造尊才重才的社会环境，通过完善的薪资制度、晋升制度等人才保障制度，以及通过各项政策法规切实保障社区工作者发展的社会福利措施的稳定性、科学性，多管齐下营造新时代尊才重才的社会环境，增强社区工作者人才发展的凝聚力与吸引力。

政府对社区工作的支持对稳定社区工作者的工作状态具有积极效应。鼓励各地探索通过增列界别、名额倾斜等方式，推动积极推荐符合条件的优秀社区工作者担任各级党代表、人大代表、政协委员，推荐参评优秀共产党员、优秀党务工作者、劳动模范、五一劳动奖章、三八红旗手等。

较高的社会认同对社区工作者稳定工作状态具有积极效应。这需要加大宣传力度，营造良好的舆论氛围和社会大环境是增进社区工作者队伍职业认同的重要途径。一方面，应在全社会形成良好的价值导向和就业氛围，应当通过有效手段转变媒体宣传和公众观念。各级政府应充分利用报刊、广播、电视、网络等多种媒体的宣传作用，让全社会了解社区工作、重视社区工作，宣传社区工作者的典型事迹，提高社区工作者队伍的社会知晓度。利用好数字治理迅速发展的优势，通过各类信息平台，加大对社区工作者服务理念、服务方法、经验成果、先进事迹等方面的宣传。突出社区工作者的职业素养、专业特点和社会功能，以此来营造全社会尊重人才、发展人才、吸引人才、培育人才的良好氛围。

另一方面，采用多种荣誉激励手段提高社区工作者的荣誉感，增加他们自身的社会责任感和使命感。充分发挥精神激励的作用，通过举办社区知识竞赛、先进社区工作者报告会等形式多样的活动，推动社区工作的开展。大力推进居民社区服务志愿者建设，使得社区居民可以在社会治理的参与中感受社区工作者从事社区服务的专业性、技术性、科学性、人本化特点，在提升社区居民参与社会治理的体验感的同时，营造出社会关心、认同和支持社区工作者队伍建设的良好氛围。

完善社区人才职业道德建设，第一位的是建立其自我价值感与自我效能感。首先，要通过专门的职业道德教育和专业素质培训来凝聚社区工作者队伍的职业归属感、社会责任感和集体荣誉感。引导社区工作者建立本土化、时代化、发展性、创新性的工作理念，坚持人本主义原则，遵循助人自助的价值理念，以科学的工作方法和创新的探索思维建立起符合时代发展的社区工作观。其次，推进社区工作者职业道德建设，要求从事社区工作的专门人才通过扎实的一线工作锻炼社区工作的实务技能，避免形式主义和本本主义的泛滥，注意公众服务体验感建设，把握人在情境中的原则，主动参与、积极引导，把社区居民的问题放在社区情境中解决。最后，社区工作者职业道德建设需要强化一线从业者的职业责任感和社会认同感，一方面通过建立完善的奖惩制度、晋升制度、信用制度来提高社区工作者的职业责任感。另一方面，通过加大专业技能培训和项目服务推广以及社区工作服务理念宣传等活动来凝聚社区工作者的社会认同感。强化社区工作者的职业认同与社会认可，通过科学的工作方法与职业操守强化社区工作者队伍自身建设，引导社区工作者树立牢固的社区工作理念和社区工作专业价值观，保证社区工作者队伍健康发展。

四、建立社区工作者的晋升通道

加大从社区专职工作者中招录事业编制人员力度，重视通过竞争性选拔等方式把优秀社区党组织书记选拔到镇（街道）领导岗位，积极推荐符合条件的优秀社区专职工作者担任各级党代表、人大代表、政协委员，拓宽社区工作者发展空间，能够增强社区工作者自信心和对社区工作的归属感，进而提高社区工作者的职业认同感。

构建畅通的社区工作者晋升机制。当前对于社区工作者晋升，普遍认为向上"嵌入性"是我国社区工作者群体的主要职业出口[①]。政府掌握了主要的社会资源，而社区工作者群体又大多出于离家近、追求稳定工作等因素进行择业，进入政府民政系统或事业单位似乎是社区工作者队伍最佳的职业选择。然而这类职业出口终究只是针对社区工作者团队中的少数精英群体。晋升机制不应局限于转事业编或者公务员考试中的政策倾斜，对于庞大的社区工作者群体而言更需要的是形成较为普惠性的晋升机制。"三岗十八级"制度是模仿公务员体系建立的，是否完全适用于社区工作者职业的特殊性，还需要延时性观察。因此在未来仍然需要增加社区工作者职业出口，扩展多渠道的职业上升通道，或者提高社区工作者体系内高层级的工资待遇，让更多人能够从中受惠。社区工作者上升通道的完善，应当在具体准则上具有明确性和可执行性，这样才能帮助社工群体建立多种多样的职业规划。

第五节　提升社区工作者队伍的专业化水平

加强社区工作者队伍专业化建设是推动新时代社区治理的有效途径，也是适应社区工作转型升级的迫切要求。习近平总书记在中央党校（国家行政学

---

① 王思斌，阮曾媛琪：《和谐社会建设背景下中国社会工作的发展》，载《中国社会科学》2009 年第 5 期。

院）中青年干部培训班开班式上以"提高解决实际问题能力"为题，在讲话中提到一条重要经验，即勉励年轻干部提高七种能力，勇于直面问题，想干事、能干事、干成事，不断解决问题、破解难题。面对复杂形势和艰巨任务，我们要在危机中育先机，于变局中开新局，七种能力分别为政治能力、调查研究能力、科学决策能力、改革攻坚能力、应急处理能力、群众工作能力、抓落实能力，即为新时期的新要求。① 而全面提高基层社区工作者能力素质的基础与前提是健全社区工作者在岗培育机制、完善社区工作者持续教育计划。

一、开展社区工作者的分层培训

从长期视角看，专业化是社区工作者队伍建设的必然方向。人员培训与开发应当围绕专业化展开。同时，社区工作者工作性质具有群众性、繁杂性特征，其培训体系安排应该区别于一般性的培训教育，形成一套专业科学的培训设计。

掌握社会工作知识和技能，对社区工作者稳定工作状态具有积极效应，因此应当完善社区工作教育培训体系。按照专业培训、分级负责原则，完善以初任培训、岗位培训、进修培训、继续教育培训等为主要内容的培训体系。坚持多路径推进，突出实务能力培养和岗位细化培训。充分利用国内外教育资源，通过"请进来"、"走出去"等多种方式，拓展提高社区工作者能力素质的方式方法。灵活开展短训，针对社区工作者的不同的工作岗位、所接触的群体和社区将要面临的问题，组织不同类型的短训班，开展多种形式的培训教育，如参观访问法、案例教学法、课堂讲授法、研讨法、网络学习法等。通过组建地区社区工作者协会、分会等方式，为社区工作者搭建经验分享、技能交流平台，推动社区工作行业自律机制建设。

引导社区工作者注重自我发展。社区工作者对政策的了解程度对稳定工作状态具有积极效应。在目前的我国社区长期规划中，社区工作已经成为一个重要的组成部分，应当引导社区工作者更加积极地了解政府的动向，主动地寻找政府的支持，了解政策细则，推动自身工作的完善。

大力开展继续教育基地建设工程。进一步完善政府部门与高校合作、专业

---

① 谢倩、闫妍：《习近平在中央党校（国家行政学院）中青年干部培训班开班式上发表重要讲话强调：年轻干部要提高解决实际问题能力 想干事能干事干成事》，载人民网，最后访问日期：2020 年 10 月 12 日。

教育和职业培训共同发展的社区工作专业人才培养机制，推动教育培训基地向纵深发展，"入驻"社区。广泛开展全国范围内的社工专家、顶尖人才的交流会，与高校和社工机构联合建立社区工作培训基地和实训基地，让培训基地"入驻"社区。制定培训章程，使培训场所固定化，培训程序规则化，培训活动日常化，培训内容多元化，完善财务公开制度、考勤考核制度、监督制度等，避免培训活动流于形式。

各级政府部门应当负责制定相应的社区工作者培训计划，结合实际组织贯彻实施。培训结果可记入社区工作者工作档案，并作为年度考核评议的依据。鼓励在职社区工作者通过学习培训考取社会工作者职业水平证书，提高职业能力。推动考级评职。对照职级体系，完善考级评职制度，对获得社工师等职业资格的，可缩短晋级时限，并享受职业津贴。

二、吸纳社会工作专业人才进入社区工作者队伍

社区工作的职业化建设固然重要，然而当前社区工作作为一项职业对于人才是缺乏吸引力的，如果想要吸纳更多高端人才，稳定职业队伍，最急需的依然是提高社区工作者的待遇，构建有效的职业上升通道，让工作者能够在社区工作体制内构建长期的职业规划。对于作为直辖市的天津市而言，社区工作者薪资差异化已经成为基层社工的重要诉求。不同地区物价消费水平不同，社区工作者的薪资报酬应当充分考虑当地实际情况。社区工作者相关专项资金不足，自主筹措资金又普遍在法理上存疑，政府在购买社会服务时又大多希望能够少花钱多做事。构建合理的薪资结构，提高整体薪资待遇，这样才能吸引更多的高端人才。

对于社区工作者专业化需求的理解并不局限于技能水平层面，还应当包含社区工作岗位的专职化建设和部分关键岗位的编制化建设。在专职化建设方面，当前社区工作者普遍强调"一专多能"，适合于人员不足且大多身兼数职的现状，然而这也对社区工作的混编混用带来了巨大工作压力。推动社区工作者岗位的专职化，是基层社区的现实需求。在编制化建设方面，诸如低保社区工作者等专项社区工作者由于对工作技能水平要求较高，需要长期的专业化训练，在实际工作中并非可以由其他岗位兼职完成，此类社区工作者的离职对于整体工作影响更为深远。关键岗位更加需要关键人才，对于人员的编制化可以降低离职率，减轻人员流动带来的工作影响，增强工作人员责任心。

编制化建设的推进也有利于规范社区工作者劳动合同。当前社区工作者合同另一突出矛盾是其合同并非与街道政府而是与社团社会组织签订，社区工作者享有的工资需要以各类生活补贴的名义发放。在法律意义上，社区工作者的合同甚至不在劳动法管理范围之内。社区工作者合同的规范对于加强社区工作者职业化建设以及保障社区工作者正当权益有着重要的意义。需要注意的是，社区工作者专业化不仅仅体现在专业的从业资格证和更为严格的考录系统，更是要推进社区工作者管理、监管考核乃至工作语言等一系列配套制度的建设。

专业能力的提升是社区工作者队伍建设和发展最直接、最根本、最重要的一个方面，应加快建立社区工作者准入机制，从"入口关"提升社区工作者队伍能力素质。大力开展社区工作领军人才工程。通过开展模范评比、评优评先、星级评选等评比活动，使优秀工作者能够脱颖而出，进一步提升先进者的荣誉、奖金、津贴水平，调动社区工作者进步的积极性。同时要加大典型的宣传力度，通过印发典型宣传手册、海报等形式提升典型模范的"知名度"，定期举办典型模范的交流座谈会，在社区营造出"争优争先"的良好发展氛围，充分发挥高层次人才的示范引领作用。

三、支持社区工作的学科教育

采取分层培训的方式健全社区工作者的在岗培育机制，针对社区不同岗位的特点与工作需求，按照层次分明、逐层递进的原则建立培训与考核相结合的在岗教育"必修课程清单"，社区工作者实名注册学习账号，在规定时间内完成本岗位工作的理论知识与实务技能的系统学习与考核，全面提高社区工作者的沟通协调、活动策划、组织统筹、现代化办公、宣传表达、调解应变等岗位适应与工作能力；另一方面通过菜单式培训完善社区工作者持续教育计划，建立社区工作者能力提升"选修课程清单"，"选修课程清单"在培训内容上增加社会心理、城市建设、公共管理、社会工作等专业领域，在培训方式上增加脱产与半脱产学习，在培训方法上采取正规教育和短期培训相结合的方法，鼓励社区工作者结合自身发展和岗位需求，自主选择相关课程，有效促进自我认识、自我规划、自我发现，不断提升个人能力素质以适应新时期社区治理工作需要。同时建议街道办事处和辖区内社区积极组织开展提高社区工作者"提高解决实际问题能力"的专题培训与经验交流，努力提升社区工作者解决实际问题的能力，使他们能够更好地完成纷繁复杂的社区工作。

建立系统化、进阶化、职业化、规范化的社区工作者培训机制。初任培训，主要面向新录用的社区工作者开展岗前培训，重点围绕市情区情社情、社区治理基础理论、社区治理基本方法、社区服务基本项目等内容开展培训，帮助新录用人员适应社区工作要求。通用培训，面向社区工作者全体，重点围绕各类岗位职责要求开展培训，提升社区工作实务能力；组织开展政策法规和实务操作技能、四治结合（自治、法治、德治和智治）、产商居治理共同体、"全岗通"服务、项目制管理等方面培训。进修培训，主要面向社区工作者的优秀负责人、骨干人员，通过小班化、创新性课程，重点围绕党建创新理论、社区治理前沿理论、创新实验、社区工作创新方法、综合能力素质提升等开展培训。专业培训，开展社会工作专业培训，鼓励社区工作者考取助理社会工作师、社会工作师和高级社会工作师等专业资格，开展小城镇社区工作理念与方法培训，使得社区工作者具有社会工作的全局化视野、专业化素质；开展数字技术、法律法规、管理学与经济学等专业技术培训，使得社区工作者能够较好掌握数字治理，具有法治意识与法治思维，提升"经营社区"的理念与方法。

四、建立社区工作的多样化培训基地

建立专业化能力建设的载体。积极借鉴较成熟社区+高校合作培养关系，与相关高校共建社会工作学院（社区工作学院），用于教学、培训与实践指导。组建政策研究、培训、社会服务"三位一体"的高层次培训队伍，围绕社区及社区工作者的定位，吸收国家、省级基层政权建设与社区治理专家委员会委员、党委政府政策制定与研究者、优秀社区干部与社会创新人才等，组成协同创新的高层次培训队伍。

创新实施"名师带徒"项目，畅通职业交流渠道、搭建成长平台，优化专业成长环境。首先，强化实践能力锻炼。创新推出"名师带徒"项目，发挥社区社会工作室、社区工作者领军人才工作室、优秀社区书记工作室等作用，并引入高校和区社工协会专业力量，以"带教书记+专业督导"共同"嵌入"社区工作者工作，帮助解疑释惑、破解难题，帮助后备干部快速成长、熟悉业务、融入社区；及时培育和打造一批社区工作者实训基地，探索进修见习制，提高队伍业务实战能力；探索挂职锻炼，遴选优秀社区工作者到社区建设重点项目、"急难险重"任务一线锻炼，提升统筹协调和应急处置等综合能力，探索创新访学制度，每年选派社区工作者到示范社区见习访学；创新推出

"小区专员"制度，制定规范与标准，推进社区工作者进小区开展小区治理、邻里服务、小区治理与社区治理有机衔接等，提高直接服务群众能力。

畅通职业交流通道。加大从优秀社区工作者中发展党员、选拔人才的力度，积极推荐其担任各级党代表、人大代表和政协委员。建立人才双向交流的"立交桥"，推动优秀社区工作者，特别是优秀社区书记通过选拔进入党政机关、事业单位，鼓励党政机关、事业单位的优秀年轻干部到社区工作者岗位上加强锻炼。积极探索"社区与社会组织双向挂职""轮岗交流"等形式，提高社区工作者实战能力；为社区工作者引入"专业伙伴"，面向社区培育专业类社会组织，探索社区骨干与社会组织人才"双向挂职"，进一步畅通"三社联动"渠道，实现共同成长。

搭建成长工作坊。加强社区工作者学习型组织建设，打造"线上+线下"社区工作者学习共同体，利用微信群、沙龙、工作坊等形式，探索依托群团组织，搭建社区工作者专业成长平台，加强社区工作者经验交流、工作互动，传递社区工作价值导向，通过各种媒体宣传报道，展现职业风采和良好形象，提高社会认同度和职业荣誉感，增强队伍凝聚力和归属感，提升职业认同度和使命感。

第六节　压实社区工作者队伍建设中的地方政府责任

目前的社区减负增效往往由地方社区建设工作领导小组推动，但办公室一般设在民政局，而民政局协调其他有关政府部门的能力、资源有限。很多单位并不会提交工作事项进社区的申请表，即使是提交了，民政局出于各种考虑一般很难拒绝，准入制也就流于形式。应赋予牵头部门应有的权威，按章办事、当驳则驳，并对违反社区工作事项准入制的，制定详细的、严格的惩戒措施。社区减负减不下来的一个重要原因，是作为社区"上级"的街道同样负担沉重、缺乏权能。街道应该帮助社区及时解决疑难问题，定期分析研究社区治理工作动态信息，当好吹哨人和协调者，从而达到减负增效的目的。社区工作事项准入制或清单制虽然文件和指导意见不少，但很多部门对这一制度设计并不了解，或者大体了解后并不以为然。这就要求在准入制领导小组不能停留在纸面上，而要体现为实际执行中的制度化协调机制和协调行动，要加大政策宣传力度，让部门、社会、社区、居民群众充分了解这一制度设计的宗旨和意义，引起广泛重视并提升监督合力。

一、加强地方政府对社区工作者队伍建设的投入

适应城乡社会发展进程和管理任务需要，更加重视社区工作者队伍建设，将社区工作者队伍建设工作纳入当地党委、政府重要议事日程，纳入省、市、县（市、区）、街道（镇）党（工）委书记抓城乡基层党建述职评议考核，加大投入，缩小社区工作者薪酬待遇与城乡可比标准的差距，将社区工作运转经费等纳入市、县（市、区）两级财政保障范围。

二、有效整合街道（乡、镇）的行政资源

通过改革传统条线设置的街道行政部门，推行适度的"大部制"整合，将原有较杂乱的工作职能聚焦、管理责任明晰，理顺政府部门、街道与社区的关系，为社区工作者对接各口工作提供稳定的物质保障和制度支持，逐步破除不利的体制障碍，推进基层社区的自治工作，支持和保障社区基层自治的专业化。

转变政府职能。继续巩固发展"明责减负"成果，并按照"政社互动"的原则，逐步剥离社区承担的不合理行政事务，严格贯彻新增工作事项"准入制"，最大限度减少行政性工作向社区的摊派；对于延伸到社区的行政性工作，列出清单、进行公示、严格准入，使社区工作者将精力集中于为居民服务。转变理念，认识到政府不具备包办所有社区事务的能力，社会组织应该积极扮演协调参与的角色。同时还应该激活并充分利用社区社会组织，形成社区、社区社会组织相互合作，共建共享的局面。

理顺政府与社区之间的关系。发挥政府主导和基层社区自治的合力，适当将基层政府权力下放到社区，赋予社区工作者与工作职责相应的权力，职权责对等一致；明确社区居委会的性质和地位，在政策制定和执行中充分体现减负原则和具体落实办法，通过项目的科学化、专业化设计，明确社区工作者的角色定位。逐步建立起政社分离、权责分明的社区治理体系，为社区工作者队伍建设创造良好的工作环境。

三、创新完善社区建设的政策制度体系

坚持政策规范、制度保障，按照理念先进、体系完整、切合实际、可操作性强的原则，进一步建立健全相关政策制度和配套规范，为社区工作者队伍建设提供依据。一是健全政策体系，在原有政策制度基础上，修订社区工作者队伍建设规划；二是完善政策内容，贯彻党的相关文件精神，重点对社区工作者选拔、培训、待遇、退出、退休等方面的文件做进一步修订完善，体现时代性，突出针对性，强化操作性，为及时解决社区工作者队伍建设面临的现实问题提供依据。三是规范落实，贯彻依法治国理念，进一步明确各级职责，强调政策执行的严肃性、规范性，切实维护社区工作者的现实利益和长远利益。

四、积极改善社区工作环境

街道应当加大对社区工作的投入，在硬件方面，充分把握城市化推进、旧城改造力度加大的契机，采用新建、改建、置换等办法，进一步改善社区工作者的办公条件，搭建社区与居民的沟通的平台，及时了解居民的需求，提高工作效率。推行数字化、网络化办公，提高工作效率；严格执行社区事务申报准入制度，切实减轻社区工作者的工作负担，加强思想政治工作，强化社区班子成员之间的团结协作意识，着力构建宽松的工作氛围。

五、挖掘行政工作与社区工作的价值契合点

虽然社区居委会行政工作与专业社会工作遵循不同的工作要求，因而很难产生亲和性。但是，随着近些年"以社区为本位"的社会工作实践范式逐渐达成共识，行政工作和社会工作专业服务的价值观可以在这种实践范式下找到契合点。所谓"以社区为本位"的社区工作实践范式是指，社会工作的功能在于激发社区意识、促进社区居民参与公共事务、提高社区认同感与社区归属感、重建社区公共精神，并在个体化时代背景下重构个人与社区的公共性联结。[①] 如果在实践中社区工作者秉持"以社区为本位"的理念：即运用社会工作的专业方法挖掘社区力量，鼓励居民参与社区事务，进而将更多的行政事务交给社区居民来处理，可以寻找到行政工作与社工专业服务价值观上的亲和性。

---

① 徐选国：《从专业性、本土性迈向社区公共性：理解社会工作本质的新线索》，载《社会科学战线》2016 年第 08 期，第 184~193 页。

参考文献

王学梦．（2021）．"双附效应"：社会变迁条件下城市社区工作者的身份建构逻辑．中共杭州市委党校学报（01），90-96.

张叶．（2020）．人力资源开发与管理视角下社区管理转型期的社区工作者队伍建设．中小企业管理与科技（下旬刊）（12），140-141.

亓红帅，王尧，王征兵．（2021）．村域社会资本对村干部的激励效应——兼论不同激励方式相对重要性．西北农林科技大学学报（社会科学版）（01），123-132.

王卓，胡梦珠．（2020）．乡村振兴战略下村干部胜任力与村庄治理绩效研究——基于西部5省调查数据的分析．管理学刊（05），1-11.

吕德文．（2020）．为何有些村干部成了"苦差事"．人民论坛（28），49-51.

张莉．（2020）．基于 KPI 的社区工作者绩效管理研究——以杭州市 K 街道"绩差薪酬"改革为例．理论观察（09），80-84.

桂华．（2020）．村干部职业化的动因与成效．人民论坛（23），55-57.

杨守涛．（2020）．实践者认知中的社区协商行动挑战与推进路径——基于对北京市 78 名社区工作者的访谈调查．中国行政管理（08），157-159.

李筱，梁昆，唐有财．（2020）．社区工作者能力量表开发与检验：以上海为例．浙江工商大学学报（04），138-148.

黄佳彦，熊春林，陶琼，刘芬．（2020）．村干部对农村社区治理信息化的满意度及其影响因素．湖南农业大学学报（社会科学版）（03），51-58.

张平，宋锐辉，孙艺侨．（2020）．城市社区工作者心理健康水平及影响因素．中国健康心理学杂志（11），1628-1633.

许宝君．（2020）．社区工作者的职业困境与非制度性应对．城市问题

（05），97-103.

郭美晨，陈雅萍．（2020）．社区工作者流动状况与干预机制研究——以嘉兴市为例．中阿科技论坛（中英阿文）（04），108-109.

季婕非．（2020）．天津市和平区朝阳里社区：居民不见外是对社区工作者的最好认可．党建（02），51-52.

桑晚晴，杨帆．（2020）．扶贫驻村干部留任参与乡村振兴的意愿及其影响因素研究．农村经济（01），54-61.

李静．（2019）．社区工作者压力来源及压力调适路径探析——基于工作压力源理论的视角．广州广播电视大学学报（06），6-11.

崔苏菁，翟年祥．（2019）．城市社区工作者成长的制约因素与建设路径——基于铜陵市 TG 区的实证研究．陕西行政学院学报（04），54-58.

雷蕾．（2019）．关于社区工作者队伍建设专业化职业化的思考．才智（32），239.

刘燕．（2019）．新时期社区工作者职业化建设的实践与探索——基于江苏省南通市崇川区的调研．中国人事科学（09），14-19.

汪鸿波，费梅苹．（2019）．新中国成立 70 年来我国城市社区工作者形象的变迁与重构——基于上海的历史考察．内蒙古社会科学（汉文版）（05），163-169.

胡溢轩．（2019）．生存之忧与发展之惑：乡村振兴视域下青年村干部的角色重构．中国青年研究（09），18-24.

吴璐璐，林文都，郑玲．（2019）．城市社区工作者队伍规范化建设路径探析．标准科学（08），65-68.

王向阳．（2019）．政治引领：中西部留守型村庄村干部职业化的动力机制探析——基于陕西扶风 X 村村干部职业化实践的考察．西南大学学报（社会科学版）（03），16-24.

桂华．（2019）．谁来治村——新时代村干部的培养与选拔．人民论坛（11），96-98.

高万芹．（2019）．村干部职业化的实践、后果及其制度监控——以南京远郊农村经验为例．南京农业大学学报（社会科学版）（01），81-90.

蒋茜茹．（2018）．社区工作者职业倦怠现状调查．佳木斯职业学院学报（12），412-415.

王作宝，王学工，李坚．（2019）．辽宁省社区工作者职业倦怠状况及影响因素分析．中国公共卫生（08），1091-1094.

李超平．（2018）．如何让村干部岗位更有吸引力．人民论坛（17），38-39.

王惠林，杨华．（2018）．村干部职业化的生成机制及路径创新．西北农林科技大学学报（社会科学版）（04），54-62.

胡宇飞．（2018）．社区工作者在创新社会治理中的角色探析．法制与社会（08），149-150.

张建人，王洪晶，李光程，皮丹丹，黄芳，凌辉．（2018）．社区工作者工作价值观与工作满意度的关系：代际的调节作用．中国临床心理学杂志（01），133-138.

颜小钗．（2017）．看持证社区工作者如何转型——浙江省杭州市下城区走访观察记．中国社会工作（30），12-14.

吴曼，薛俊霞，殷露淋，张雅，李成．（2017）．关于城市社区工作者队伍建设的思考．理论观察（10），90-93.

童潇．（2017）．上海社会治理创新中社区工作者政策跟踪．科学发展（09），94-101.

．（2017）．一场本土农村社区工作的"头脑风暴"——农村社区工作者研习班纪实．中国社会工作（21），24-25.

车峰．（2017）．基于胜任力模型的城市社区工作者绩效考评研究．华东理工大学学报（社会科学版）（02），19-29.

李晓燕．（2017）．从"社区工作者需求"到社会治理精细化——基于深圳市 N 区社区工作者"工作满意度"的分析．领导科学论坛（01），26-37.

李学会．（2016）．城市社区工作者的职业认同与社区社会工作建构．南京理工大学学报（社会科学版）（06），76-83.

吕晓俊，冯延萍，徐媛媛．（2016）．社区工作者的情绪劳动研究——潜层剖面分析的视角．上海交通大学学报（哲学社会科学版）（03），61-71.

郭伟和．（2016）．地方性实践知识：城市社区工作者反建制力量的隐蔽领域——基于 B 市莲花社区的个案研究．学海（02），143-152.

贾志科，刘玉东．（2015）．社区工作者队伍结构现状、问题与对策——基于南京市 54 个社区的实证研究．中州学刊（03），73-77.

程立武．（2014）．社区工作者与街道办事处不存在劳动关系．中国劳动（12），51-52.

甄瑞，马琳，姚本先，全莉娟．（2014）．社区工作者的社会支持、自尊与主观幸福感的关系．中国卫生事业管理（07），538-541.

金桥．（2013）．社区工作者队伍建设与发展的反思．南通大学学报（社会科学版）（05），77-83.

唐斌尧．（2013）．城市社区工作者队伍建设的现状与发展趋势．南通大学学报（社会科学版）（05），84-90.

罗晓蓉，宫海丽，马俊娟，李立，杨舜宇．（2012）．社区工作者队伍的困境与出路．山西财经大学学报（S1），287-290.

朱胜进．（2011）．城市社区工作者队伍建设的现状调研——以杭州市典型社区为例．浙江社会科学（10），141-147.

蒙维洋，毛杰，钟在明，李玉明．（2011）．服务导向的农村新社区工作者队伍建设调查研究．安徽农业科学（22），13742-13744.

麻卉．（2013）．大连市金州新区社区工作者队伍建设调查研究（硕士学位论文，大连理工大学）．

杨小芳．（2015）．中国社区工作者队伍结构的优化（硕士学位论文，重庆大学）．

李梦真．（2019）．社区教育工作者生存状态研究（硕士学位论文，宁波大学）．

曾钊辉，陈运生，刘柳青，李文清，廖福全．（2010）．社区卫生服务机构绩效考评可行性探讨．中国初级卫生保健（03），26.

尹玉芬．（2018）．社区工作者绩效之居民评议研究．北京宣武红旗业余大学学报（02），54-58.

王学工，房俊．（2006）．社区工作者绩效评估主体分析．理论界（02），107-108.

陈光普．（2020）．社区治理绩效：评估指标体系与实证分析．宁夏社会科学（01），136-144.

吴嫣然，邓群钊．（2016）．社区绩效影响因素的系统结构分析：基于信任与志愿精神视角．数学的实践与认识（15），165-172.

鲁若愚，朱卫杰．（2013）．多主体参与的创新社区绩效仿真研究．科技进步与对策（21），6-10.

王菁．（2016）．城市社区民主治理绩效评估体系的构建与指标设计．华东经济管理（03），161-169.

张哲，刘雯薇，袁素维，危凤卿，马进．（2015）．上海黄浦区社区卫生服务绩效评价与 SWOT 分析．中国医院管理（03），8-10.

刘姗姗，丁晔，娄继权，张宜民，江一民．（2014）．上海市浦东新区社区卫生服务机构绩效纵向研究．中国全科医学（25），2948-2951.

丁晔，孙晓明，顾建钧，娄继权，江一民，梁鸿，张宜民．（2013）．浦东新区社区卫生服务机构绩效评估分析．中华医院管理杂志（10），781-784.

叶郁．（2012）．社区居民参与街道干部考核刍议．人民论坛（26），130-132.

姜微波，石璐．（2017）．社区治理法治化建设的绩效评估——以四川省 C 市 L 社区为例．天水行政学院学报（06），55-60.

王小鲁．（2011）．灰色收入与政府改革．北京大学国家发展研究院、北京大学中国经济研究中心．（eds.）2010 年冬季 CMRC 中国经济观察（总第 24 期），17-22.

杨丽媪．（2007）．4.4 万亿灰色收入流入了谁的腰包？．社会观察（10），25-26.

程延园．（2003）．当代西方劳动关系研究学派及其观点评述．教学与研究（03），57-62.

龚基云．（2008）．转型期中国劳动关系的社会影响．辽宁经济（07），36-37.

姚先国，赖普清．（2004）．中国劳资关系的城乡户籍差异．经济研究（07），82-90.

黄婧妍．（2020）．社区工作者队伍高质量建设问题及对策研究（硕士学位论文，华南理工大学）.

附件一

"社会治理动态监测平台及深度观察点网络建设"项目

城市社区工作者调查问卷

民政部政策研究中心

北京大学中国社会科学调查中心

2020 年 6 月

一、筛选被访者

B1. B1"职务"您的职务属于下列哪一类？

1. 社区书记或主任　2. 社区"两委"会成员　3. 其他专职社区工作者

二、工作情况及职业认同

CEP. CEP"工作情况及职业认同"首先，我们想了解一下您目前工作的情况。按1继续。

C1. C1"当前工作时间"您是从哪一年开始从事目前这份工作的？

_____ 1900..2019 年。

访员注意：填写4位数的年份。

C2. C2"是否签合同"目前您是否签订了书面劳动合同？

1. 是　　2. 否（跳至C5）　　8. 不适用（不读出）（跳至C5）

C3. C3"合同类型"您签的是什么样的劳动合同？

1. 集体合同　　2. 格式合同　　3. 自拟合同　　4. 其他【请注明】

_____ C4sp"其他合同"

C4. C4EP"择业原因"您是基于什么考虑选择这份工作的？按1继续。

| | 这份工作是否"依次加载特点"？ |
	1. 是　　2. 否　　9. 不清楚（不读出）
A 新鲜感	C6a"工作是否新鲜"
B 有前途	C6b"工作是否有前途"
C 离家近	C6c"工作是否离家近"
D 能广交朋友	C6d"工作是否能广交朋友"
E 能开眼界	C6e"工作是否能开眼界"
G 清闲	C6h"工作是否清闲"
I 稳定	C6j"工作是否稳定"
J 环境好	C6k"工作是否环境好"

C5. C5"是否岗前培训"您是否参加过岗前培训？

1. 是　　2. 否　　8. 不适用（不读出）

C6. C6EP"入职要求"您单位对您从事这份工作是否明确提出过下列要求？按1继续。

	是否明确提出过要求"依次加载要求"？ 1. 是　2. 否　8. 不适用（不读出）
A 专业背景	C8a "是否要求专业限制"
B 年龄	C8b "是否要求年龄"
C 性别	C8c "是否要求性别"
D 政治面貌	C8d "是否要求政治面貌"
E 从业经历	C8e "是否要求从业经历"
F 学历	C8f "是否要求学历"
G 健康	C8g "是否要求健康"

C7. C7 "专业证书" 您是否拥有"社会工作者"职业资格等级证书？

1. 无　2. 当地社工员资格　3. 国家助理社工师资格　4. 国家中级社工师资格　5. 国家高级社工师资格　8. 不适用（不读出）

C8. C8 "上月工作天数" 上个月，您总共工作了多少天？_____ 0.00..31.00 天

C9. C9EP "岗位需要" 这份工作是否需要以下方面？按 1 继续。

	是否需要"依次加载工作方面"？ 1. 是　2. 否　9. 不清楚（不读出）
A 快节奏工作	C11b "是否需要快节奏工作"
B 处理他人的投诉或抱怨	C11c "是否需要处理投诉"
C 面带笑容	C11d "是否需要面带笑容"
D 使用互联网	C11e "是否需要使用互联网"
E 按要求着装	C11g "是否需要按要求着装"
F 长时间集中注意力	C11j "是否需要长时间集中"
G 创造力	C11l "是否需要创造力"
H 长时间保持一个姿势（如久坐）	C11m "是否需要久坐"

C10. C10 "是否加班" 上个月，您是否加班了？

1. 是　2. 否（跳至 C16）　8. 不适用（不读出）（跳至 C16）

C11. C11EP "加班情形" 上个月，您加班属于下列哪一种情形？按 1

继续。

	是否是"依次加载情形"？ 1. 是 2. 否 9. 不清楚（不读出）
A 周一至周五	C14a"工作日加班"
B 周末（周六、日）	C14b"周末加班"
C 法定节假日	C14c"节假日加班"

C12. C12EP"加班选择"上个月，您加班是单位安排还是个人选择？

1. 单位安排　　2. 个人选择　　3. 其他【请注明】_____ C15sp"其他情况"

C13. C13EP"工作自主"您是否能够自主决定工作中的下列事项？按1继续

	能否自主决定"依次加载事项"？ 3. 完全自主 2. 部分自主 1. 完全不自主
A 工作时间的长短	C17b"能否决定工作时间"
B 工作节奏的快慢	C17c"能否决定工作节奏"
C 工作地点的选择	C17d"能否决定工作地点"
D 工作进度的调整	C17f"能否决定工作进度"

C14. C14EP"一天工作时间分布"上个月，您平均每天花多少时间从事下列活动？按1继续。

	平均每天"依次加载活动"的时间是_____ 0.00..24.00 小时
A 上午上班时间	C18a"上午上班时间"
B 中午进餐和休息时间	C18b"中午进餐和休息时间"
C 下午上班时间	C18c"下午上班时间"
D 上下班通勤时间	C18d"上下班通勤时间"

【CAPI】Hard check：C14a+C14b+C14c+C15d+C16e<=24，"平均每天活

动总时间不应超过 24 小时。"

C15. C15"职业成就感"您是否觉得您的工作很有成就？

5 很有成就　　4 比较有成就　　3 一般　　2 不太有成就　　1 很没成就

C16. C16"职业自豪"您是否为您的工作感到自豪？

5 很自豪　　4 比较自豪　　3 一般　　2 不太自豪　　1 不自豪

C17. C17"职业满意度"您是否满意您现在这份工作？

5 很满意　　4 比较满意　　3 一般　　2 不太满意　　1 不满意

C18. C18"换工作想法"您有没有换一个工作的想法？

3. 经常有　　2. 偶尔有　　1. 从没有

C22. C22"第一次工作时间"您第一次参加工作（包括当兵、插队等）是哪一年？＿＿＿＿＿1900..2019 年

访员注意：填写 4 位数的年份。

【CAPI】Hard check：仅当 C1<>DK<>RF 且 C22<>DK<>RF 时进行校验，C22<=C1，"第一次工作时间不应晚于这份工作开始时间。"

C23. C23"工作份数"自第一次参加工作到现在，您共做过多少份工作（包括第一份）？＿＿＿＿＿1..10,000 份

【CAPI】

#01　Soft check：仅当 C23<>DK <>RF 时进行校验，C23<=50，"您做过的工作超过 50 份吗？"

#02 若 C23=1/DK/RF，跳至 DEP。

C24. C24EP"工作变动"请问这几次工作变动中，您自己主动辞职、单位辞退、或因为单位倒闭、注销等客观原因以及其他原因失去工作的各有几次？

按 1 继续。

A C24a"主动辞职次数"主动辞职＿＿＿＿＿0..10,000 次

【CAPI】Hard check：仅当 C24a <>DK <>RF 时进行校验，C24a<C23，"辞职次数应比总工作份数少。"

B C24b"辞退次数"单位辞退＿＿＿＿＿0..10,000 次

【CAPI】Hard check：仅当 C24b <>DK <>RF 时进行校验，C24b<C23，"被辞退次数应比总工作份数少。"

C C24c"单位倒闭次数"单位倒闭或注销＿＿＿＿＿0..10,000 次

【CAPI】Hard check：仅当 C24c <>DK <>RF 时进行校验，C24c<C23，

"因单位倒闭、注销失去工作次数应比总工作份数少。"

D C24d "调动次数"工作调动_____0..10，000 次

【CAPI】Hard check：仅当 C24d <>DK <>RF 时进行校验，C24d<C23，"工作调动次数应比总工作份数少。"

E C24e "其他次数"其他原因_____0..10，000 次

【CAPI】

#01　Hard check：仅当 C24e <>DK <>RF 时进行校验，C24e<C23，"因其他原因失去工作的次数应比总工作份数少。"

#02　Hard Check：仅当 C23<>DK<>RF 时进行校验，C24a+C24b+C24c+C24d+C24e < C23，"工作变动总次数应小于总工作份数。"

#03　Soft check：仅当 C24a/C24b/C24c/C24d/C24e 全都<>DK <>RF 时进行校验，C24a+C24b+C24c+C24d+C24e>0，"做过多份工作的情况下工作变动总次数不应为 0。"

C25. "是否干部选拔优先"您所在社区是否实行社区工作者"干部选拔优先"的人事政策？

1. 是　　2. 否　　9. 不清楚（不读出）　　8. 不适用（不读出）

C26. 您有没有当选过下列角色或荣誉称号？"劳动模范、人大代表、政协代表、优秀党员、优秀团员"等？

角色/荣誉	A 人大代表	B 政协委员	C 劳动模范	D 优秀党员/团员
	是	是	是	是
	否	否	否	否
	不适用	不适用	不适用	不适用

C27. "您是否参加过社区的在岗培训？"

1. 参加过（参加过，接着回答 C27A）2. 没有参加过 3. 没有在岗培训8. 不适用（不读出）

C27A "您参加过的在岗培训对你的工作是否有用？"

1. 作用不大　　2. 有点作用　　3. 没有作用　　4. 影响工作

三、"两委"关系以及与居民关系

DEP "社区情况"下面，我们来谈谈您工作社区"两委"关系以及和居

民关系的情况。按 1 继续。

D1. D1"书记主任一肩挑现状"您所在社区的党支部或党委书记与社区居委会（村委会）主任一肩挑么？

1. 是　　2. 否

D2. D2"对一肩挑的态度"您认为社区党支部或党委书记和社区居委会（村委会）主任是否应该一肩挑？

1. 是　　2. 否　　9. 不适合

D3. D3"一肩挑的影响"您认为社区党支部或党委书记和社区居委会（村委会）主任一肩挑对开展社区工作的影响是

1. 有利　　2. 有弊　　3. 无所谓　　9. 不适合

D4. D4"'两委'工作分工"您认为您所在的社区"两委"分工是否清楚？

1. 是　　2. 否　　9. 不适合

D5. D5"'两委'工作协调"您认为您所在的社区"两委"工作是否协调？

1. 是　　2. 否　　9. 不适合

D12. D12"居民熟悉程度"您在本社区中能够听招呼的群众（社区居民）有多少人？

_____ 0 . . 10, 000 人

【CAPI】Soft check：仅当 D12 <> DK <> RF 时进行校验，D12 <= 1000，"本社区能够听招呼的群众（社区居民）人数超过 1000 人吗？"

D13. D13"居民合作程度"您在本社区工作时能够积极配合你工作的居民有多少人？

_____ 0 . . 100 人

【CAPI】Soft check：仅当 D13 <> DK <> RF 时进行校验，D13 <= 1000，"本社区配合你工作的人数超过 100 人吗？"

D14. D14"社区社会组织"您在本社区工作中经常联系的社区社会组织多少？

_____ 0 . . 100 个

【CAPI】Soft check：仅当 D14 <> DK <> RF 时进行校验，D14 <= 1000，"本社区配合你工作的居民小组超过 100 个吗？"

D15. D15 "掌握重点人群" 请您列出您分工负责的社区重点人群的 10 个人名

_____

_____

D16. D16EP "沟通渠道" 您所在社区中有没有下列沟通渠道？您自己是否参与过？ 按 1 继续。

	您所在社区中有没有 "依次加载渠道"？ 1. 有　　2. 无 8. 不适用（不读出） 【CAPI】若此题 = 2/8/DK/RF，跳问下一个渠道。	您自己是否参与过这类渠道的沟通活动？ 1. 参与 2. 未参与
A 意见箱	D16a_ 1 "有无意见箱"	D16a_ 2 "是否参与意见箱"
B 班组会、部门会、通报会等	D16b_ 1 "有无班组会等"	D16b_ 2 "是否参与班组会"
C 微信群或 QQ 群	D16c_ 1 "有无微信群"	D16c_ 2 "是否参与微信群"
D 宣传栏或告示牌	D16d_ 1 "有无宣传栏"	D16d_ 2 "是否参与宣传栏"

四、收入和福利

EEP "收入福利" 下面，我们将谈谈您的收入和福利。按 1 继续。

E1. E3EP "收入构成" 您目前的月收入由下列哪几部分构成？按 1 继续。

	您目前的月收入中有没有 "依次加载收入项"？ 1. 有　　2. 无　　9. 不清楚（不读出） 8. 不适用（不读出）
A 基本（保底、岗位）工资	E3a "有无基本工资"
B 技能（薪级）	E3b "有无薪级"
C 业绩（绩效）	E3c "有无绩效"
D 津贴（比如降温费、取暖费等）	E3d "有无津贴"
E 奖金（年终考核奖）	E3e "有无奖金"
F 加班费	E3g "有无加班费"
G 其他【请注明】_____ E3sp "其他收入"	E3i "有无其他"

E2. E4 "月收入" 您目前这份工作的月收入大约是多少元? _____

_____ 0.00..1000,000.00 元/月

访员注意: 月收入为上题中各项来源的总和, 包括基本 (保底、岗位) 工资、技能 (薪级)、业绩 (绩效)、津贴、奖金、加班费和其他收入。请确认是否漏项。

【CAPI】

#01 Soft check: 仅当 E4<> DK <> RF 时进行校验, E4<=100, 000, "您的月收入超过十万元吗?"

#02 Soft check: 仅当 E4<> DK <> RF 且 C2<> DK <> RF 时进行校验, | 10000 * C2/12-E4 | <= 0.2 * E4, "18 年年收入的 12 分之一与目前月收入相差超过 20% 吗?"

E3. E5 "收入满意度" 您对目前这份工作的月收入是否满意?

5. 很满意   4. 较满意   3. 一般   2. 较不满意   1. 很不满意

E4. E6 "收入变化" 在最近三年中, 您的收入有没有变化?

5. 增加很多   4. 略有增加   3. 基本未变   2. 略有下降

1. 下降很多

E7. E7 "加薪次数" 在过去三年中, 您总共加薪几次? _____

0..100 次

E9. E9 "收入相比他人高低" 在您居住的城市或地方, 和别人相比, 您觉得您现在的薪酬是高还是低?

5. 很高   4. 较高   3. 一般   2. 较低   1. 很低

E10. E10 "收入相比同业者高低" 和您同职业的人相比, 您觉得您现在的薪酬是高还是低?

5. 很高   4. 较高   3. 一般   2. 较低   1. 很低

E11. E11 "收入是否合理" 就您的能力和工作付出而言, 您觉得您现在的薪酬是否合理?

5. 非常合理   4. 比较合理   3. 无所谓   D2. 较不合理

1. 很不合理

E12. "职业福利" 您所在社区机构中是否设有下列职业福利? 您是否享受得到? 按 1 继续。

	您所在社区机构中是否设有"依次加载福利"? 1. 有　　2. 无 8. 不适用（不读出） 【CAPI】若此题 = 2/8/DK/RF, 跳问下一项福利。	您是否享受得到? 1. 本人有 2. 本人无
A 养老保险（包括退休金）	D10a_ 1 "是否有养老保险"	D10a_ 2 "是否享受养老保险"
B 住房公积金	D10b_ 1 "是否有公积金"	D10b_ 2 "是否享受公积金"
C 住房补贴	D10c_ 1 "是否有房补"	D10c_ 2 "是否享受房补"
D 医疗保险	D10d_ 1 "是否有医保"	D10d_ 2 "是否享受医保"
E 公费医疗	D10e_ 1 "是否有公费医疗"	D10e_ 2 "是否享受公费医疗"
F 工伤保险	D10f_ 1 "是否有工伤保险"	D10f_ 2 "是否享受工伤保险"
G 大病统筹保险（补充医疗保险）	D10g_ 1 "是否有大病统筹保险"	D10g_ 2 "是否享受大病统筹保险"
H 包吃包住	D10h_ 1 "是否有包吃包住"	D10h_ 2 "是否享受包吃包住"
I 带薪年假	D10i_ 1 "是否有带薪年假"	D10i_ 2 "是否享受带薪年假"
J 定期体检	D10j_ 1 "是否有定期体检"	D10j_ 2 "是否享受定期体检"
K 商业保险（单位补贴或购买）	D10k_ 1 "是否有商业保险"	D10k_ 2 "是否享受商业保险"
L 度假疗养	D10l_ 1 "是否有度假疗养"	D10l_ 2 "是否享受度假疗养"
M 失业保险	D10m_ 1 "是否有失业保险"	D10m_ 2 "是否享受失业保险"
N 生育保险（产假/护理假）	D10n_ 1 "是否有生育保险"	D10n_ 2 "是否享受生育保险"
O 法定节假日休假	D10o_ 1 "是否有节假日"	D10o_ 2 "是否享受节假日"
P 探亲假、婚假	D10p_ 1 "是否有探亲假"	D10p_ 2 "是否享受探亲假"
Q 女职工哺乳假	D10q_ 1 "是否有哺乳假"	D10q_ 2 "是否享受哺乳假"
R 病假	D10r_ 1 "是否有病假"	D10r_ 2 "是否享受病假"
S 职业年金	D10s_ 1 "是否有企业年金"	D10s_ 2 "是否享受企业年金"

五、工作关系与职业倦怠

FEP "人际交往" 下面，我们将谈谈您工作中的人际关系和日常交往。按1继续。

F1. F1 "同事关系" 您和同事之间的关系如何？

5. 很融洽　　4. 较融洽　　3. 一般　　2. 较生分　　1. 很生分

F3. F3EP "工作关系" 在工作场所的人际交往中，您是否经常遭遇下列情形？按1继续。

	您是否经常遭遇 "依次加载情形"？ 3. 经常　　2. 偶尔　　1. 从不 8. 不适用（不读出）
A 言语冲突（如吵嘴）	F4a "是否遭遇言语冲突"
B 肢体冲突（如打架）	F4b "是否遭遇肢体冲突"
C 口头威胁（如警告）	F4c "是否遭遇口头威胁"
D 性骚扰（如性暗示、黄色笑话等）	F4d "是否遭遇性骚扰"
E 羞辱（如当面呵斥等）	F4e "是否遭遇羞辱"
F 驳面子（如当众拒绝）	F4f "是否遭遇驳面子"
G 穿小鞋（如打击报复）	F4g "是否遭遇穿小鞋"
H 烦躁（如发脾气、拍桌子）	F4h "是否遭遇烦躁"

F4. F4EP "组织支持" 下列各种说法，多大程度上符合您在单位中的实际情况？按1继续。

	非常不同意	比较不同意	有点不同意	有点同意	比较同意	非常同意
1. 我工作出色时，能引起单位的注意（承认）	1	2	3	4	5	6
2. 当我在工作中遇到问题时，都会得到单位的帮助（支持）	1	2	3	4	5	6

	非常不同意	比较不同意	有点不同意	有点同意	比较同意	非常同意
3. 单位能同意我改变工作条件的合理要求（支持）	1	2	3	4	5	6
4. 单位乐意帮助我尽自己最大能力完成工作（支持）	1	2	3	4	5	6
5. 单位会奖赏我在本职工作外所付出的劳动（激励）	1	2	3	4	5	6
6. 单位认为把我留在单位将起到不小的作用（承认）	1	2	3	4	5	6
7. 单位真正地关心我的生活状况（承认）	1	2	3	4	5	6
8. 单位会考虑我应得多少薪水的问题（激励）	1	2	3	4	5	6
9. 在做出可能会影响到我的决策时，单位会考虑我的最大利益（承认）	1	2	3	4	5	6
10. 单位会给我提供一些晋升的机会（激励）	1	2	3	4	5	6

F5. F5"职业倦怠"下面有一些说法，对于您的适用程度同意程度如何？根据您个人的情况，圈选符合您感觉的选项。

	没有	每年几次	每月一次	每月几次	每周一次	每周几次	每天
1. 工作让我感觉身心俱惫	0	1	2	3	4	5	6
2. 我时常有快要崩溃的感觉	0	1	2	3	4	5	6
3. 自从开始干这份工作，我对工作越来越不感兴趣	0	1	2	3	4	5	6
4. 我能有效地解决工作中出现的问题	0	1	2	3	4	5	6

续表

	没有	每年几次	每月一次	每月几次	每周一次	每周几次	每天
5. 我觉得我在为单位作有用的贡献	0	1	2	3	4	5	6
6. 我完成了很多有价值的工作	0	1	2	3	4	5	6

F7. F7 "身体状况" 您目前的身体健康状况是：

5. 很好　　4. 较好　　3. 一般　　2. 较差　　1. 很差

F8. F8EP "身体不适" 在过去的三个月里，您是否有下列身体不适？按 1 继续。

	一点也不	和平时差不多	比平时较觉得	比平时更觉得
A 觉得头痛或是头部有压迫感	0	1	2	3
B 觉得心悸或心跳加快，担心可能得了心脏病	0	1	2	3
C 感到胸前不适或压迫感？	0	1	2	3
D 觉得手脚发抖或发麻	0	1	2	3
E 觉得睡眠不好	0	1	2	3
F 觉得许多事情对您是个负担	0	1	2	3
G 觉得和家人，亲友相处得来	0	1	2	3
H 觉得对自己失去信心	0	1	2	3
I 觉得神经兮兮，紧张不安	0	1	2	3
J 感到未来充满希望	0	1	2	3
K 觉得家人或亲友会令您担忧	0	1	2	3
L 觉得生活毫无希望	0	1	2	3

六、工作能力与职业绩效

GEP "能力与绩效" 最后，我们将谈一谈您的业务能力和绩效方面的情况。按 1 继续。

G1. G1 "负责业务" 您目前主要负责下列哪些业务？【可多选】

1. 社会救助及民政工作　　2. 妇女及儿童工作　　3. 老年人服务

4. 残疾人工作　　5. 社区党建　　6. 社区工会

7. 社区共青团　　8. 慈善与志愿服务　　9. 协商议事

10. 治安和调解　　11. 社会组织　　12. 其他【请注明】_____

G1sp "其他业务"

【data】每个选项存储为 0_ 1 格式。

G2. G2EP "技能打分" 请您就下列技能给自己打分。按 1 继续。

	不符合	不太符合	说不好	比较符合	符合
1. 我具备调研的能力（做访谈、开座谈会、编问卷、定抽样、做统计、写报告等）	1	2	3	4	5
2. 我具备学习的能力（快读、精读、摘要、评述、批判、融会贯通等）	1	2	3	4	5
3. 我具备沟通的能力（察言观色、和颜悦色、移情说理、自来熟、能言善辩、印象管理等）	1	2	3	4	5
4. 我具备组织能力（识别问题、选人用人、制定计划、整合资源、实施进度、事后评估等）	1	2	3	4	5
5. 我具备开会能力（议程确定、与会范围、议事规则、决策程序、公告宣传、贯彻落实等）	1	2	3	4	5
6. 我具备活动策划能力（聚会、节日、展示、仪式、庆典等的场地设置、嘉宾主持、效果渲染等）	1	2	3	4	5
7. 我具备文艺才能（声乐、器乐、舞蹈等）	1	2	3	4	5
8. 我具备创新能力（新点子、新项目、新政策、新做法、新概念、新理论等）	1	2	3	4	5

G3. G3EP "专业知识" 请您就下列量表内容给自己分。按 1 继续。

	不符合	不太符合	说不好	比较符合	符合
1. 我掌握马克思主义原理	1	2	3	4	5
2. 我掌握政治经济学知识	1	2	3	4	5
3. 我掌握心理学知识	1	2	3	4	5
4. 我掌握社会学知识	1	2	3	4	5
5. 我掌握社会工作知识	1	2	3	4	5
6. 我掌握人类学知识	1	2	3	4	5
7. 我熟悉各级党政的政策法规	1	2	3	4	5
8. 我掌握对口部门的情况	1	2	3	4	5
9. 我了解本地民俗民情及文化历史（节日、庆典、礼仪、观念、人情世故、社区历史、社区名声、方言等）	1	2	3	4	5

G4. G5EP "工作效能感" 请您就如下量表题目给自己打分。按 1 继续。

	很少	少	一般	多	很多
1. 出色地完成核心工作	1	2	3	4	5
2. 使用标准程序来完成核心任务	1	2	3	4	5
3. 确保任务正确完成	1	2	3	4	5
4. 很好地适应核心任务的变化	1	2	3	4	5
5. 采取措施应对核心任务完成方式的变化	1	2	3	4	5
6. 学习新技能来帮助自己自己适应核心任务	1	2	3	4	5
7. 采用更好的方式来完成核心任务	1	2	3	4	5
8. 提出改进核心任务完成方式的想法	1	2	3	4	5
9. 改变核心任务的完成方式	1	2	3	4	5

七、基本信息

REP "基本情况" 为了把调查结论推论到和您相似的其他人身上，我们需要了解您的一些基本情况。按 1 继续。

R1. R1 "性别" 被访者性别：

访员注意：无需提问，直接记录。

1. 男　　2. 女

R2. R2 "年龄" 您的年龄：_____ 16 . . 120 周岁

【CAPI】Hard check：仅当 R2<> DK <> RF 且 C32<> DK <> RF 时进行校验，2019-R2 < C32，"出生年份应在工作年份之前。"

R3. R3 "教育程度" 您的最高教育程度（包括同等学力和成人教育）属于下列哪一种情形？

1. 没有上过学（不识字或识字很少）　　2. 小学　　3. 初中

4. 高中、技校、职高、中专　　　　　　5. 大专　　6. 大学

7. 硕士　　　　　　　　　　　　　　　　　　　　8. 博士

9. 其他【请注明】_____ R3sp "其他学历"

R4. R4 "民族" 您的民族：

1. 汉族　　　　　　　　　　　　　2. 其他

R5. R5 "是否住本社区" 您是否居住在本社区？

1. 是　　　　　　　　　　　　　　2. 否

R6. R6 "婚姻状况" 您目前的婚姻状况是：

1. 未婚　　　2. 初婚/已婚　　　3. 离婚　　　　4. 离婚再婚

5. 丧偶　　　6. 丧偶再婚　　　　7. 同居

8. 其他【请注明】_____ R6sp "其他婚况"

R7. R7 "政治面貌" 您的政治面貌是：

1. 共青团员　　2. 共产党员　　　3. 民主党派　　4. 群众

R8. R8 "宗教信仰" 您是否有宗教信仰？

1. 是　　　　　2. 否

3. 其他【请注明】_____ R8sp "其他信仰"

R9. R9 "房子类型" 您居住的房子是：

1. 自有房　　2. 租赁房　　　　3. 宿舍

4. 其他【请注明】_____ R9sp "其他房产"

R10. R10 "子女个数" 您有几个孩子？_____ 0 . . 20 人

R11. R11 "家中人数" 包括您在内，目前您家中共有多少人？_____

1..200 人

R12. R12"有收入人数"其中，有固定收入的有多少人？_____
0..200 人

【CAPI】Hard check：仅当 R11<> DK <> RF 时进行校验，R12<=R11，"有收入人数不应大于家中的总人数。"

R13. R14"家庭总收入"上个月，您的家庭总收入有多少元？（包括您本人）_____ 0.00..1，000，000.00 元/月

【CAPI】Soft check：仅当 R14<> DK <> RF 时进行校验，R14<=100，000，"您家的月收入超过十万元吗？"

R14. R15"需要照料成员数"您家中有没有需要他人照料的家庭成员（如老年人、残障人士、病人、婴幼儿等)？_____ 0..200 人

【CAPI】Hard check：仅当 R11<> DK <> RF 时进行校验，R15<=R11，"需要照料的成员数不应大于家中的总人数。"

R19. R19"住房套数"您家共有几套住房？_____ 0..1000 套
访员注意：指自有住房。没有请填 0。
【CAPI】

#01 Soft check：仅当 R19<> DK <> RF 时进行校验，R19<10，"您家拥有 10 套以上住房吗？"

#02 若 R19=0，跳至 R20；

#03 若 R19>0 或 R19=DK/RF，继续回答 R20。

R20. R20"房产市价"按照市价，它们目前估计值多少万元？_____
0.00..1，000，000.00 万元

访员注意：单位为"万元"。

【CAPI】Soft check：仅当 R20<> DK <> RF 时进行校验，R20<=10，000，"这些住房市价超过一亿元吗？"

Y5 为了验证本次访问的真实性，北京大学的老师有可能会和您有个简短的电话回访 Y5a"应答人姓名"请告诉我您的姓名是_____ Y5b"应答人电话"您的电话号码是：_____

访问到此结束，谢谢您的合作！

附件二

"社会治理动态监测平台及深度观察点网络建设"项目

农村社区工作者调查问卷

民政部政策研究中心
北京大学中国社会科学调查中心

2020 年 6 月

您好，感谢您参与这次问卷调查。

本次调查是民政部"社会治理动态监测平台及深度观察点网络建设"项目的一部分。您所要完成的这份问卷，主要用于从宏观层面认知农村社区工作者（村干部）工作中的一些情况。对于获得的调查结果，我们只进行整体的统计分析，不会收集您个人个性化的信息。根据《国家统计法》规定，我们对您提供的资料进行绝对保密。

民政部政策研究中心

年　月　日

一、受访农村社区（行政村，下同）与受访者个人、家庭基本信息

（一）受访农村社区（村庄）基本情况（受访村有多位受访对象的，可只两位受访对象填写此部分。）

B1. 贵村属于_____乡（镇、街道，下同）_____村。

B2. 贵村到乡（镇）政府的交通状况：

1. 方便　　2. 不方便

B3. 贵村现有_____户村民，共有村民_____人，村民小组_____个。

B4. 贵村有耕地_____亩，其中旱田（含水浇地）_____亩，水田_____亩，鱼塘_____亩，山地_____亩，非农用地（村内工商业用地）_____亩。

B5. 贵村属于：

1. 山区村　　　2. 平原村　　　3. 城中村　　　4. 城郊村

B6. 贵村 2019 年人均年收入约_____元。

B7. 贵村村组两级集体经济收入约_____元。

B8. 贵村有连续三年以上的村民年度分红吗?_____如有，人均年分红_____元。如本村实行村内股份二级固化，则填村民小组人均年分红：第一组_____；第二组_____；第三组_____元。

B9. 贵村有村办企业共_____家，辖区内有各类企业_____家。

B10. 贵村现有村"两委"干部_____人，村全部工作人员_____人。

B11. 贵村目前财务状况是：

1. 较多盈余　　2. 略有盈余　　3. 收支平衡　　4. 略有亏空

5. 较大亏空

B12. 贵村村民收入主要依靠（可多选）：

	贵村村民收入主要依靠"依次加载特点"？ 1. 是　2. 否　8. 不适合（不读出）
F 农业种植	
G 外出打工	
H 养殖	
I 二三产业	
E 土地或物业出租	
J 其他【请注明】	

B13. 贵村集体收入主要来自（可多选）：

	村集体收入主要来自"依次加载特点"？ 1. 是　2. 否　9. 不清楚（不读出）
A 集体企业	
B 征地补偿款	
C 土地或物业或水面承包或租赁费	
D 宅基地收费	
E 各种捐（赞）助款	
F 政府转移支付	
G 其他【请注明】	

（二）受访者个人与家庭基本信息

B14. 您的职务属于下列哪一类？

1. 村党组织书记、村委会主任　　2. 村党组织副书记、村委会副主任

3. "两委"委员或监委会成员　　4. 会计或文书

B15. 您的性别：

1. 男　　　　2. 女

B16. 您的年龄：_____周岁。

B17. 您的最高教育程度（包括同等学力和成人教育）属于下列哪一种情形？

1. 没有上过学（不识字或识字很少）　　2. 小学　　3. 初中

4. 高中（技校、职高、中专）　　5. 大专　　6. 大学（本科）

7. 硕士　　8. 博士　　9. 其他【请注明】_____

B18. 您的民族：

1. 汉族　　2. 其他族【请注明】_____

B19. 您的政治面貌是：

1. 共产党员　　2. 共青团员　　3. 民主党派　　4. 群众

如是党员，请答 B20、B21，如不是，请跳答 B22.

B20. 您的入党年份_____

B21. 您入党时的身份

1. 现役军人　　2. 学生　　3. 企事业单位职员　　4. 农民

5. 其他【请注明】_____

B22. 您是否有宗教信仰？

1. 是　　2. 否

B23. 您现居住地

1. 本村　　2. 村外其他地方

B24. 您居住的房子是：

1. 村内自建平房　　2. 村内自建楼房　　3. 村外商品住房　　4. 租赁房

5. 村组织提供的宿舍　　6. 其他【请注明】_____

B25. 村内外您家共自有几套住房？_____，除住宅外，您家还持有其他什么物业（如厂房、商铺等）_____

B26. 您目前的婚姻状况是：

1. 未婚　　2. 已婚　　3. 离婚　　4. 丧偶　　5. 丧偶再婚

6. 其他【请注明】_____

B27. 包括您在内，目前您家中共有多少人？_____有几个孩子？

_____，有收入的有多少人？_____

B28. 您的家庭年总收入有多少元？_____

B29. 您家的主要收入来源是（可多选）：

	您家的主要收入来源"依次加载特点"？ 1. 是　2. 否　9. 不清楚（不读出）
A 农业生产	
B 个体经营或经商办企	
C 附近企业、事业单位工作	
D 政府机构工作	
E 村干部工作	
F 股权、股息收入	
G 房租、地租、林租、塘租收入	
H 其他【请注明】	

B30. 您是从哪一年开始担任村干部的？_____。

B31. 担任村干部是否签订了劳动合同？

1. 是　　2. 否

B32. 您第一次参加工作（包括当兵、插队等）年份？_____

B33. 自第一次参加工作到现在，您共做过多少份工作（包括第一份）？_____

B34. 在当村干部前您符合下列哪些情况（可多选）：

	前职业"依次加载特点"？ 1. 是　　2. 否　　9. 不清楚（不读出）
A 复员军人	
B 村里经济能人	
C 村里专业技术能人（如村医、教师、电工等）	
D 普通村民	

续表

	前职业"依次加载特点"？ 1. 是　　2. 否　　9. 不清楚（不读出）
E 村里大姓氏成员	
F 村里有名望人士	
G 政府企事单位正式退休回村人员	
H. 其他【请注明】	

二、农村社区组织结构与岗位体系的规划

C1. 您了解乡村干部有关工作、人事管理的相关制度或程序吗？如回答 1 则跳答 C4 题。

1. 不了解　　2. 部分了解　　3. 了解　　4. 很了解　　5. 非常了解

C2. 您认为当前乡村体制中工作或人事管理相关制度是否完善？

1. 非常完善　　2. 很完善　　3. 完善　　4. 较不完善　　5. 很不完善

C3. 您认为目前有关村干部的工作或人事制度执行情况如何？

1. 均按制度执行　　2. 部分按制度执行　　3. 均未按制度执行

4. 不清楚；

C4. 您认为目前有关村干部的工作和人事制度主要倾向于执行下列哪些战略性目标（可多选）：

"执行战略目标依次加载特点"？ 1. 是　　2. 否　　9. 不清楚（不读出）	
A 党的全面领导	
B 方便乡镇政府管理	
C 推行乡村振兴战略	
D 推动本村基层民主	
E 推动本村经济社会发展	
F 维护村民核心利益	
G 与以上目标都没有关系	

C5. 您认为下列哪些选项对您开展工作阻碍作用较大（可多选）：

	工作阻碍"依次加载特点"？ 1. 是　　2. 否　　9. 不清楚（不读出）
A 乡（镇）村关系	
B 干群关系	
C 村"两委"关系	
D 村民派系矛盾	
E 村与村间关系	
F 个人亲友关系	

C6. 您认为当前有关村工作人员的职业或晋升发展规划得合理吗？

1. 非常不合理　　2. 有些不合理　　3. 基本合理　　4. 合理

5. 非常合理

C7. 您对当前村内工作岗位体系设置的看法是？

1. 过多，需要精简　　2. 正好，没有必要调整　　3. 不清楚

C8. 您是否清楚乡镇政府各部门的职能或主要工作内容？

1. 非常清楚　　2. 比较清楚　　3. 只清楚和自己联系的部分

4. 不清楚　　5. 完全不清楚

C9. 您认为村组织内人员之间的职责划分是否明确？

1. 明确　　2. 基本明确　　3. 不很明确　　4. 很不明确　　5. 不知道

C10. 您认为目前村组织中工作人员需要从哪些方面改革？（可多选）

1. 人员能力提升　　2. 岗位调动　　3. 强化执行力

4. 人员增加或精简　　5. 无需优化

C11. 在您工作需要上级相关人员或部门协助时，相关人员或部门配合状况：

1. 很配合　　2. 比较配合　　3. 不太配合　　4. 很不配合

5. 说不清

C12. 是否经常出现多个领导向您分派任务的情况？

1. 有　　2. 没有

C13. 您做与您工作岗位不相关工作的频率：

1. 经常　　2. 很少　　3. 没有

C14. 您是否经常发现属于自己职责范围之内的工作，自己没有权力负责？

1. 是　　2. 否

三、农村社区工作者的上岗、履职与能力素质结构

D1. 您认为村里什么样的人最受村民尊敬？（可多选）：

	受村民尊敬者"依次加载特点"？ 1. 是　　2. 否　　9. 不清楚（不读出）
A 企业主、有钱人	
B 人多势众的大家族有威信的人	
C 在村外有资源的人	
D 有知识或有技术的人	
E 有声望的老人	
F 其他【请注明】	

D2. 您觉得村民信任村"两委"吗？

1. 说不准　　2. 完全不相信　　3. 相当不可信　　4. 有点不可信

5. 相当可信　　6. 完全可信

D3. 您认为什么样的人适合当村干部？（可多选）：

	理想村干部能力素质结构"依次加载特点"？ 1. 是　　2. 否　　9. 不清楚（不读出）
A 能经营企业的人	
B 德高望重的人	
C 有知识或有技术的人	
D 善于交际的人	
E 做事民主公正的人	
F 熟悉政策和政府运作的人	

续表

	理想村干部能力素质结构"依次加载特点"？ 1. 是　　2. 否　　9. 不清楚（不读出）
G 好勇斗狠的人	
H 种植大户	
I 其他【请注明】	

D4. 您认为当村干部哪几个方面的能力最重要？（可多选）

	最重要的能力素质"依次加载特点"？ 1. 是　　2. 否　　9. 不清楚（不读出）
A 带领群众致富能力	
B 做事民主	
C 与政府领导交往能力	
D 善于协调	
E 善于获得村民信任	
F 组织建设能力	
G 理解政策能力	
H 善于宣传	
I 有知识或技术	
J 其他【请注明】	

D5. 您上岗方式或途径是？

1. 全村党员选举，上级党组织批复　　2. 全体村民选举，县民政局签发当选证明　　3. 上级组织派驻当前岗位　　4. 村民会议或村民代表会议选举，乡镇党委或纪委核定上岗　　5. 村干部推荐经村"两委"联席会议决定上岗

6. 其他【请注明】

D6. 您对村组织吸纳人才的工作评价是：

1. 科学且公正　　2. 不科学但公正　　3. 科学但不公正

4. 不科学不公正　　5. 不清楚

D7. 您认为当前本村最需要村干部主抓的事情是哪几项：

	村干部主抓任务"依次加载特点"？ 1. 是　　2. 否　　9. 不清楚（不读出）
A 党的组织建设	
B 党风廉政建设	
C 人口计划	
D 综治（信访）维稳	
E 安全生产管理	
F 城乡规划建设	
G 征地拆迁	
H 违法建设、违法用地治理	
I 环境卫生治理及预防	
J 农林渔业及农村集体"三资"管理	
K 村务公开和民主管理	
L 农村财务管理	
M 出租屋及外来人口管理	
N 拆违和水环境治理	
O 征兵工作	
P 带领村民发展经济增收致富	
Q 接待上级领导	
R 维护村民利益	
S 向上级反映村民意见和建议	
T 发展村医疗卫生状况及福利工作	
U 支持、维护、发展基础教育	

续表

	村干部主抓任务"依次加载特点"？ 1. 是　　2. 否　　9. 不清楚（不读出）
V 宣传科技知识、科教兴农	
W 调解民间纠纷	
X 宣传宪法、法律、法规和国家的政策，教育和推动村民履行依法应尽的义务，爱护公共财产	
Y 农村各种基础设施建设	
Z 协调村与村之间的关系	
AA 管理本村宅基地使用及属于村民集体所有的土地和其他财产	

D8. 您上岗前需要通过的程序有（可多选）：

	上岗程序"依次加载特点"？ 1. 是　　2. 否　　9. 不清楚（不读出）
A 笔试	
B 公开竞选	
C 面试	
D 谈话考察	
E 背景调查	
F 试用期	
G 其他【请注明】	

D9. 您认为自己的能力是否能得到充分的发挥？

1. 能尽我所能　　2. 未能完全发挥　　3. 对我的能力有些埋没

4. 无所谓　　5. 其他【请注明】_____

D10. 您是基于什么考虑选择出任村干部的？（可多选）

	任职动机"依次加载特点"？ 1. 是　　2. 否　　9. 不清楚（不读出）
A 有晋升前途	
B 能积累人脉	
C 工作环境好	
D 实现自我	
E 享有权力	
F 村民非常信任与请托	
G 想为村民办点实事	
H 给自己带来荣誉和自豪感	
I 外出打工没优势，可增加家庭收入	
J 给自己和家庭在村内挣个面子	
K 以结交点上层人员	
L 发挥党员先锋模范作用	
M 离家近能照顾家庭	

D11. 您上岗过程是否需要满足以下要求？

	任职条件"依次加载特点"？ 1. 是　　2. 否　　9. 不清楚（不读出）
A 政治面貌要求	
B 专业背景要求	
C 年龄要求	
D 性别要求	
E 学历要求	
F 健康要求	
G 从业经验	
H 户籍限制	

D12. 您上岗需要的证明文件有（可多选）：

	执证上岗"依次加载特点"？ 1. 是　　2. 否　　9. 不清楚（不读出）
A 上级党组织批复	
B 民政局当选证明	
C 党员证	
D 学历学位证	
E 计生证明	
F 政审材料（除计生证明外的家庭成份背景，有无犯罪记录等）	
G 健康证明	
H 无证明文件要求	

D13. 您的履职行为是否有以下方面要求？

	劳动行为特征"依次加载特点"？ 1. 是　　2. 否　　9. 不清楚（不读出）
A 高强度工作	
B 处理投诉或纠纷	
C 情绪劳动（如微笑、耐心等）	
D 穿着统一服装	
E 重体力活	
F 面临一定工伤风险	
G 高度集中注意力	
H 长时间保持一个姿势（如久坐等）	

D14. 您是否觉得您的工作很有成就？

5 很有成就　　4 比较有成就　　3 一般　　2 不太有成就　　1 很没成就

D15. 您是否满意当前的工作？

5 很满意　　　4 比较满意　　　3 一般　　　2 不太满意　　　1 不满意

D16. 您有没有换工作的想法？

3. 经常有　　　2. 偶尔有　　　1. 从没有

D17. 您是否参加过岗前培训？

1. 是　　　2. 否

D18. 上级及本村组织的培训一般会多长时间一次？

1. 一月一次　　　2. 一季度一次　　　3. 一年一次　　　4. 不定时

D19. 您参加过的在岗培训对你的工作是否有用？

1. 有负面作用（影响工作）　　　2. 没有作用　　　3. 作用不大

4. 有点作用　　　5. 作用很大

D20. 您认为当前干部学习动力不足的主要原因是（可多选）：

	不愿培训动机"依次加载特点"？ 1. 是　　2. 否　　9. 不清楚（不读出）
A 缺乏兴趣	
B 培训内容、形式不合口味	
C 工作太忙	
D 学用结合不紧	
E 学习考核不科学	
F 学不学跟自己的薪酬不挂钩	
G 其他【请注明】	

D21. 您喜欢的培训方式（可多选）：

	培训方式"依次加载特点"？ 1. 是　　2. 否　　9. 不清楚（不读出）
A 课堂讲授	
B 交流研讨	
C 案例教学	
D 现场观摩	

续表

	培训方式"依次加载特点"？ 1. 是　　2. 否　　9. 不清楚（不读出）
E 参观考察	
F 其他【请注明】	

D22. 您希望参加哪一类专题的培训学习（可多选）：

	培训内容"依次加载特点"？ 1. 是　　2. 否　　9. 不清楚（不读出）
A 农林经济专题	
B 党务管理专题	
C 公共管理专题	
D 社情民意及政策专题	
E 习近平新时代中国特色社会主义思想专题	
F 乡村振兴专题	
G 人居环境整治专题	
H 特色村专业镇建设专题	
I 党风廉政建设专题	
J 征地拆迁专题	
K 领导力开发专题	
L 违法用地违法建设专题	
M 农村"三资"管理专题	
N 乡风文明建设专题	
O 农业产业结构调整	
P 农村实用技术	
Q 农村法律法规	
R 农村扶贫开发政策	
S 土地流转与农村劳务输出	

D23. 您对参加干部培训的态度是：

1. 积极主动参加　　2. 听从组织安排　　3. 不想参加　　4. 无所谓

D24. 您个人当选的主要因素（可多选）：

	当选因素"依次加载特点"？ 1. 是　　2. 否　　9. 不清楚（不读出）
A 人品好	
B 年轻有文化	
C 致富能人	
D 有本事	
E 人缘好	
F 上面有支持	
G 其他【请注明】	

D25. 您村重要事务的决策权归（可多选）：

1. 村支书　　2. 党支部　　3. 村委会　　4. 村主任

5. 村民代表会议或村民会议　　6. 村"两委"联席会议　　7. 部分乡贤

8. 乡贤议事会（理事会）

四、农村社区工作者绩效考评

E1. 您目前主要分管下列哪些业务？【可多选】

	分管任务"依次加载特点"？ 1. 是　　2. 否　　9. 不清楚（不读出）
A 计生	
B 工会	
C 妇联	
D 党建	
E 教育	
F 统战	

续表

	分管任务"依次加载特点"？ 1. 是　　2. 否　　9. 不清楚（不读出）
G 组织	
H 信访	
I 合同	
J 财务	
K 建设规划（水利、道路、房屋）	
L 征地拆迁工作	
M 民政	
N 残联	
O 用水用电	
P 青年民兵	
Q 调解	
R 治安	
S 应急	
T 安全生产	
U 消防	
V 保密	
W 环卫	
X 河涌保洁	
Y 纪检、党风廉政建设	
Z 劳动保障	
BA 宣传创文	
BB 文体	
BC 农业生产	
BD 其他【请注明】	

E2. 贵村工作者有绩效考评吗？

1. 有　　2. 没有

E3. 您觉得贵村在制定绩效考评时是否重视了村干部意见？

1. 非常重视　　2. 很重视　　3. 重视　　4. 不重视　　5. 完全不重视

E4. 您认为当前绩效考评内容设置得如何？

1. 很全面　　2. 比较全面，但有部分指标应该修正　　3. 不够全面，应该增加项目　　4. 考核太细，村干部行为受约束太多　　5. 太空泛，没有实际用途

E5. 您认为绩效考评主体是否定期收集绩效信息（如月评季度总结年度总评）？

1. 是　　2. 否

E6. 您觉得绩效管理主体是否就绩效信息收集过程中发现的问题，与村及时进行沟通，提出整改意见并要求村干部制定出整改计划？

1. 是　　2. 否

E7. 贵村干部绩效管理开展过下列哪些形式的绩效评价？（可多选）

	评价方式"依次加载特点"？ 1. 是　　2. 否　　9. 不清楚（不读出）
A 目标责任制	
B 民主测评	
C 社会服务承诺	
D 绩效督查考评	
E 党员干部亮身份制度	
F 其他【请注明】	

E8. 贵村在进行干部绩效评价时，都有哪些主体参与评价和考核？（可多选）

	评价主体"依次加载特点"？ 1. 是　　2. 否　　9. 不清楚（不读出）
A 乡镇政府领导班子成员	

续表

	评价主体"依次加载特点"？ 1. 是　　2. 否　　9. 不清楚（不读出）
B 乡镇政府职能部门主管	
C 本村其他村干部	
D 其他村村干部	
E 本村村民小组长或村民代表	
F 本村普通村民	

E9. 您认为您的工作绩效应该由谁来评价？（可多选）

	理想评价主体"依次加载特点"？ 1. 是　　2. 否　　9. 不清楚（不读出）
A 上级党政主要领导	
B 上级直接分管或联系领导	
C 上级职能部门领导	
D 村"两委"成员自身	
E 分管工作所有下属	
F 本村村民	
G 本人	
H 其他【请注明】	

E10. 您觉得目前的绩效考评办法是否真实反映您的工作业绩？

1. 很好地反映了工作业绩　　2. 比较好地反映了工作业绩　　3. 部分反映了工作业绩　　4. 比较少反应工作业绩　　5. 与农村实际工作相背离

E11. 通过绩效评价，您是否清楚自己工作中存在的不足或薄弱环节？

1. 很清楚　　2. 比较清楚　　3. 不是很清楚　　4. 完全不清楚

E12. 当前的绩效评价结果是否与村干部日常教育培训进行挂钩？

1. 是　　2. 否

E13. 贵村村干部绩效考评结果会向社会公布吗？

1. 有时公布　　2. 从不公布　　3. 总是公布

E14. 当前的绩效考评结果是否与您的收入挂钩？

1. 是　　2. 否

E15. 当前的绩效评价结果是否与评先评优挂钩？

1. 是　　2. 否

E16. 绩效考评后发放的个人补贴（绩效性收入）您认为公平吗？

1. 非常公平　　2. 比较公平　　3. 一般　　4. 比较不公平

5. 非常不公平

E17. 绩效考评后精神奖励（如荣誉称号）对您的工作积极性影响

1. 非常大　　2. 比较大　　3. 一般　　4. 比较小　　5. 非常小

E18. 您有没有当选或获得过下列角色或荣誉？

角色/荣誉	A 各级党代表	B 人大代表	C 政协委员	D 劳动模范	E 优秀党员/团员或党务/团务工作者	F 地方道德荣誉称号
	是	是	是	是	是	是
	否	否	否	否	否	否
	不适用	不适用	不适用	不适用	不适用	不适合

E19. 绩效考评后物质奖励（如绩效性奖补金）对您的工作积极性影响

1. 非常大　　2. 比较大　　3. 一般　　4. 比较小　　5. 非常小

E20. 您对当前的绩效管理满意吗？

1. 非常满意　　2. 满意　　3. 不很满意，但能接受　　4. 不满意

5. 反对目前这种绩效管理方式

E21. 您认为乡镇和村进行绩效考核的目的是什么（可多选）？

	考核结果应用方向"依次加载特点"？ 1. 是　　2. 否　　9. 不清楚（不读出）
A 订立绩效目标的依据	
B 确定培训需求	
C 确定薪酬依据	

续表

	考核结果应用方向"依次加载特点"？ 1. 是　　2. 否　　9. 不清楚（不读出）
D 评价工作人员	
E 培养工作人员能力	
F 帮助工作人员更有效地开展工作	
G 其他【请注明】	

E22. 您认为当前绩效考评制度推动了下列哪些目标的实现（可多选）？

	绩效结果执行效果"依次加载特点"？ 1. 是　　2. 否　　9. 不清楚（不读出）
A 基层党政对乡村的领导	
B 乡村振兴任务	
K 村庄综合发展目标	
D 党的全面领导	
E 村民利益	
F 其他【请注明】	

E23. 您觉得绩效考核多久进行一次比较合理？

1. 一月一次　　2. 一季度一次　　3. 一年一次

4. 其他【请注明】_____

E24 您认为本村其他村干部（可多选）？

	村干部实际行为"依次加载特点"？ 1. 是　　2. 否　　9. 不清楚（不读出）
A 关心村民，很敬业	
B 工作认真，很辛苦	
C 敷衍了事，混日子	

续表

	村干部实际行为"依次加载特点"？ 1. 是　　2. 否　　9. 不清楚（不读出）
D 无所事事，难被认同	
E 其他【请注明】	

E25. 您对目前农村基层工作的总评价是

1. 很难　　2. 较难　　3. 一般　　4. 容易

五、农村社区工作者的薪资和福利

F1. 您担任村干部的年收入大约是多少元？_____元/年

F2. 您对担任村干部的所获收入是否满意？

5. 很满意　　4. 较满意　　3. 一般　　2. 较不满意　　1. 很不满意

F3. 目前的收入由下列哪几部分构成？

	薪资构成"依次加载特点"？ 1. 是　　2. 否　　9. 不清楚（不读出）
H 职务基本补贴（正职和副职领导）或基本（岗位）工资	
I 专项补贴（交通通讯、交叉任职补贴、节日补贴、工作津贴）	
J 绩效奖（以乡镇各职能部门考核打分为依据或村经济发展业绩（绩效）	
K 津贴（比如降温费、取暖费等）	
L 奖金（年终考核奖）	
M 加班费	
G 经济发展奖	
H 分红	
I 节日费	
J 其他【请注明】_____	

F4. 在最近三年中，您的收入有没有变化？

5. 增加很多　　4. 略有增加　　3. 基本未变　　2. 略有下降　　1. 下降很多

F5. 您认为担任村干部有以下无形收益吗？

	无形收益"依次加载特点"？ 1. 是　　2. 否　　9. 不清楚（不读出）
A 增加了人脉资源	
B 建立与上级领导的关系	
C 实现了自我效能感	
D 增加了家庭或家族的面子	
E 践行了理想理念	
F 获得了一些等级头衔（如人大代表、政协委员）	
G 其他【请注明】	

F6. 和同村别人相比，您觉得您现在的薪酬是高还是低？

5. 很高　　4. 较高　　3. 一般　　2. 较低　　1. 很低

F6. 和您同职业的人相比，您觉得您现在的薪酬是高还是低？

5. 很高　　4. 较高　　3. 一般　　2. 较低　　1. 很低

F7. 就您的能力和工作付出而言，您觉得您现在的薪酬是否合理？

5. 非常合理　　4. 比较合理　　3. 无所谓　　2. 较不合理

1. 很不合理

F8. 您所在村中是否设有下列职业福利？您是否享受得到？

	职业福利"依次加载特点"？ 1. 是　　2. 否　　9. 不清楚（不读出）
T 养老保险（包括退休金）	
U 住房公积金	
V 住房补贴	

续表

	职业福利"依次加载特点"？ 1. 是　　2. 否　　9. 不清楚（不读出）
W 医疗保险	
X 工伤保险	
Y 大病统筹保险（补充医疗保险）	
Z 带薪年假	
AA 定期体检	
AB 商业保险（单位补贴或购买）	
AC 失业保险	
AD 生育保险（产假/护理假）	
AE 法定节假日休假	
AF 职业年金	

六、农村社区工作者劳动关系

G1. 您对组织目前的工作氛围满意吗

1. 很满意　　2. 满意　　3. 还可以接受　　4. 不满意　　5. 很不满意

G2. 您和同事之间的关系如何？

5. 很融洽　　4. 较融洽　　3. 一般　　2. 较生分　　1. 很生分

G3. 在工作中，您是否经常遭遇下列情形？

	工作负面行为"依次加载特点"？ 1. 是　　2. 否　　9. 不清楚（不读出）
I 言语冲突（如吵嘴）	
J 肢体冲突（如打架）	
K 口头威胁（如警告）	
L 性骚扰（如性暗示、黄色笑话等）	

续表

	工作负面行为"依次加载特点"？ 1. 是　　2. 否　　9. 不清楚（不读出）
M 羞辱（如当面呵斥等）	
N 驳面子（如当众拒绝）	
O 穿小鞋（如打击报复）	
P 烦躁（如发脾气、拍桌子）	

G4. 担任村干部后，在村里人际交往中，您及家人是否遭遇下列情形？

	家人遭遇"依次加载特点"？ 1. 是　　2. 否　　9. 不清楚（不读出）
A 言语冲突（如吵嘴）	
B 肢体冲突（如打架）	
C 口头威胁（如警告）	
D 羞辱（如当面呵斥等）	
E 骚扰家庭成员	
F 驳面子（如当众拒绝）	
G 责任田、林、鱼塘被破坏	
H 祖坟、祠堂、家庙被破坏	
I 被散布本人或家庭成员谣言	

G5. 离任后您担心自己或亲属遭遇打击报复吗？

1. 很担心　　2. 担心　　3. 较担心　　4. 不担心　　5. 完全不担心

G6. 您将有离任或退休待遇吗？

1. 有　　2. 没有

G7. 您将来的离任待遇主要有？（可多选）

331

	离任待遇"依次加载特点"？ 1. 是　2. 否　9. 不清楚（不读出）
A 民政局发放离任津贴	
B 村组织发放退休补贴或节日金	
C 党组织发放离任补贴	
D 党组织安排到其他公共组织工作	
E 人社部门发放退休金	
F 以上待遇均不一定有	
G 其他【请注明】	

G8. 离任后将会有哪些组织或部门固定联系您？（可多选）

	离任后组织联系"依次加载特点"？ 1. 是　2. 否　9. 不清楚（不读出）
A 基层党组织	
B 民政局	
C 人社局退休人员管理部门	
D 村委会	
E 没有组织固定为我负责	
F 其他【请注明】	

G8. 您离任后与您联系的组织可能在哪些方面发挥作用？（可多选）

	组织的作用"依次加载特点"？ 1. 是　2. 否　9. 不清楚（不读出）
A 组织参观	
B 帮扶困难	
C 调解纠纷	
D 待遇协商	

续表

	组织的作用"依次加载特点"？ 1. 是　　2. 否　　9. 不清楚（不读出）
E 开展文娱活动	
F 征集反映合理化建议	
G 没什么作用	
H 其他【请注明】	

G9. 如果您与组织产生了纠纷，您一般会选择向下列哪些主体求助？（可多选）

	"依次加载特点"？ 1. 是　　2. 否　　9. 不清楚（不读出）
A 村调解组织	
B 劳动保障监察机构	
C 劳动争议仲裁机构	
D 法院	
E 信访部门	
F 村民组织	
G 家族组织或家族老人	
H 不求助任何组织	
I 村内有威望人员	
J 当地政府	
K 其他【请注明】	

G10. 村组织要求您对结婚、离婚备案吗？

1. 有　　　2. 没有

G11. 村组织要求您报备生育情况吗？

1. 有　　　2. 没有

G12. 村组织要求您定期填写计生回函吗？

1. 有　　　2. 没有

七、附录：乡村关系、"两委"关系及村民关系

H1. 贵村的党（总）支部或党委书记与村委会主任是一肩挑么？

1. 是　　　2. 否

H2. 您认为村党组织书记和村委会主任一肩挑对开展村工作的影响是

1. 有利　　2. 有弊　　　3. 无所谓

H3. 您认为您所在的村"两委"分工是否清楚？

1. 是　　　2. 否

H4. 您认为您所在的村"两委"工作是否协调？

1. 是　　　2. 否

H5. 贵村有下列哪些村民与干部的沟通渠道？

	沟通渠道"依次加载特点"？ 1. 是　　2. 否　　9. 不清楚（不读出）
E 意见箱、村支书或主任邮箱	
F 队长会、村民代表会、村干部接待会等	
G 电话、微信群或 QQ 群	
H 宣传栏或告示牌	
E 专用手机 APP	

H6. 村民对村组织决策的拥护程度：

1. 全部拥护　　2. 绝大部分拥护　　3. 大部分拥护　　4. 大部分不拥护

5. 绝大部分不拥护

H7. 您所在村组织所获上级给予的工作荣誉

1. 很多　　2. 一般　　3. 很少　　4. 没有

H8. 您所在村组织吸纳的外来资金（万元）（含乡贤捐款、赞助等）

1. 1-10　　2. 11-100　　3. 101-500　　4. 501-1000　　5. 1000 万以上

H9. 贵村的村民近年来自我组织起来的情况：

1. 增加很多　　2. 增加了一些　　3. 没有增加　　4. 减少了一些

5. 减少了很多

H10. 您认为乡镇政府与村委会的关系应是：

1. 领导与被领导　　2. 指导与被指导　　3. 互独立，互不相干

H11. 您认为村民与村干部之间的关系融洽吗？

1. 融洽　　2. 一般　　3. 不融洽

H12. 在"两委"换届选举中，起决定性作用的是：

1. 政府干预　　2. 家族势力　　3. 经济实力　　4. 个人人品和能力

5. 综合实力

H13. 您作为村干部治理村庄主要依靠的是：（可多选）

1. 乡镇政府　　2. 家族力量　　3. 村民代表或全体村民

4. "两委"班子成员　　5. 其他能人

H14. 您认为乡镇政府在村内抓的主要工作：

1. 切合实际，有成效　　2. 脱离实际，瞎折腾　　3. 政绩工程，做样子

H15. 乡镇政府对贵村的工作是：

1. 关心指导　　2. 直接干预　　3. 不闻不问

H16. 您觉得驻村干部对贵村的工作有无积极作用：

1. 有　　2. 有但不明显　　3. 基本没有　　4. 一点没有

H17. 贵村村民代表会议有无否决"两委"会决议的情况：

1. 有　　2. 没有　　3. 部分否决　　4. 要求修改决议

H18. 下面有一些说法，对于您的适用程度或同意程度。

	没有	每年几次	每月一次	每月几次	每周一次	每周几次	每天
7. 工作让我感觉身心俱惫	0	1	2	3	4	5	6
8. 我时常有快要崩溃的感觉	0	1	2	3	4	5	6
9. 自从开始干这份工作，我对工作越来越不感兴趣	0	1	2	3	4	5	6
10. 我能有效地解决工作中出现的问题	0	1	2	3	4	5	6
11. 我觉得我在为组织做有用的贡献	0	1	2	3	4	5	6
12. 我完成了很多有价值的工作	0	1	2	3	4	5	6

H19. 您认为下列哪些情况符合您

	没有	每年几次	每月一次	每月几次	每周一次	每周几次	每天
1. 总要管理及监督别人的工作	0	1	2	3	4	5	6
2. 把工作、情绪带回家	0	1	2	3	4	5	6
3. 上级的指导及支持不够	0	1	2	3	4	5	6
4. 工作的培训不足	0	1	2	3	4	5	6
5. 总出席会议	0	1	2	3	4	5	6
6. 工作上缺乏同事的支持	0	1	2	3	4	5	6
7. 家人对我的工作不支持							
8. 工作时间过长							
9. 总感到被孤立							
10. 总要冒风险							
11. 因工作需要而影响私人及社交生活							
12. 工作中存在某些不受自己控制的因素							
13. 总扮演吃力不讨好的角色							

为了验证本次访问的真实性，有可能会和您有个简短的电话回访请告诉我您的电话号码是：_____

访问到此结束，谢谢您的合作！

后　记

社区是人最基本的生活场所，也是社会治理的基本单元。社区工作者作为社区治理的主要参与者和推动者，承担着联系群众、服务群众、动员群众、教育群众的重要职责，是实现社会治理现代化的重要力量。随着我国社会经济的快速发展和社会结构的深刻变化，社区工作者队伍建设面临着新的形势和任务，需要不断创新和完善。

本书是一部系统地反映我国社区工作者队伍建设现状和问题的调查研究报告，是由民政部政策研究中心联合北京大学中国社会调查研究中心对全国31个省（自治区、直辖市）社区工作者开展的一项重大调研成果，从城市和农村两个层面分析了我国社区工作者队伍的基本信息、工作状况、职业认同、社区关系、领导力、收入福利、职业绩效等方面，揭示了我国社区工作者队伍建设的主要特点、存在的问题和影响因素，提出了打造"四化"（规范化、专职化、专业化、和谐化）社区工作者队伍的对策建议，并提出了相应的总体思路和具体措施，为推进我国社区工作事业发展提供了有益借鉴和参考，此外在分析问题和提出建议时，不仅借鉴了国内外的先进经验和理论成果，而且结合了我国的国情和实际，体现了一定的创新性和前瞻性。

本书是一部值得广泛阅读和借鉴的社区工作者队伍建设调查研究报告，对于提高社区工作者的素质能力，加强社区工作的规范化管理，促进社区治理的创新发展，具有重要的理论指导和实践意义。编写团队由民政部政策研究中心相关科研人员和全国社区工作者队伍建设多位专家学者组成，他们在社区工作领域有着丰富的研究经验和实践基础，期待本书能够引起更多的关注和讨论，为我国社区工作者队伍建设提供更多的思想启示和行动指南。

受研究能力所限，本书难免有一些疏漏之处，诚挚欢迎社会各界批评指正！

编者

2024 年 1 月